変動のマクロ社会学

ゼーション理論の到達点

金子 勇［編著］

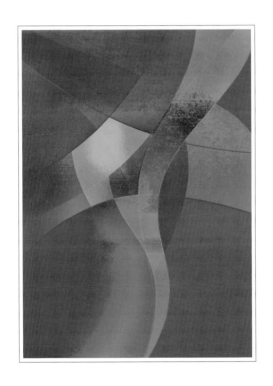

ミネルヴァ書房

は じ め に

　本書は，2017年に完結した「講座・社会変動」全10巻のいわば別巻として，各巻の社会変動分野でこの20年間にそれぞれ確認された実態および理論の現状をまとめたマクロ社会学の研究書である。

　1999年にミネルヴァ書房杉田啓三社長から「講座もの」企画のご依頼を受けてからの経過は，「講座・社会変動」第10巻の巻頭に記したとおりである。2001年から順次毎年刊行すれば10年で完結できるとみて，当初から別巻として本書を構想していた。実際にはさまざまな事情により，完結には20世紀末から21世紀の今日まで18年かかった。この間には企画段階からのよき理解者であり，全面的なご協力をいただいた梶田孝道氏と舩橋晴俊氏がご逝去された。これは大変悲しい出来事であった。

　しかし幸いなことに，ミネルヴァ書房の了解のもと，お二人の代わりをお願いした先生方，そして体調その他のご事情で辞退された編者に代わってご依頼した先生方からもご賛同が得られた。その結果本書では，序章としての社会変動総論のあと，融合化が進むゼーション現象として産業化，都市化，官僚制化，流動化，情報化，国際化，少子高齢化，福祉化，計画化の最新の研究水準を提示でき，2020年に向けて日本の新しいマクロ社会学を展望することができた。

　20年前と比べても，産業化は環境や情報化それに国際化と密接な関連をもつようになった。少子化も高齢化もそれぞれが独自に進行するのではなく，福祉化との接点を太くしたことも含めて，各方面への広がりを示している。また，都市化も階層も社会システム全般と結びつきを強めている。

　日本における理論社会学は1919年に刊行された高田保馬『社会学原理』を嚆矢とするが，この100年間の主流は外国産の流行理論を追いかけ紹介する研究報告であった。あえていえば，自らもその流行学派の一員になりたい専門家が

多く，そのため現代社会が抱える現実問題に直面して，理論社会学を使いこなせる研究者は育ってこなかったように思われる。すなわちいち早く外国産の理論の要約や概説はするが，その理論を使い，日本における実際の社会問題に直接取り組み，解決方向を模索する社会学の研究者は今日でも少ないように感じられる。

　本書はそのような傾向を払拭するために，日本において便宜上分けられてきた9つのゼーション現象に関する社会変動研究の総括とともに，新たな研究への出発点としても役に立つような内容を提供しようと心がけた。具体的には，この20年間の研究成果を跡づけながら，各章ごとに主要な社会問題の解決までも視野に収め，豊富な素材を各章担当者が独自に分析することを目標とした。そのために分野ごとの力点は異なるが，

①抽象的な社会変動論に止まらず，下位カテゴリーを加えて，理論を具体化する
②社会変動下位カテゴリーのどこかで抽象化された定義や指標を実際に応用する
③下位カテゴリーの実態を踏まえて，再度抽象化された次元での社会変動論を試みる
④各分野でオリジナルな研究成果も加えて，取り上げた社会変動の体系を提示する

ように努めた。
　「盛者必衰」「諸行無常」「栄枯盛衰」「新陳代謝」は時の流れである。ヘラクレイトスの「万物流転」(panta rhei) も正しいが，現代社会学には時の流れをいくつかのゼーション現象に分けて，その社会変動メカニズムを追求する使命がある。国民も，政府もそして隣接科学でも，理論社会学が社会変動現象にもっと積極的なアプローチをすることを期待しているのではないか。そのような問題意識から編集された本書が，21世紀の時代特性を読みとり，社会問題の解

決法を考えたい方々に少しでも参考になればと願っている。

　本企画を快諾し，その推移を温かく見守っていただいたミネルヴァ書房杉田啓三社長，膨大な編集業務を的確に処理していただいた編集部堀川健太郎氏に心から感謝の意を表したい。お二人のご厚情により完成した団塊世代を中心にしたマクロ社会学の立場からの「講座・社会変動」10巻とその別巻としての本書が，次世代の理論社会学と実践社会学の懸け橋になれば，編者の喜びこれに過ぎるものはない。

　　2018年7月

　　　　　　　　　　　　　　　　　　　　　　　　金 子　　勇

変動のマクロ社会学
——ゼーション理論の到達点——

目　次

はじめに

序　章　社会変動の理論へ向けて……………………金子　勇…1
　　　　──「実感信仰」と「理論信仰」のはざまで──

　　1　「実感信仰」と「理論信仰」…………………………………………1
　　2　社会変動への現代的視点 …………………………………………3
　　3　一般社会変動論と自己組織論 …………………………………12
　　4　階層構造の変容 ……………………………………………………20
　　5　権力構造の動態と権力の理論 …………………………………36
　　6　集団構造の変動と地域社会の変容 ……………………………50
　　7　社会変動の一般理論を求めて …………………………………58

第1章　産業社会から環境リスク社会へ……………寺田良一…75
　　　　──現代社会の社会変動再論──

　　1　産業社会と環境社会………………………………………………75
　　2　産業社会から環境社会へ──環境運動の制度化の進展……………79
　　3　環境運動の制度化の進展と環境管理イデオロギー …………84
　　4　「エコロジカルな近代化」論と「生産の踏み車」論 …………88
　　5　環境リスク社会における「環境正義」運動の可能性 ………92

第2章　アーバニズムとネットワーク………………森岡清志…101

　　1　アーバニズムをめぐる問題………………………………………101
　　2　専門処理と相互扶助的処理………………………………………107
　　3　アーバニズム──都市的生活様式………………………………114
　　4　親密なネットワークからの解放…………………………………121

vi

目　次

第3章　機能分化社会のマスメディア ……………佐藤俊樹…133
　　　　──報道するシステムと知のあり方──

　　1　マスメディアと社会科学の現在 ……………………………133

　　2　メディア技術と現代社会 ……………………………………134

　　3　超マスメディア社会へ ………………………………………136

　　4　不特定メディアとして ………………………………………138

　　5　消費者と「受け手」の間で …………………………………139

　　6　「ニュース価値」の不確定性 ………………………………141

　　7　自己準拠するマスメディア …………………………………143

　　8　逆立する「公共性」 …………………………………………145

　　9　機能分化社会での「新しさ」 ………………………………147

　　10　マスメディアの循環 …………………………………………149

　　11　ニュースの枠がニュースを造る ……………………………150

　　12　メディア企業と発言する個人 ………………………………151

　　13　法人であることの意義 ………………………………………153

　　14　「公共性」の論証問題 ………………………………………154

　　15　マスメディアの現代的課題 …………………………………156

第4章　現代日本における階層化の様相 …………近藤博之…161

　　1　不平等に対する関心 …………………………………………161

　　2　日本の階層状況を可視化する ………………………………165

　　3　相同性仮説の検証 ……………………………………………173

　　4　学校化社会と階層 ……………………………………………179

vii

第5章　情報社会と社会システム　……………………正村俊之…189
　　　　　　──文化変容とネットワーク──

　1　現代社会のターニングポイント …………………………………189

　2　技術と社会の関係 ……………………………………………………192

　3　21世紀の情報技術 ……………………………………………………194

　4　時空的秩序の再編 ……………………………………………………199

　5　リアルとバーチャルの融合 ………………………………………204

　6　政治・経済・文化の交差──文化産業としての観光 ……………209

第6章　日本社会の「国際化」と国際社会学… 小ヶ谷千穂…219
　　　　　　──方法論的ナショナリズムを超えて──

　1　「国際社会学」の問いは変わったのか ………………………………219

　2　「国際社会学」の誕生と，『国際化とアイデンティティ』が示
　　　唆したこと …………………………………………………………220

　3　日本社会と「外国人」──過去15年を振り返る ……………………225

　4　方法論的ナショナリズムをいかに超えていけるか…………235
　　　　　　──ジェンダー視角からの国際社会学の課題

　5　「日本人」「外国人」の二項対立の限界 ……………………237
　　　　　　──「国際化とアイデンティティ」を真に問う次元

　6　国際社会学のこれまでと，これから………………………………239

第7章　「少子化する高齢社会」の構造と課題……金子　勇…245

　1　新しい高齢社会対策大綱 …………………………………………245

　2　エイジング研究の諸理論 …………………………………………248

　3　社会変動としての少子化と高齢化…………………………………252

　4　少子化と少子社会………………………………………………………259

目　次

　　5　アクティブエイジングの実証的研究と少子化研究…………267
　　6　地方創生論における高田人口方程式の応用………………277

第8章　無縁と貧困の時代診断 ………………………藤村正之…291
　　　　──21世紀初頭日本の社会問題──

　　1　「明るい不安社会」という認識……………………………291
　　2　関係をめぐる困難──関係の過小と過剰…………………293
　　3　貨幣をめぐる困難──貧困の再発見と世代での現出………302
　　4　社会問題への社会学的まなざし …………………………310
　　5　その先の社会のゆくえ──分断と自壊…………………316

人名・事項索引……321

ix

序　章

社会変動の理論へ向けて
―― 「実感信仰」と「理論信仰」のはざまで ――

金 子 　 勇

1 　 「実感信仰」と「理論信仰」

　半世紀前に丸山眞男は，「実感信仰」と「理論信仰」という独自の類型を用いて近代文学とその背後にある日本思想を対比的に論じて，それが各方面で大きな話題になったことがある。文学上の「実感信仰」の土台は，①感覚的ニュアンスを表現する日本語としての言葉の豊かさ，②「心持」を極度に洗練された文体で形象化する文学的伝統，③合理精神や自然科学精神を前提にしていないことなどであった（丸山，1961：53）。

実感信仰

　「実感信仰」はそれゆえに「抽象性と概念性にたいする生理的な嫌悪」（同上：54）に結びついた。しかもそれは，「俗世＝現象の世界＝概念の世界＝規範（法則）の世界という等式を生み，ますます合理的思考，法則的思考への反発を『伝統化』した」（同上：54）。このような「実感」を通して見られる社会は，「本来あいまいで，どうにでも解釈がつき，しかも所詮はうつろい行く現象にすぎない」（傍点原文，同上：55）。さすがにここまで断言されると，社会学者の 1 人としては違和感が強くなる。

理論信仰

　しかし，対照的な「理論信仰」でも，丸山は代表的にマルクス主義社会科学

の骨格を検討する中で，「理論」のもつ悲劇と不幸を摘出した。「直接的な所与としての現実から，認識主体をひとたび隔離し，これと鋭い緊張関係に立つことによって世界を論理的に再構成する」（同上：56）。この「理論信仰」は「思想の物神崇拝」と「公式主義」を伴った。「理論信仰の発生は制度の物神化と精神構造的に対応している」（同上：58）から，「現実からの抽象化作用よりも，抽象化された結果が重視される」（傍点原文，同上：58）。これは「理論」としての法則性や普遍性を模索すれば，やむを得ないところがある。社会変動の理論でも地方創生の理論でも「抽象化された結果」として構築される。

　ただその結果，「現実と同じ平面に並べられた理論は所詮豊饒な現実に比べて，みすぼらしく映ずることは当然である」（同上：59）。「実感信仰」と同じく「理論信仰」もこのような表現でまとめられると，社会学者としての違和感がいっそう強まる。[(1)]

　もっとも両者についての丸山の総括は不完全な部分が残り，「『理論信仰』と『実感信仰』は必ずしも同一人のなかに併存するのをさまたげない」（同上：62）とのべざるを得なくなった。もちろん，政治学者ならびに日本思想史研究者としての丸山は，さすがに理論家の本質を象徴するような定義を残した。「一定の価値基準に照らして複雑多様な現実を方法的に整序する」（同上：60）のが理論家の任務である。その先には，「現実の微細な一部から意識的にもぎとられてきたもの」を「厳密な抽象の操作」で理論化を推し進めることになる。そこでは「操作の過程からこぼれ落ちていく素材」（同上：60）が無限にある。政治学だけではなく，社会変動論の研究史でもこれらは正しく該当する。

　「無数の定義がある」（Jason, 2013：2）社会変動の研究の入り口を覗くうちに，半世紀前の丸山による「実感信仰」と「理論信仰」に依拠して以上の簡単な整理をしてみた。私もまた「併存者」であるが，社会変動研究についても丸山が主張した「多元的なイメージを合成する思考法」を最優先してみたい。ちなみにここで用いる「実感信仰」は現実がもつ具体的事例の観察を軸として得られた認識ではあるが，「法則的思考」への反発を伴わないと仮定する。これは丸山とは異なる視点である。

2

序　章　社会変動の理論へ向けて

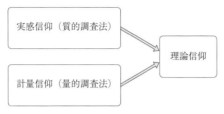

図序-1　実感信仰と計量信仰そして理論信仰

計量信仰を加える

　他方，「理論信仰」を最終的な社会科学の目標として位置づけ，それに至る道筋が「実感信仰」とたとえば階層研究に代表される「計量信仰」の2つにまとめられるとする。そのうえで，社会学の代表的研究方法を接続すると，私なりの図序-1が得られる。したがって，厳密にいえば2つの意味で丸山モデルを踏襲するのではない。

　質的調査と量的調査ともに社会学では標準的な調査法であり，実際には併用されやすく，両者の形式的な違いはあっても，成果の優劣に関しては簡単には判断できない。さらに，国勢調査，国民生活基礎調査，就業者基本調査など，日本政府が継続してきた全国調査結果は，私も含めてどの立場からの研究でも自由に用いられてきた。

　要するに，この序章では最終目的である社会変動論の一般化という「理論信仰」を目指すために，方法論的な配慮を伴いながら，丸山の「実感信仰」と「計量信仰」という大きな道筋を私なりに応用した社会学説史をたどることになる。

2　社会変動への現代的視点

社会学理論の空洞化

　「講座・社会変動」（ミネルヴァ書房，2001-2017）の理論的導入部分を書いた長谷川（2008）は，その冒頭に「社会学の理論研究の空洞化」（同上：24）を嘆いている。それにはいくつかの理由があるが，現代社会学全体が「社会変動の説

明力」に乏しいまま，「積み木崩しゲーム」的な傾向が顕著になり，「いたずらにアイディアが拡散し，内実は空洞化しつつある」（同上：25）と彼は見た。近年の地区社会学会大会発表やゼミ用のテキストにそれは象徴的である[2]。

　もちろんテキストだけではなく，専門書でも似たような傾向にあり，かつての社会システム論，構造機能変動公準をめぐる熱い知的対決の熱気は完全に消滅してしまった。しかも21世紀日本の社会学理論全般にも該当するが，現今の社会変動の社会学理論は経験的な妥当性が不足していて，説明の有効性にも欠けている。「計量信仰」では理論的な社会変動が構築できないが，さりとて「実感信仰」だけでも実証的な理論化が不十分な領域として，現代社会変動論が位置づけられる。

　日本の高度成長期以降では，社会変動論の代表的なパラダイムは富永理論（1965；1986；1995）である。1965年に発表され1986年にも踏襲された「社会変動とは社会の構造の変動である」（富永，1965：236）というテーゼはその後日本では共有されて，賛否両論が併存する中で富永社会変動理論は様々な応用可能性を拡大した。

　富永が影響を受けたパーソンズ，ならびにその学派に属するスメルサーは構造機能論に属してはいるが，マルクス，マリノウスキー，シュペングラー，ソローキン，スペンサー，デュルケムなどの所説を独自に検討して，「変動の起動力」と「緊張の蓄積」を軸とした「停滞と衰退」ならびに「連続的な発展」そして「非連続的な発展」を図式化した（スメルサー，1968＝1974：376）。これらは知的刺激に富み，富永理論とは別の個性が豊かである。

　しかし理論化で参考にはなる面が多いとはいえ，革命論，過渡期植民地の文化変動，西洋の没落論，軍事型社会と産業型社会，機械的連帯と有機的連帯などを融合して拡散させると，むしろ体系的な社会変動理論は得られない。さらに社会体系内での「構造的緊張」論では焦点も定まらない（同上：345）。たとえば，失業が増加した結果としての「緊張」と高齢化が進行して「年金」や「医療費」などの受け取り面での「緊張」，さらに少子化に関連した「待機児童」による「緊張」，政界汚職の自浄作用の乏しさによる「緊張」などが同時

に存在する「社会構造」では，スメルサー「緊張」モデルでは説明ができない。本人も自覚していたように，「社会変動のモデルの多くは，不完全で，暗黙のもので，適切に有効なものではない」(同上：294)。もう少し絞り込んだ理論社会学的な基礎をもつことが，社会変動論の理論化を後押しする。[3]

社会構造の下位カテゴリー

その目的のために，ここでの社会変動研究も構造機能論的な社会システム論を根底にもつが，1つの試みとして，階層構造，権力構造，集団構造，地域社会構造の下位カテゴリーを用意してみたい。ここでいう社会資源とは，社会または個人にとって有用な，物的，関係的，文化的な行為対象であり，主に行為選択の際に用いられる(富永，1986：242)。いくつかの類型方法があるが，観察された事実を基礎として，

(A)個人外社会資源(現在の人間には変えられない歴史的事実と伝統)……人口動態，産業の歴史的伝統，社会環境，自然環境，文化環境，特産品，年中行事
(B)社会的個人資源(社会の中でしか役に立たない個人の資源)……収入，資産，カネ(キャピタル)，地位，身分，ヒト(ソーシャル・キャピタル)，権力，影響力，持ち時間，信用，尊敬，人気，情報，知識

に，私は大別してきた。ここにも「地位の非一貫性」(status inconsistency)に象徴される「個人資源の非一貫性」が貫徹する。かりに権力が行使できる地位にあっても，尊敬されず，収入があっても，信用されない人がいる。また，知識が豊富でも，資産に恵まれない人は多い。高齢者の持ち時間は少ないが，知識は多く，知恵も信用もある。このように社会的個人資源間には「非一貫性」が顕著に認められる。これは「実感信仰」でも階層研究からの「計量信仰」でも確認されてきた。

表序 - 1　社会資源の分類

	手段的特徴（道具性）	表出的特徴（完結性）
物　的	資本，社会的共通資本	消費財
関係的	地位，権力，影響力	威信，名声
文化的	手段としての知識，教養，情報	尊重の対象としての知識，教養，情報

（出典）　富永（1986：271）を元に修正した。

手段的特徴と表出的特徴

　その他の標準的な方法としては，社会資源を分けて「手段的特徴」（instru-mental）と「表出的特徴」（expressive）の 2 分類がある（表序 - 1）。分類はどれでもいいが，社会システムにおける人員の配分が地位を与える（首相，社長，理事長など）ことに直結するから，地位が資産を形成して，権力の源になり，信用にも人気にも転じる可能性をもつことを忘れてはならない。すなわち，道具としての資本，地位，権力，情報などは互いに密接な関連をもっている。

　一般的には，社会資源が主に手段として何かを達成するための道具になること，並びにそれ自身で完結性を帯びる特徴を示す場合もあることを知っておきたい。前者の手段的特徴をもつ資源では，欲求充足よりも充足手段の調達に優先的に用いられる。この道具的事例としては，巨大資本が零細資本を吸収して，大規模な事業展開の手段として吸収した資本も活用することがあげられる。また，パソコンで何かを創造するという行為の中で，パソコンの性能にこだわり，ソフトを吟味することが優先されれば，これは手段性が強い用具の使われ方とみられる。

　表出性に富む完結的行為の特徴は，たとえば暴走行為そのものは何かの達成手段というよりも，その行為自体で本人のいらだちや反社会性を表現することに象徴される。暴走はバイクでもスポーツ車に乗っても構わないのであり，高速度で走る行為自体の達成は次に控えるとされる何らかの目的達成には直結しない。せいぜいマートンのいう「予言の自己成就」（self-fulfilling prophecy）としての人身事故が引き起こされるにすぎない。

　また，人前でのギターやピアノによる演奏行為は音楽系，絵画を描き版画を

作るのは美術系の完結的行為であり，いずれも表出的な行為として分類される。名曲，名作，名品は制作者個人の名声や威信の源ではあるが，権力基盤にはなりにくい。権力を得るには，名声や威信を背景にした組織の頂点としての地位（日本作曲家協会長など）を占めるしかない。個人そのものではなく，政党，企業，自治体，団体，法人など特定の集合体に所属しないと権力は得られない。

社会資源と社会変動

　このように，社会資源は立場に応じてまとめ方と使い方が多様であるが，基本的には歴史的な経緯を含めて①役割配分，②人員配分，③役割に対する道具や報酬配分として社会システム内部に配分され，個人には欲求充足の観点から分配される。社会システム論の根幹には，このような社会での配分と個人への分配という考え方が常に共存する。

　通常の社会変動は，何らかの原因で社会システム内部の社会資源の分布構造が変わるために，社会構造が変化することをいう。原因を大別すると，社会システムの外部条件としては環境があり，これが社会システム内部の社会資源を左右して，社会構造を変動させる場合がある。手段としての知識，教養，情報が，政治的な理由により変化した事例としてたとえば環境史観がある。とりわけ，1989年までは世界中で二酸化炭素の排出量増大は「地球寒冷化」に結びづけられていたが，いきなり1990年以降は同じ二酸化炭素の排出量増大が「地球温暖化」の原因に転用されたことで，社会システム内部には情報や意見の収束ができないまま，21世紀の今日まで不満も不安も蓄積している。ただし，「地球寒冷化」でも「地球温暖化」でも，一国レベルの社会システム内部の社会変動を促すだけの勢いには欠けている。[4]

　もっとも二酸化炭素の排出量の増大とＧＤＰの拡大とは正の相関があるので，経済成長を維持するには二酸化炭素の排出量が増えることを覚悟しなくてはならない。[5]

　環境が外部条件ならば，内部条件としては構造的緊張の源泉としての社会システム大多数の成員が抱く欲求の未充足，特定目標を掲げた社会運動の広がり，

選挙の結果による議席の多寡，そして人口動態が位置づけられる[6]。

　歴史的にみると，政治革命を除き，社会構造が全面的に変質した社会変動の象徴事例の筆頭はイギリスに始まる「産業革命」であるから，理論社会学の社会変動研究でも「産業化」に関心が集中したのは当然である（アシュトン，1948＝1974；ヒックス，1969＝1995）。

初期の産業化

　18世紀初期の産業化（industrialization）における暗くて巨大な工場は陰鬱かつ不吉で，荒涼としていた。それは地獄の入り口でもあり，醜く，卑しく，野蛮で，暴虐的な性質があった。とりわけ「資本の本源的蓄積過程」ではそのイメージが該当する。およそ100年かかり階級が分解して，資本家と労働者と中間階級として農業や商業を生業とする人々が登場した。しかし，女性と子どもと高齢者は最初から産業化路線の社会システムでは排除されていた。

　たとえば19世紀半ばにエンゲルスが明らかにしたように，その勃興期の時代では10〜15時間という長時間労働が実体化していた事実があったからである（エンゲルス，1845＝1971：32）。初期の資本主義の苛烈さは，このような子どもまでも収奪してその蓄積過程を必然化するところにも感じ取れる。

先進社会の産業化

　20世紀の中盤になると，いくつかの先進産業社会では分業による役割分担が生産性を飛躍的に向上させ，絶対的貧困から抜け出す道筋が見えてきた。遅れては日本の高度成長期も該当するが，成長を目指した時代では社会変動として社会発展，前進，進歩などが具体化し始めた。さらにそれらに伴い，義務教育，医療，公衆衛生，福祉などの水準の上昇，国民的なレベルでの権利意識の芽生え，新しい文化活動や文明の萌芽が認められるようになってきた（金子，2009）。

　ただその産業革命の端緒はエネルギー革命であったから，社会システム論の内部条件からのパラダイムでは説明ができない。しいていえば，社会システムの境界外に置かれた環境面で石炭燃焼技術が進み，蒸気機関の発明に結びつい

たイノベーションを原因とするしかない。初期の産業革命の要因としては，成員の欲求未充足や構造的緊張が生み出した社会運動や自己組織化それに人口動態などではなく，イノベーション史観が有効である。これは歴史的事実に基づく「実感信仰」に該当する。

イノベーション史観

ニスベットは，社会変動を過程に分解して，イノベーションを含む，「個性化」(individualization)，「政治化」(politicization)，「世俗化」(secularization) にまとめた（ニスベット，1970＝1977(4)：63-64）。しかもこれらは「断続的であり，不連続であり，そして不均等である」（同上：65）と見た。いずれも重要な変動過程を表現する用語ではあるが，個性化はどこで顕在化したか。社会構造のうちの階層構造か集団構造か地域社会構造においてかの議論には届かなかった。

またイノベーションは地域社会構造で発生するが，権力構造ではなぜ起きにくいのか。政治化は階層構造でどのように認められるのか。世俗化は集団構造や地域社会構造では顕著だが，権力構造ではどうか。

すなわち社会変動過程の分析は理論的思考に際しては有益ではあるが，実証的な対象を決定する問題に対しては，問題意識としても方法論としても焦点が絞り切れていない。

時代の中ではイノベーションを手掛けてエネルギー革命を担う企業人が，当然ながら産業革命段階の社会変動の主体としての勢力をもってくる（カーほか，1960＝1963）。その意味で，産業革命は集団構造における人員配分で大きな変化をもたらした。もちろんそのエネルギー革命を担い，蒸気機関を適用した紡績業，鉄道業務，蒸気汽船運行などを開始した人々の精神的支えに，ウェーバーのいう「プロテスタンティズム」が存在する（ウェーバー，1904-05＝1989）。

集合体の強弱と重層

いつの時代も社会構造は人間が作った無数の集合体が重なりあってきた。だから，社会学理論でも理論社会学でも社会構造と社会変動は必ず論じられてき

た。たとえば，ベルは操作的に社会構造を「いろいろな生活様式，社会的関係，規範や価値観」（ベル，1976＝1976上：32）とした。これは極めて社会学的な社会構造の理解である。そして実質的な議論では，社会を「分析学的に技術－経済構造，政治形態，文化」（同上：37）に分けた。この3者は社会システムを分析するうえで不可欠の領域になるが，現代の問題としては，3者が「異なった変化のリズムを持っている」（同上：37）ことにあるという。

その変化のリズムの相違は，社会学では周知の二項対立図式でも明らかである。たとえば，時代の趨勢に適応する集合体は肥大化し，勢力を拡大して，権力構造を支えがちである。ヨーロッパ中世にみる「聖なる時代」では教会の意向が国民全体に浸透したが，世俗化が始まると教会の力が弱まり，軍事型社会になると軍の存在が大きく，産業型社会では企業の影響力が強くなる。現代日本のような国家先導資本主義時代（金子，2013：55-59）では，国家が産業活動の最前線に出るし，反対に17世紀中葉から19世紀中葉までの夜警国家のように，国家機能が縮小する時代もある。

同時に，家族・親族という血縁の共同体，地縁による村落共同体，宗教の共有による教会などの精神的共同体に見られるように，ゲマインシャフト的な集合体が時代の前面に登場する時代もある。一方で世俗化に伴い，ゲゼルシャフト的集合体が世界的に活動を始める。実際に初期の資本主義体制が確立すると，国民社会的には世俗化を一層強めながら，土地，労働，資本，組織の連携により利益を最大限に追求する企業，二次的関係が主流の大都市，企業利益や国益最優先で結びついた世界システムなどの巨大集合体が活躍する時代になった。これらは21世紀の後期先進資本主義社会では普遍化したので，集団構造の変動としても権力構造の変動としても，「計量信仰」や「実感信仰」によって把握可能である。

富永社会変動モデル

日本の理論社会学を代表する富永理論モデル（1965）では，これらをすべてシステムの機能的分化と見ており，ＡＧＩＬ全領域で社会システムの機能要件

の細分化が進み，社会的分業が精緻化して社会システム全体の遂行力が高まるという一般図式を採ってきた。

　晩年のパーソンズは社会システムにおける主要な型の変動に焦点を置き，それは有機体の成長過程から類推したものだとして，量的（人口）要素とともに質的（構造）変動も含めた。ここでの質的構造変動とは構造的分化を指す。この分化という認識は世界的に見ても社会システム論では共有されている（Parsons, 1973：72）。

　しかし長谷川は，機能要件の充足・不充足を軸とした富永モデルが，「多くのシステム成員」の不充足認知が変動の原因とみなす「予定調和的事後説明」に陥りやすいと指摘した。確かに「『多くの人々』に機能要件の不充足状態が共有されているとしても，そこから自動的に社会変革的な行為が生じるわけではない」（長谷川，前掲論文：35）。それは現代日本の外交でも年金でも教育でも児童虐待問題でもあてはまる。しかし同時に，「社会変動論はいつ構造変動が生じうるのかという，予測力をもつべき」（同上：35）と一般化するのは飛躍しすぎであろう[7]。

社会変動の予測

　なぜなら，社会構造のどこが変動するのかが明示されていないからである。社会構造を支える大枠を本章では階層構造，権力構造，地域社会構造，集団構造の4下位カテゴリーとみなすが，たとえば外交に関連する「予測力」を権力構造がもつとしても，階層構造でその「予測力」は分断される。同じく少子化の「予測力」も階層ごとに相違して，地域社会でも大都市か中山間地域で事情が異なる。このように4カテゴリー間でも，ベルのいう「異なった変化のリズム」は読み取れる。

　年金ならば，世代によってあるいは世代が属す集団構造に応じて実態も評価も異なるから，「予測力」は変ってくる。その他，地球温暖化でも児童虐待問題をめぐっても「予測力」は4カテゴリーごとに違っている。これは「実感信仰」から指摘できるが，「計量信仰」では調査票の内容次第で結果に基づく

「予測力」が制約される。

　私たちが歴史的事実として共有している日本の明治維新，フランス革命，ロシア革命などは，全体社会システム構造にかかわる社会変動であったが，通常の理解では外交や国際関係に強い不満を表明する社会システム成員でも，その中の高齢者の多くは年金制度には満足しているし，地球温暖化には態度を表明できない場合が多い。

　このように「予測力」は社会構造の下位カテゴリー間でさえ矛盾を生じやすく，社会システム全体構造への包括的「予測力」を国民全体が獲得することは困難となる。したがって「どのような革新的行為の集積によって，構造変動がもたらされるのか」（同上：36）に答えるには，行為の「改変」が発生した領域を限定するしかない。社会システム領域に応じて，「改変」や「革新」の側に立つ成員も別の領域では「現状維持」を選択するから，一般的な構造変動論は得難くなるのである。

3　一般社会変動論と自己組織論

吉田社会変動モデル

　そのような知的風土で，一般社会変動論を狙い，社会システムに「許容原理」を持ち込み，「許容・均衡」状態と「許容・不均衡」状態とを区別した吉田（1974）モデルは1つの「理論信仰」の応用であった。しかし，「不均衡状態」なら構造変動が可能であり，「均衡状態」ならば構造変動は不可能であるとする理論分類に止まった。吉田本人が自覚していたように，そのモデルでは社会的リアリティに乏しく，経験的妥当性にも欠けていたからである。[8]

　たとえば，20世紀末から21世紀の現代日本では，国民間における階層格差が肥大して，その意味でも「不均衡状態」なのだが，階層的な構造変動の兆しはうかがえない。むしろ大きな階層格差が「持続可能性」に富む状態になっている。同じく，地域社会間の人口格差，行政サービス格差，毎月の介護保険料の相違などの「不均衡状態」は目立つが，これを是正するような地域社会変動へ

の動きも鈍い。

この実態的限界はあるにしても，戦略的に社会変動論は政策的な社会発展につなげられやすい。それは「水準上昇を含んだ構造変動」（富永，1986：281）であり，社会システムの欲求充足能力の上昇と読みかえられるからである。富永の定義では「社会システムが環境の変化または何らかの内部変化のインパクトによってみずからの構造をつくりかえ，新しい社会構造のもとでより高次の機能的達成を実現すること」（富永，1995：215）に従来の主張が変えられていった。私はこの考え方を活かして，コミュニティ論を基礎とした地方創生論の一般化を求めてきた（金子，2011；2016a；2018b）。

しかし富永理論で特筆すべきは，以下の点である。すなわち1986年段階では「自己組織性の理論」を「あまりに漠然としすぎていて確実な理論的成果を生みだすにいたっていない」（富永，1986：178）と評していた富永が1995年になると，「社会変動の理論はシステム理論の観点からは自己組織システムの理論として説明される」（富永，1995：217）とまでいい切った理論的な修正にある。

「自己組織性」議論の限界

1997年に出された本でも，「社会システムは，大きな環境変化に対してみずからの構造を変えることによって対処する」（富永，1997a：262）として，「自己組織性」（自己言及性）を取り入れている。システム外部の環境の変化が社会システム内部の社会的要件充足を困難にするために，内部から「自己組織的に」ないしは「みずから」構造変動への原動力をつくりだすという認識を採るに至った（同上：262）。

この論点は2008年でも踏襲されて，ルーマンに触れつつ「社会システムの変動の源泉は社会システムの外から来る，すなわち重要なのは環境である」（富永，2008：531）とされた。これは「計量信仰」とは外れていて，むしろ「実感信仰」に近い立場からの「理論」をめざすものである。

次に，富永と吉田の次世代に属す今田による自己組織性論に触れておこう。今田によれば，「自己組織性とは，システムがある環境条件のもとでみずから

の組織を生成し，かつまたその構造を変化させる性質を総称する概念であり，社会学では社会変動のテーマに関係する」（今田，1986：6）とされた。この視点は20年後も継承され，「自己組織化が起きるのは，①システムが所与の構造のもとで，自己を維持したり最適な目標達成がおこなえない事態が発生したりしたとき，②既存のシステムに新奇性を導入して機能を分化させ，それを既存のシステムに埋め込む必要が生じたとき」（今田，2005：66）とされた。ここでの「所与の構造」とは，私が類型化した下位カテゴリーのうちの1つか2つかあるいは4つをまとめた全体構造に該当するのかどうかは不明である。いずれにしても，この認識は「計量信仰」ではなく，「実感信仰」に近い。

　富永と同じく，今田によっても自己組織化との関連で社会発展論が論じられている。「社会発展とは，究極的には，外的環境を制御して成員の多様な欲求充足機会を拡大することであるから，……自己組織化層の働きは，結局，環境的諸制約に対する社会システムの制御能力を高める営み」である（今田，2005：100）。しかし，「成員の多様な欲求」は無限にあり，成員の多数派ですら欲求の一本化は不可能である[9]。平和を希求する多数派は福祉充足を求める多数派とは必ずしも重ならない。経済発展を願う多数派はアジア進出に熱心であるが，国家の防衛を考える多数派はそれには慎重である。さらに階層構造での「多様な欲求」は地域社会構造での「多様な欲求」と整合するわけではないし，権力構造の「多様な欲求」とも重ならないことが多い。中国でのビジネスに熱心な企業は，ＰＭ2.5などの越境汚染には無関心派になりやすい。

地域社会や階層で「自己組織性」は使えない

　階層構造は国民8割の「総中流」の時代もあったが，階層格差が顕著になって30年が経過した。そこでは階層構造における自己組織的に「最適な目標達成」はなされてこなかった。コミュニティレベルの「限界集落」は過疎地域社会における「新奇性」の1つであるが，そこでの地域社会機能は分化するよりも縮小・解体・衰退を開始している。21世紀に入ると限界集落の議論が増えて，2013年から地方消滅論とともに地方創生論が続いているのはそのためである。

序　章　社会変動の理論へ向けて

　私は今田理論や富永理論それにルーマンの該当箇所などを学びつつも，「自己言及性」「自己組織性」や「みずから」という表現に社会学の立場から違和感を持ち続けてきた。[10]その理由は少子化でも高齢化でも地方創生でも社会変動なのに，「みずから」や「自己」を地域社会や階層の実態レベルで具体化できないこの理論ではほとんど説明力が得られないからである。

　ここにいわれる「自己」が社会構造ならば，下位カテゴリーのたとえば「階層構造」の「自己」と「権力構造」の「自己」は違うといえる。あるいは「地域社会構造」の「自己」と「集団構造」の「自己」も異なるメカニズムがあり，両者間の相違は鮮明となる。富永がルーマンから引用した「自己観察とは，社会システムが社会システム自身を内部から観察するという意味」（富永，2008：738）などは，アナロジーそのものであり，理論的なメッセージ力に欠けるというしかない。その意味で「実感信仰」とは程遠く，「計量信仰」とも無縁である。何よりも，この「自己観察理論」ではたとえば地方創生などの社会構造下位カテゴリーにおける実用性が得られない。[11]

　加えてその理論では，「内部」とはどこかが明記されておらず，「内部」があたかも一本化している印象すら与える。「現場からの社会学理論」を模索してきた私としては，「階層構造」の内部と「地域社会構造」の内部は同質的ではないので，「一本化した観察」は不可能であると見なさざるを得ない。それは「集団構造」でも同じく，「内部」は必ずしも一本化していない。「権力構造」では革命時や戦争時などで疑似的に一本化することが歴史的事実によって証明されるが，それ以外では絶えず流動したり，対立したりする。

　「理論信仰」の吉田による「システム構造の生成・維持・変容・消滅を扱う2次の自己組織理論」（吉田，1995：101）でも，地域社会現象や階層構造についての社会的事実を説明することには無関心であった。プリコジンやカウフマンらの引用や分子生物学や情報科学からの引用や借用は熱心に続けられたが，「現場から創る社会学理論」にはそれらの成果はまったく届かなかった。

15

仮説索出力を持ちえない「自己組織性」の理論

このような立場からすると，長谷川のいう「自己組織性の理論は，経験科学としての仮説索出力を依然として持ちえていない」（長谷川，前掲論文：39）という総括は妥当である。日本の社会変動理論の象徴である富永モデルとその改変を目指した吉田モデルへの長谷川の批判（同上）は，今日でも当てはまると考えられる。

「自己組織性」に「あいまいさ」や「仮説索出力のなさ」を持ち続けてきたのは，その「自己」（self）についての認識の差による。通常の理解では 'self' はもちろん「自己」なのだが，細かく見るとそれは 'automatic action' としての「自動」を表現する場合があることに気がつく。自然的な調和を含む「神の見えざる手」の働きによる社会システム全体の動きもまた，「全自動」ではないか。さらに「全自動」の動きは，社会システム構成員にとって無自覚（unconscious）になされることすら多い。外交や貿易さらには産業活動も教育も治安活動も社会システム全体の維持には不可欠だが，いずれも構成員の「自己」には無関係で「全自動」的にシステム遂行がなされている。いわゆる「無自覚の動き」（done without thought）がそこに読み取れるのである。

したがって，「自己組織性」（self-organizing system）とは社会システム全体の全自動性を意味することになり，これならば理解は容易になる。しかし，それでは理論の到達点というよりも出発点に過ぎなくなる。

今田よりも若い世代の佐藤による「意図的社会変動」研究の基盤は，方法論的個人主義による合理的選択理論である。ただし，社会システム成員のうちどの程度の「意図」が「変革主体」として関与可能か。社会変動を呼び起こす「意図」は多数派からか少数派からか。多数派ならば，富永が構造変動の起動力として繰り返した「世論の多数」（富永，1995：210），ないしは「システム成員の多数」（同上：212），あるいは「かれらの大多数」（同上：215）と同じか。

かりに同じならば，長谷川同様にその表現は「ひどく曖昧」（長谷川，前掲論文：34）といわざるをえない。なぜなら，全体社会システムでも4つの下位カテゴリーにも多様な「意図」は内在しているからである。多数派に特定の変革

方向が意図されても，そのまま社会変動が始まるわけではない。これは日本外交，防衛，年金，少子化対策，義務教育，大学教育，医療保険，児童虐待問題などで証明される。

フランス革命研究から

フランス革命を素材として群衆を研究したルフェーブルは，意識としての「革命的心性」の特徴を「不安」（l'inquiétude）と「希望」（l'espérance）に整理した（ルフェーブル，1934＝2007：47）。確かに現状への不安も将来への不安も，何かを変えようという動機づけになる。不安の原因が生計にあっても雇用形態でも経済状況でも政治の不安定でも軍事的脅威でも，当事者1人ひとりは気になる不安感を取り除くために活動を起こすことはよくある。それが集合体に成長して，複数の集合体が融合すれば，集合体が目指す方向への社会変動が開始されやすくなる。後ろ向きの不安が軽減されれば，新たな希望に向けて前進の起動力が得られるからである。

自己組織化されない社会構造

しかし，フランス革命前夜ほどではないにしろ，現代日本でも高齢者も若い世代もたとえば年金制度の現状に不安を感じて不満を抱いているにもかかわらず，年金制度の改革は依然としてなされず，どのような社会変動も生み出されない。またそこでは制度的な自己組織化もなく，階層的な自己組織化も見えてこない。

社会構造には下位カテゴリーとして地域社会構造，階層構造，権力構造，集団構造があり，人口構造が社会構造の内部与件になるという立場でみると，高齢化には介護保険制度導入などの対応があったのだが，少子化の動向に対応して社会全体で自己組織化が始まっているとは思われない。階層構造の格差は子育てを巡っても維持されているし，権力構造が自己組織的に少子化への対応を始めたわけでもない。

人口動態を抜きにした社会変動論

　要するに，従来の「社会変動とは社会構造の変動である」という表現は，4
下位カテゴリーの現状の中でより個別的に具体化しないと，一般社会変動現象
の実証性や説明力が得られない。同時に，社会変動研究では与件として人口構
造の動態分析を不可避的に要求する。晩年のパーソンズでも言及されていたこ
の自明な論点が，従来の社会変動論では完全に排除されてきた。富永の「機能
－構造－変動論」，今田の「自己組織性の理論」，吉田の「許容均衡・不均衡」
による一般変動論はいずれも人口動態への視点に乏しく，すべて全体社会構造
の変動に焦点を固定した理論化の試みであった。その意味では社会構造の4下
位カテゴリーへの配慮に欠けており，そのために実際の動態分析もなされてこ
なかった。[13]

　階層構造研究を除いて日本の社会変動論では下位カテゴリーへの視点が乏し
いために，たとえば地方創生という地域社会レベルでの「意図的社会変動」研
究もなく，もちろん自己組織的な地方創生論もまったく生み出されなかった。
いくぶんか地域社会の現場を歩いてきた経験からすると，理論社会学でも地域
社会学でも現場を調査して，その成果を比較社会学的に理論化してこなかった
と判断できる。

　日本の社会学史は高田保馬の『社会学原理』(1919) から数えて100年，鈴木
栄太郎の『都市社会学原理』(1957＝1969) から60年になろうとしているが，地
域社会，組織，階層，家族，社会運動などの特定のテーマを調べた結果のみを
発表する実証部会，現場とは無縁な特定個人の学説の紹介を行う理論部会が併
存するだけになり，依然として社会学界内部での協力もコラボも学びあいも支
えあいも生まれていない。

社会学以外からの引用合戦を止める

　しかし幸いなことに，下位カテゴリーのうち階層研究でも地域研究でも権力
構造分析でも集団構造研究でも，研究成果は膨大にある。また，与件である人
口動態の分析にも厚みがある。したがって，今後の社会変動研究は社会学以外

の分野からの引用合戦を止め，むしろ４つの下位カテゴリーと人口動態の概要をつかみ，合計５つの領域を相乗的にまとめるところから，それぞれの研究者が独自に理論化を開始するとしたい。

たとえば，社会構造のうち階層構造は「国民皆中流」から「格差社会」に変質したが，政治を巡る権力構造にはそれほどの変化は生じていない。むしろ自民党に対して半数の社会党が対峙していた時代に比べると，時代の推移は自民党一強になり，政権の基盤が強化されたように見える。とりわけ21世紀になってからは，それまでの権力構造を支えてきた分厚い中間層が縮小した現実と野党のみの多党化状況は無関係ではない。

「実感信仰」からの社会変動

「実感信仰」からもいえることはいくつかある。すなわち権力構造を支えてきた「中流意識」を自覚した中間層として働く多くの人々が，財界と政界による政策的な誘導の結果として非正規雇用の増大に直面していることがあげられる。さらに，30年にわたり放置されてきた少子化により，漸減した子ども向け商品に特化した企業経営展開が厳しくなった。加えて為替変動など国際金融市場の変化に適応出来なかった企業経営者が増えたために，その企業経営がうまくいかず，従業員の階層的な下降移動などが指摘される。「計量信仰」からも，政府が行う家計調査その他の調査でも年収低下を回答する比率が上昇して，「下層」と自認する国民の比率が増えたことが証明されている。

地域社会変動に社会変動論は取り組まなかった

他方で，少子化と高齢化という人口構造の変動により，地域社会構造は激変した。人口減少を伴う過疎地域が広がり，政令指定都市の都心部にさえ限界集落が発生する。「人口減少社会」の威力は地域社会構造を確実に変質させてきた。この実態を踏まえたコミュニティの自己組織性の理論は得られたのか。

地域開発，地域活性化，内発的発展論，地方創生など，第６節でのべるように主体はいくつかあるが，すべてが変化を仕掛ける地域社会理論なのだから，

その変動を下位概念の発展，停滞，衰退に分けることが可能になる。このような文脈から，21世紀における地域社会変動の課題は，システムの停滞や衰退に関する理論的な展開よりも，地方創生に関連づけた社会発展への条件を探ることに周囲の期待が集まるように思われる（金子，2016a；濱田・金子，2017a；2017b；金子，2018b）。

　集団構造でも地域社会レベルの町内会・自治会の加入率の低下，勤労者に関連する労働組合組織率の低下，高齢者向けの老人クラブなどへの参加率の縮減が顕著であり，小家族化と合わせると，国民の集団構造は縮小傾向にある。個人は帰属集団や所属集団やインフォーマル社会関係に乏しくなり，私はこれを粉末化現象と呼んできた（金子，2013；2016b）。

　無数の大小入り混じった集合体それぞれに社会的位置＝役割間の知識，権力，報酬，威信の分布がある。全体社会から小さな地域社会まで数多くの社会構造があるから，論じる側としてはどの下位カテゴリーレベルの社会変動かを限定しないと，具体的な論述が進まない。以下では，社会変動の下位カテゴリーである階層構造，権力構造，集団構造，地域社会構造の順で，現代日本の実態を概観したい。

4　階層構造の変容

　高田の『階級及第三史観』でも触れられているように，階級構造と権力構造とは不可分であるので，「実感信仰」を軸に「計量信仰」による調査票収集データや公的調査結果を交えて，階級論から必然的に派生した階層変動の現況をまとめておこう。

第1回のSSM調査

　日本社会学会が総力を挙げて「日本社会の階層的構造」を調査したのは1955年からであり，これが実質的な第1回のSSM調査になった。そこでの social stratification は「社会成層」と訳され，「その成員が所属する階層の相違にも

とづくある全体社会の段階的構造」（日本社会学会調査委員会編，1958＝2002：36）
とされた。成員の階層概念は，①帰属階層にもとづく成層，②帰属階級にもとづく成層，③職業にもとづく成層，④職業と従業上の地位による成層，⑤専門家の格付けによる成層，⑥調査員の判定による成層，⑦相互評価法による成層，⑧帰属階級と職業との組合せによる成層，⑨回帰推定による成層，の9つに分けて調査された（同上：36-43）。

　現在では「社会成層」ではなく「社会階層」という用語が定着している。国民は一様ではなく，様々な指標を使って層化すると，幾重にも階層があり，それら間での大きな違いが見えてくる。古典的に階層は，権力，財産，威信，地位などを使って論じられてきた（チューミン，1964＝1969）。とりわけ階層要因の1つである威信は評価に左右されることがあり，それによって権力の行使にも影響が出る。

　また，階層は生活機会と生活様式に影響を及ぼす（同上：24）。生活機会は幼児死亡率，寿命，肉体的・精神的疾患，子どもがいない比率，結婚に関連する争い，別居，および離婚などを指す（同上：24）。また，生活様式は住んでいる住居および近隣の種類，ひとびとが求めるレクレーション，享受できる文化的製品，親子関係，ひとびとのみる本，雑誌，テレビ番組の種類などで判断される（同上：24）。

　チューミンは，自発性によって改変可能な生活様式が自発性に欠ける生活機会の下位範疇になるとしたが，現在ではこの両者はともに自発性に富むと考えられる。さらにパーソンズのパターン変数を使えば，生得的地位（帰属性）よりも獲得的地位（業績性）が今日では階層決定には有力である。父親の階層や所得と本人の初職や所得や階層間の関係が，ＳＳＭ調査では「計量信仰」の極致といえるようなデータ計算により微細に追究されてきた。

　この親子関連を軸として，現代階層論では社会資源論と社会移動論が新たに加わる。これらを合わせて理論化すれば，「社会階層とは，社会的諸資源—物的資源（富）・関係的資源（勢力および威信）・文化的資源（知識や教養）の三つ……（中略）が不平等に分配されている状態である」（富永，1986：242）という

表現になる。分配のアウトプットは，富，権力，威信，知識，教養などであるが，個人にも集合体にもすべてに分配面での過不足がある。たとえば，富があっても威信に乏しく，知識があっても影響力には程遠い。

不平等が中心的課題

階層論の中心課題は，定義上不可欠な分配の「不平等」が著しいのかどうかにあり，10年おきに行われたＳＳＭ調査から得られたデータに基づき細かな各論が戦わされてきた。共有された結論の１つは，1975年前後の「国民総中流」時代は緩やかな「不平等」であったが，1980年代後半から21世紀の今日まで格差が拡大して，厳しい「不平等」状態が続いてきたという認識にあった。

格差拡大とは階層面でも地域面でも社会移動が停滞したことと同義である。「少子化する高齢社会」の中で若者の非正規雇用が増大した結果，若者は主に下層に滞留して，上昇移動の機会が減少してきた。上方が閉鎖されているので，非正規雇用の若者だけではなく，社会システム全般に閉塞感が強くなってきた。

階層的地位は，「所得・教育・職業威信・権力（または勢力）」（富永，1986：249）などを個人単位で測定するしかないが，今日までの研究蓄積は「所得・教育・職業威信」のみであり，権力（または勢力）の測定はうまくできていない。したがって，「総中流」でも「格差拡大」でも，調査票では「所得・教育・職業威信」を使って判断してきたことになる。ただし，ここでも所得と教育間，所得と威信間，教育と威信間でそれぞれに非一貫性が認められてきた。

社会移動の実態

階層の研究は社会移動論の枠組みで行われることが多いため，アメリカでも日本でも若者，中年，高齢者など男女の移動機会が平等か，制限されているかに研究者の焦点が集中する。アメリカの事例ではあるが，ミルズによれば，「中規模都市における階層構成が一般的に分極化される中で，上層部と下層部はますます固定化しつつある」（ホロウィッツ編，1963＝1971：235）という表現は実に1946年になされていた。また，上昇志向の動きが阻まれたことで，「下

序　章　社会変動の理論へ向けて

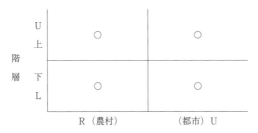

図序-2　階層移動と地域移動
(出典)　鈴木 (1970 : 61)。

層階級は，その世代限りのものではなくなり，半永久的現象となった」(ガルブレイス，1992＝2014 : 50) というミルズから半世紀後に出された総括もある。

ガルブレイスの「下層階級なしには社会は機能しない」(同上 : 41) は大都市のいわゆるダーティワークを見据えた議論の一部であるが，いささか事情が異なる日本ではこの問題を明示的には取り上げてこなかった。「アメリカで，下層階級は現代資本主義においてなくてはならない下積みの役割を担ってきた」(同上 : 47) は，マクロ経済社会学の観点から加えられた指摘であり，下層の実態を鋭く摘出している。

しかし日本の階層研究では，ここまで断言する政治文化的な背景に乏しかった。現在のように，階層移動研究が地域移動論と離れてしまうと，ガルブレイスのような地域社会レベルまで含んだマクロ社会的な階級・階層認識のもつ重要性が改めて強調される。

鈴木広のCMM調査

もっとも階層移動と地域移動を対等の分野とした日本での研究もあり，それは鈴木 (1970) を嚆矢とする。図序-2はその要約である。要するに，階層は「上・下」移動，地域は「農村・都市」移動のセットとして，社会移動論が構築されていたのである。これを鈴木はCMM (Community Morale and Mobility) 調査と称していた。

そこでは階層が「収入・職業威信・学歴階層などの要因を含み」(同上 : 51)，

地域は「地域的諸社会関係のネットワークや職業威信・地域の権力構造・地域の人口量・生活様式等を含む」（同上：51）社会的な概念であった。ただしこの鈴木の指摘は，階層移動を中心としたSSM調査ではほとんど顧慮されなかった。

SSM調査ではたとえば日本の世代間移動における通常の計量的分析として，親の階層が子どもの階層にどのような影響をもつかが問われた。世代内移動では，とりわけ初発の階層的地位に現在の父親階層がどのように影響しているかが重視されたため，父親の学歴と所得および本人の学歴と所得が調査票からの不可欠なデータになった。

SSM調査と並行するように，1955年から始まった「国民総中流」化は1975年に頂点となった。この期間の世代間移動率は非常に高いが，世代内移動は総じて低率であるという総括が可能になる（富永，1986：251）。この傾向は，本人の生得的地位は低かったが，その後の研鑽と努力により親の階層を超えた地位を占める人の割合が高くなったことを意味する。その結果としての「中流」である。

富永健一の総中流階層論

調査票における階層的地位項目は，「彼の父の職業，彼の父の教育，彼自身の能力や意欲，彼の学歴，彼の初職」（富永，1986：251）である。これを用いた1975年までのSSM調査では，①父の職業・教育がその子供の階層的地位を決定する度合いは大きくない，本人の地位決定には②本人の教育が初職を決定して，その初職が現職を決定するという経路が大きな意味をもっていた（同上：252）。

1975年のSSMデータ分析からは，「日本社会の階層構造が中間層肥大型に近い分布をもっていると結論する」（富永，1979：480-481）というまとめになった。1990年段階でも，要約的に「現在の日本社会は，微視的にみると多様な人びとからなっているが，巨視的にみると平等度の高い社会が実現されている」（富永，1990：376）という計量的総括がなされた。この指摘は私の「実感」とし

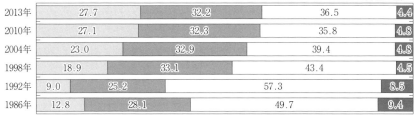

図序 - 3 生活意識の時系列比較
(注) 金子が「ややゆとりがある」と「大変ゆとりがある」を合計して,「ゆとり」があるとした。
(出典) 厚生労働省大臣官房統計情報部編『国民生活基礎調査(平成25年)の結果からグラフでみる世帯の状況』2013年。

ても裏づけられるし,国民的にもたとえば図序 - 3 で説明可能である。

「生活意識」で「普通」という回答が,1986年で49.7%,1992年では57.3%になった。その頃の社会イメージとして,「国民総中流」としての「巨視的な平等度」の高さが浮かんでくる。しかし,直後にいわゆるバブルがはじけて,「大変苦しい」「苦しい」が徐々に増えてきて,2010年では約59.4%がここに集まり,2013年でも59.9%になった。20年経過したら,「普通」が下がり,「苦しい」が倍増した。

格差社会の到来

富永の「総中流」総括から40年近く経過した今日では,社会変動としての階層構造も変動したので,このまとめも大きく書き換えられることになる。富永の文章を利用すれば,「微視的にみても多様な人びとがいるが,巨視的にみると格差が大きな社会になった」といえるであろう。それはまさしく『アンナ・カレーニナ』の冒頭「幸福な家庭はみな同じように似ているが,不幸な家庭は不幸のさまもそれぞれ違うものだ」(トルストイ,1877=1964:5)と酷似する。トルストイの有名なこの表現は,大きな格差社会となった21世紀の日本社会でも当てはまるのではないか。これはいわば「実感信仰」的文章であるが,その後のＳＳＭ調査ではこの大きな格差を計量的にどう分析してきたか。

表序 - 2　代表的な産業別一人当たり年収

（単位：1000円）

	1955年	1960年	1965年
農　家	379	449	835
建設業	175	254	473
製造業	200	271	433
卸売・小売業	216	277	438
金融保険業	301	386	606

（出典）　矢野恒太記念会編（2006：121）。ただし農家収入は
　　　　農業所得，農外所得，年金・被贈の合計である（『日
　　　　本の100年　改定第4版』：94；199）。

　たとえば富永の分析から30年後に行われた2005年調査の結果を分析した石田
と三輪は，「近年の格差拡大を強調したいがため，過去（例えば，高度経済成長
期）の日本は開放的な社会であったかのように主張する言説は，必ずしも正し
くない」（石田・三輪，2011：15）と結論した。同時に「格差社会論が華やかな
1990年代以前の時代も日本は格差社会であり，『一億総中流』であったわけで
はない」（石田・三輪，2011：22）とものべて，富永の総括とは異なるまとめに
なっている。

　しかしそれは当然であり，厳密な意味で当時も今も「一億総中流」を信じた
人がいたとは思われない。これはあくまで比喩レベルの話であり，当時でも農
家，建設業，製造業，小売業，金融保険業などの所得格差（表序 - 2）はあっ
たし，母子家庭が貧困になりやすかった事実もある。しかし，相対的には1990
年の富永の総括は的を射たコメントであると考えられる。

かつての農業・農村・農家は豊かであった

　たとえば，産業別の収入を比較しても農家の相対的豊かさが理解できる。高
度成長期の中盤までは，日本の農家の年収は高度成長の牽引力となった諸産業
で働く1人当たりの年収（月収の12倍）よりもはるかに多かった。表序 - 2では，
比較対象である建設業以下は，従業者30人以上の1人当たり産業別月間収入を
12倍に修正した（金子，2009：105）。そのため，現在の観点から見た「農業が苦
しいから」や「農家収入ではやっていけないから」という説明は，当時の実情

からするとやや誤りがあるように思われる。高度成長前期は，農業も含めて職業間の所得には格差とともに平準化傾向もうかがえた時代であった。

コミュニティ論のレベルでいえば，「都市へ去るも地獄，農村に残るも地獄」では必ずしもなかったのである。地方が貧しいから豊かな東京や大阪へ出かけて働くという動機づけは，高度成長前期の1960年代前半まではまだ弱かった。なぜなら，「貧しい農村」と「豊かな都市」という対比の成立は，1970年の高度経済成長の絶頂期になってようやく鮮明になるからである。

その時代では高学歴を求めた若者だけではなく，中卒後に集団就職で上京した若者にも農村的な生活機会と生活様式の変容を可能にするチャンスが大都市で提供されたからである。結果としての「国民総中流」の神話は，いわば社会移動の上昇ルートが固定されておらず，閉鎖されてもいない時代の賜物であった。

高度成長前期の高校進学率は70％程度であったから，中卒者も30％くらいいた。現在の80〜84歳の年齢層では，47％が小学・中学卒になっている。しかし，2012年の「就業構造基本調査」では54歳までの「小学・中学卒」の割合は4％前後である。これは毎年の高校進学率が98％を超えており，その中で中退者が2％前後いるからである。

格差の固定化

しかし石田・三輪の研究で貴重な成果は，「格差の固定化」としての「男女ともに，上層ホワイト専門職への入職については，高いレベルで閉鎖性が維持されて」（石田・三輪，前掲論文：31）いたことが判明した点にある。同じ指摘はたとえば「高学歴の若者たちは，かつてのように少なくとも親と同じ地位を保つことが難しくなっている」（近藤，2011：347）にもうかがえる。これは身近な学生たちからの観察に基づく今日的な「実感信仰」に合致する。1つは高学歴としての「大学卒」や「大学院修了」にも格差が大きくなってきたからである。

このような結果としての不平等社会の焦点は「上層ホワイトの再生産・閉鎖性」（同上：32）にあったことが，21世紀に入ってから格差社会論を流行させた

表序 - 3　非正規雇用率の推移
（単位：%）

	非正規雇用率
1984年	15.3
1989年	19.1
1999年	24.9
2005年	32.6
2010年	34.4
2015年	37.5
2016年	37.5

（出典）　厚生労働省ホームページ
　　　　　「非正規雇用の現実と課題」。

原因ではないか。なぜならガルブレイスがのべたように，下層階級は「半永久的現象」とみなせるからである。

ＳＭＭ調査の時系列分析

　ＳＳＭ調査の時系列分析で，階層変動の象徴として，私はまず「上層ホワイトの再生産・閉鎖性」を重視する。次に階層研究成果の社会変動論への応用としては，現代日本で格差が維持されてきたという事実の中に，流動化と安定性の両面をみる。「中核部分の安定性は，（多少の変化はあるとはいえ）守られつつ，周辺部分の規模拡大と流動性の高まりが生じている」（佐藤・林，2011：14）。「中核部分」は親の高学歴と子どもの高学歴が重なり，その継承が安定的に推移してきたからである。

　反面，周辺部分は高学歴の若者の増加により数的には規模が拡大したが，その高学歴としての「大学卒」とは思えないような学士が増えて，階層が一気に流動化した。これは少子化で受験生が減少したにもかかわらず，大学の定員はむしろ増大しており，その結果として競争原理が作用しなくなったからである。遊んでいても入学できて，そのまま卒業できるならば，もはや「高学歴」が階層決定に果たす役割は縮小せざるを得ない。そしてこれは制度的な非正規雇用の全面的な導入とほぼ一致する。1984年でも15％程度の非正規雇用はあったが，これが全面解禁になった小泉内閣以降は30％台に上がり，37.5％にまで上昇した（表序 - 3）。

非正規雇用率の増大

　ここまで非正規雇用率が上がると，たとえ「高学歴」や「高等教育」を受けた若者にも，初職や現在の地位に非正規雇用制度の影響が強まるであろう。かりに父親が大卒でも，子どもの初職や地位や所得にそのまま父親の高学歴が継承されるのだろうか。「実感信仰」に依存するかぎり，父親の「高学歴」と非

序　章　社会変動の理論へ向けて

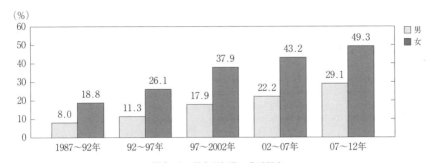

図序-4　男女別初職の非正規率
（出典）　2012年就業構造基本調査（総務省統計局）より作成。

正規雇用を余儀なくされた本人の「高学歴」には結びつきが弱いように感じられる。

「2012年就業構造基本調査」によれば，初職就業時の雇用形態「2007年10月〜2012年9月」に初職に就いた者の約4割が「非正規の職員・従業員」であった（図序-4）。この時期の5年間の大学進学率は全国平均で55％を超えていたから，大卒者といえども「非正規雇用」に該当する比率が高まったはずである。

1987年10月以降「初職」に就いた者について，初職の雇用形態をみると，「非正規の職員・従業員」として初職に就いた者の割合は年を追うごとに上昇してきた。2007年から2012年での男女別の割合をみると，男性は「非正規の職員・従業員」が29.1％，女性は49.3％となっており，「非正規の職員・従業員」として初職に就いた者は男女共に1987年以降で最も高くなっている。

最新の「就業構造基本調査」では，要するに男性でも3割，女性では5割の若者中心の人々が，初職で「非正規雇用」になっている。また，総務省による労働力調査（詳細集計）で2017年1〜3月期平均（速報）によれば，役員を除く雇用者5402万人のうち，正規の職員・従業員は，前年同期に比べ47万人増加し，3385万人であり，非正規の職員・従業員は4万人増加し，2017万人になった。ここまで非正規雇用が増加すれば，ワークライフバランスや待機児童ゼロなどの少子化対策は有効になりえない。なぜなら，将来が安定しないから，人生設計ができず，結婚も出産も子育ての展望も得にくいからである（金子，2016b）。

大学間の格差

　これでは，高学歴といえども採用に際しては一枚岩ではありえずに，正規雇用でもその裏返しの非正規雇用でも，大学間の格差が強くなる。少子化により年少人口が激減して，18歳人口がますます落ち込み，受験者の総数低下が不安を与える今日，「高学歴」だけの切り口では細かな分析が出きないのではないか。週刊誌ではすでに伝統的名門としての都道府県立高校，中高一貫教育の私立進学高校，夏の甲子園に象徴されるスポーツで名声を得ようとする地方私立高校などに分割され始めている。(15)

　大学でも国公立と私立の差，東京を拠点とする大学と地方大学の差，司法試験に強い大学と弱い大学の差，医師国家試験の合格率の差，薬剤師国家試験の差，看護師国家試験の合格率の差，私立文系と国公立文系の差，私立理系と国公立理系の差，同じく私立医歯薬系と国公立医歯薬系の差などを考慮する時期なのではないか。すなわち21世紀の日本では，「大卒」＝「高学歴」という図式をいちど解体して，見直す時期にきていると考えられる。

　これまで紹介してきたＳＳＭ調査は，2005年まではそれまでの伝統を守り「大学卒」や「高等教育」などで一括しているが，「実感信仰」からするとこれらの表現は日本社会の実態や実感にはそぐわなくなったと思われる。実態離れが調査票レベルで起きているとすると，それにより収集されたデータの精密な計量的分析も実態分析に有効にはなりえない。

　以上の判断は，ＳＳＭ調査のデータ分析を基にまとめられてきた階層研究を忠実に読み解く作業で得られた。もとより私には数理モデルの理解力はなく，計量分析にも疎いので，細かなデータ分析の技法や論理の誤解は多くあろう。私が必要あって階層研究を後追いしたのは，児童虐待の加害者が学歴的には「中卒」ではなく「高卒」以上であり，「大学卒」・「短大卒」も含めた多様な階層の出身者であり，しかも「貧困状態」にあるという事実に遭遇したためである（金子，2018a）。

　加えて，「大学卒」でも非正規雇用が増加しているという身近な「実感信仰」からである。そのテーマに近い膨大なＳＳＭ調査研究成果をみると，丸山が指

摘した「抽象化された結果が重視される」結論が並んでいるように思われた。

そこで，学歴と階層についての「計量信仰」と「実感信仰」を取り上げる。同じ2005年のＳＳＭ調査データから，数土は男性のみの「高等学歴」（大卒以上に相当）についての分析を行い，"本人が高学歴であるだけでなく，親も高学歴である場合，その個人はより高い階層的地位に帰属意識を抱く"という地位継承効果」を説明した。

「高等学歴」は一枚岩ではない

「実感信仰」からすると，すでにのべたように「大卒以上」を一本化する「高等学歴」の概念に疑問が生じる。なぜならＳＳＭ調査の根本データは，職種・職業の国民的な主観的ランキングだからである。たとえば1955年の第１回の調査では「職業の格付けなどの一覧表」（日本社会学会調査委員会編，1958＝2002：329-351）が掲載されており，1975年調査でも，「付表」として「職業威信スコア」（富永編，1979：499-503）が載せられている。また，西平重喜（1964＝2008）の「総理以下98の職業採点」[16]もある。他人の職業にわざわざ序列を付けたデータを使うのであれば，「大学」にもランクを付けてデータを収集しなければ，「実感信仰」からは21世紀日本の現実の把握が困難になると考えられる。

なぜなら，研究費削減だけではなく，ボーナスがゼロという私立大学が出ているからである。1955年段階の「大学教授の階層点」が91点で全国第１位（日本社会学会調査委員会編，前掲書：330）や1975年の「大学教員職業威信スコア」が83.5で第２位（富永編，1979：499）という過去は，今日の大学教員の現状とは完全に断絶している。かつていわれた「高い学歴が社会で暗黙の尊敬をかちえているか」（麻生，1973＝2008：213）という疑問にも，「高い学歴」一本ではなく，「大卒」の中身がより鮮明にならないと，この回答は現代日本社会では出しにくいであろう。

たとえば東京商工リサーチによる2015年「全国社長　出身大学」調査結果などはその参考になるのではないか。この調査は2015年12月時点で，東京商工リ

サーチが約280万社の代表者データ（個人企業を含む）から出身大学を抽出し，集計している。「2015年　全国社長出身大学」の結果，2年連続で1位は「日本大学」（2万4136人）だった。次いで2位は「慶應義塾大学」（1万3072人），3位は「早稲田大学」（1万2201人），4位は「明治大学」（9893人），5位は「中央大学」（9128人）。以降，6位「法政大学」（7242人），7位「近畿大学」（6247人），8位「東海大学」（5835人），9位「同志社大学」（5807人），10位「関西大学」（4316人）と，トップ10位は卒業生が多い私立大学だった。

11位～20位の大学をみると，11位「立教大学」（4197人），12位「東京大学」（4075人），13位「青山学院大学」（4031人），14位「専修大学」（3871人），15位「立命館大学」（3824人）。以降，16位「関西学院大学」（3459人），17位「福岡大学」（3429人），18位「東洋大学」（2779人），19位「駒沢大学」（2648人），20位「愛知学院大学」（2629人）という結果となった。

「実感信仰」からすると，国立大学法人で伝統があり，規模が大きく，予算も多い大学をこれらに加えた「高等学歴」と，それらには該当しない「大卒」間に初職での非正規雇用率の相違が出ているのではないか。この種の大学間の違いをまったく無視した「高等教育歴」や「大卒」データがどこまで現実的有効性をもつのか。「有利な学歴→高い職業的地位というキャリア」（原，2002：51）図式において，「有利な学歴」は単なる「大卒」なのであろうか[17]。

学歴と経済的格差

鹿又の最新の研究発表でも事情は変わらないようである。彼は2005年ＳＳＭデータを用いて，「貧困と富裕に到達する地位経路」を表序-4のようにまとめた（鹿又，2017）。2005年の調査票でのみ議論するとこのような経路が浮かぶであろうが，2005年から2017年までの社会全体の傾向は，「高等教育卒」でも「非正規→非正規」や「非正規→無職」が増加しており，それこそが「下流社会」や「貧困化」の大きな原因になっているという「実感信仰」が私には強い。非正規雇用の公的調査結果はすでに表序-3で提示した。

非正規雇用率はこの30年間で2倍に増えている。とりわけそれを全面解禁さ

序　章　社会変動の理論へ向けて

表序 - 4　経済的格差の世代間再生産傾向と地位達成過程

中学卒	⇒	無職→無職 非正規→非正規 （非正規→無職） 自営→自営 ブルー→ブルー	⇒	貧困
高等教育卒	⇒	専門管理→専門管理	⇒	富裕

（出典）鹿又伸夫（北海道社会学会大会報告レジュメ）2017
年 6 月10日。

せた小泉内閣の時代に30％を突破して，それ以来高止まりである。2005年のＳ
ＳＭ調査票によるデータもまた「現実の微細な一部」であるが，「計量信仰」
による「理論」は説得力を伴った要約になってはいるが，「実感信仰」からは
その結果に違和感がぬぐえない。

高等教育卒の貧困の解明を

　なぜなら，2017年の今日では「中卒」の「貧困」を理論化するよりも，「大
卒」を中心にした「高等教育卒」の「貧困」を解明することが喫緊のテーマに
なると考えられるからである。なお，「高等学歴」という用語は「大卒以上」
（数土，2011：20）に相当するので，「高等教育卒」も同じとみなすことにする。
　図序 - 5 は2012年就業構造基本調査に基づく世代年齢別の「有業者学歴」で
ある。ここから分かるように，「25〜34歳」「35〜44歳」「45〜54歳」では「小
中卒」は 5 ％未満である。若くなるほど「大学」「大学院」という「高等学歴」
が増加しているが，鹿又の結論としては，表序 - 4 のように，一方では「中学
卒」の「非正規」→「貧困」と「高等教育卒」の「専門管理」→「富裕」が対
比的にまとめられている。これは「実感信仰」には抵触するし，政府の公的基
本調査結果とも整合しないのではないか。
　この「学歴」と「貧困」を論じる際には，たとえば，2016年に実施された札
幌市の「子どもの貧困対策計画」策定のための調査結果のように，対象となっ
た母親の「学歴」は「中卒・高校中退」が4.2％，「高校卒」が29.6％，「高
専・短大・専門学校卒」が44.5％，「大卒以上」が17.8％になった事実をどう

33

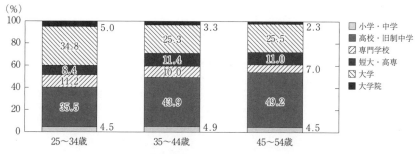

図序-5 2012年就業構造基本調査に基づく世代年齢別の「有業者学歴」
(出典) 2012年就業構造基本調査（総務省統計局）より作成。

みるかという問題が出てくる。[18]

　また父親の「学歴」は「中卒・高校中退」が4.8％，「高校卒」が26.9％，「高専・短大・専門学校卒」が21.2％，「大卒以上」が42.5％であったから，図序-5の結果とも整合する。実際に今日の「貧困」問題を考えるにあたり，「中卒・高校中退」が4％程度では，「高等学歴」40％と比較できないのではないか。したがって，ＳＳＭ調査結果のうち学歴に関する分析は，少なくとも現在の「子どもの貧困」研究には応用できないと考えられる。

シングルマザーと世代間移動の問題

　学歴と階層との関連は，ＳＳＭ調査では父親データのみを使った分析が多い。しかし，早くに離婚した母親の手で育てられた高学歴の本人に，果たして「父親の高学歴の地位継承効果」などありえるのだろうか。

　「2010年国勢調査産業等基本集計第29表」によれば，2010年における日本の「シングルマザー」の総数は，108万2000人となっていた。これを世帯別にみると，「母子世帯」の母が75万6000人（69.9％），「他の世帯員がいる世帯」の母が32万6000人（30.1％）となっており，約3割が「他の世帯員がいる世帯」の母，すなわち「母子世帯」以外の世帯で暮らしている。このような事情はもちろん貧困にも深い関連をもつが，ＳＳＭ調査における「世代間移動研究では『父のいない』人たちは分析の枠外におかれていた」（稲葉，2012：250-251）。

たとえば，「絶望の超高齢社会」で描かれた「シングルマザー」の介護職な
どは，これまでのＳＳＭ調査の問題意識には該当しないであろうが，現今の高
齢社会変動の断片ではある。「特別な能力のないシングルマザーが，唯一社員
として働ける可能性がある業種が介護だから」（中村，2017：24）は，父親の階
層や所得とは無縁の現在の家族関係や所得問題が山積した中での発言である。

　テーマによっては，母子世帯の子どもにとって，はるか以前の父親の階層や
所得は本人の現在の階層や所得にどれほどの影響をもつかは不明である。親が
離婚して，介護職の母親に育てられて奨学金で「富裕層が花嫁修業する短大」
（同上：63）を卒業した女性は，奨学金の返済とカードローンの返済に追われて
経済的に破たんし，「ＡＶ女優」になった。「相対的に安定した家族を想定して
きたこれまでの世代間移動研究の考え方自体を再検討する必要」（稲葉，前掲論
文：251）が生まれているのは介護研究だけではない。これはインタビュー調査
から浮かび上がる「実感信仰」からみた家族問題の一部である。

　２つには，父親の階層や所得とは無関係で，しかも本人の学歴とも関連がな
く，時代と併行して「非正規雇用率」が上昇したという現実がある。これを調
査票主体の計量的分析でどこまで説明できるかについての疑問である。

　階層構造変動分析は常に社会変動研究の一翼を担う。そのため，ＳＳＭ調査
が果たしてきた多大の貢献を評価しながら，さらなる社会変動分析に応用した
い。ここではその入り口として，「計量信仰」を裏づける実証的方法論の見直
しとともに，身近な「実感信仰」として「高学歴」の意味を問い直すことを主
張した。

　例示した介護業界の実態は，父親学歴の子どもへの影響を無意味とするに十
分な説得力をもつ。社会変動の下位カテゴリーを構成する階層構造は，この30
年間で下層が肥大化したという変動を示しているが，それはさらにＳＳＭ調査
枠組みの再検討までも求めるように思われる。その意味で，「今後親の離婚な
どが増加していったときに，相対的に安定的な家族を想定してきたこれまでの
世代間移動研究の考え方自体を再検討する必要も生じてくる」（同上：251）に
期待したい。

5 権力構造の動態と権力の理論

封建制の権力構造

社会変動の下位カテゴリーの2番目は権力構造になる。「世俗化」とは無縁な聖なる時代では、権力構造としてはいわゆる封建制が長く続いた。封建制では、天子、国王、皇帝、将軍、領主、統領など権力の頂点にたつ人が世襲制によりその血統を受け継ぎ、それが連綿と続いた。王権神授説を含めてその権力は生得的地位の連鎖であり、「帰属性」の典型がそこにある。

一方で臣下や家臣は、封土や領土を世襲の権力者に保証された見返りに、「業績性」としての忠勤奉仕を終生求められる。そのため、国内もしくは領域内によほどの大反乱や革命運動がないかぎり、権力構造そのものは微動だにしなかった。日本の戦国時代は下剋上の世の中ではあったが、将軍や征夷大将軍の座を争うものであったから、権力構造枠内の変化にとどまり、縦系列の主従関係に基づく統治制度としての封建制は不動であった。

しかし、「産業化は権力構造を変化させる」(ハンター、1953＝1998)。18世紀イギリスでエネルギー革命の結果新しく発生した産業化という社会変動により、権力の頂点もまた動き始めた。とりわけ産業革命以後では、産業化と並行した民主化が政治の世界で普通選挙という制度を伴ったことにより、権力者は世襲ができなくなり、選挙の結果により数年ごとの権力者が生み出されることになった。そこにはパレートのいう「エリートの周流」もあるが、これは封建制における権力の継承とはまったく異質である。国民による選挙の結果、エリートと被統治者間の交代もあれば、エリート総体の入れ替えもあるからである。

権力とは何か

一般に権力 (power) の定義は、「或る社会的関係の内部で抵抗を排してまで自己の意志を貫徹するすべての可能性を意味」(ウェーバー、1922＝1972：86) することとして日本でも受容されてきた。[19] すなわち、権力とは抵抗を排除できる

優越した意志力を表わし，政治の世界では最終的には物理的暴力とりわけ警察権力と軍事力を背景にする。

権力を個人に還元すると，国王，法王，皇帝，将軍，宗教指導者，支配者，大統領，首相，独裁者，パワーエリートなどになる。いずれも寡頭制（oligarchy: government by a few powerful people）の鉄則が該当する。これは権力トップによる直接的，絶対的，集中的支配を特徴とする。

反対に，デモクラシーでは polyarchy（多頭政治）という問題が発生する（ダール，1971＝2014）。二分法レベルの類型ではこれでよいが，現実ではたとえば与党政権は polyarchy を標榜する oligarchy であるという場合が生まれる。建前としては民主政治なので政権交代を当然とする政治文化が背景にあるが，どの政党も本音としては半永久的な政権維持を志向するからである。

むしろ重要な原則は，寡頭制でも多頭政治でも，現実的には権力構造として必ず服従者や非支配者（the ruled, follower）の存在を前提にするところにある。その意味で，権力状況の動態把握にとって，「社会的諸価値の制度化された配分形態にだけ着目しないで，価値関心の方向と強度に基く潜勢力（potential power）を考察に入れる必要がある」（傍点原文，丸山，1964：434）。前者が地位を基盤とする権力者であり，後者はミルズが取り上げたパワーエリートを含む。

形式社会学では社会関係を結合と分離と対立で捉える。なかでも結合は内的結合と外的結合に分けられるが，前者は社会内部の共同性や連帯性を強めるように作用する。後者は利益を媒介にした結合のみであり，内的結合が強い集団間には外的結合が生まれず，むしろ分離や対立が強まる傾向にある。権力構造分析にも，この結合，分離，対立の軸は有用である[20]。

その他，権力は権威とも重なるが，権威者（authority）は文化，芸術，学問などで使用されることが多い。なお，権力も権威も国民や大衆に支えられる。そのために，支える側が多数派としての中間層と膨大な下層滞留者とでは，権力構造の安定性が変わってくる。中間層が肥大した時代では，国民の多くが政治への関心をもち続けるから，政権を統制しやすい。しかし，下層が多数派を占めると，日々の暮らしに忙殺されて，政治的にはアパシーが強まり，国民か

らの政権への視線は届きにくくなるために，日本政治で顕在化した「その日暮らし」の権力政治が容易になる。

大衆が支える権力基盤

ただし，大災害，外圧，軍事的脅威などが大衆を動かし，選挙による政権交代を始め過激化すると，大衆が権力奪取や革命運動に向かう道筋は，中間層でも下層にも等しく開かれている。デモクラシーの逆説は政権転覆の自由を認めたところにある。なぜなら，権力の基盤としての官僚制は，大衆を構成員とする社会システムを合理的に動かすだけではなく，大衆や国民による支えがなければ長続きしないからである。

第1節でのべたように，社会構造の人員配分と資源配分要素は知識，地位，権力，報酬，威信などから構成されているが，時代によってたとえば権力中枢を占める人々の属性は異なる。たとえば，軍人に権力が集中していた時代もあれば，労働組合の力が強かった時代では，その支持を得た政党が野党としての存在感をもっていた。「昔陸軍，今総評」は日本の高度成長時代にふさわしいキャッチコピーであった。

しかし，軍隊が消滅して久しい。労働組合も全盛期とは程遠く，その加入率が1970年の36％の「総評」全盛の頃に比べて17％を割り込む恐れがある今日では，政治への労働組合の影響力は当然に衰退する。

国家先導資本主義社会（金子，2013：55-60）日本では，軍人の威信は低下した半面，財界や産業界を担う人，企業人などの報酬は高い。知識は大学人その他の研究者に集中しているが，報酬に乏しく，威信にも欠ける。[21]

ミルズのパワーエリート

「アメリカの権力組織の頂点は統一化され，強大であり，底辺は分断され，無力である」（ミルズ，1956＝1969上：44）と見たのはミルズであった。

そこでは1950年代までのアメリカの権力構造が，「将軍，会社最高幹部，政治幹部」（同上：10）による「権力の三角形」になっていることが論証された。

この三者（政治家，財界人，軍人）がパワーエリート（よりぬきの権力者，選り抜きの権力者などの訳語がある）と称される（ミルズ，1956＝1969下：166）。ミルズは他の階層や集団に比べて，権力の均衡でもなく，平等もあり得ないまさに当時のアメリカで，「世界史におけるどの権力者集団にもまさる権力を有するエリートが現われ出た」（ホロウィッツ編，1963＝1971：45）構造を提示した。

リースマンの拒否権集団

リースマンはこの認識を批判したが，提起された「拒否権集団」（リースマン，1961＝1964：198）は権力の頂点には存在せず，「権力の中間レベル」に関するというのがミルズの見解であった（1956＝1969下：114）。当時のアメリカでも今日の日本でも，「政治の領域というのはさまざまな集団によってすでに寸断されており，かつそれぞれの縄張りの背後にはある種の大衆的な期待値がきちんと出来上がっている」（リースマン，前掲書：198-199）のは当然だが，それを超えた次元に包括的で集約的な権力行使グループとして見え隠れするパワーエリート[22]を想定することも可能である。「権力の中間水準に，必要以上の注意を払うことは，全体としての権力構造，とくに，その頂点と底辺を，曖昧にする」（ミルズ，1956＝1969下：116）。

その論争の約20年後に，経済・政治・軍事における「ビッグ・スリー」（ミルズ，1956＝1969上：7）に加えて，ＡＦＬ・ＣＩＯなどの「労働組合」と人種運動などの「少数派」を新たに補充した権力構造論が日本で刊行された（坂本，1974）。

パーソンズの権力論

少し遅れてパーソンズは権力のもつ「強制的側面と合意的側面」（パーソンズ，1969＝1974：64）を強調して，双方の観点から権力の「正統性」を論じた。このうちミルズのパワーエリート論は権力の「強制的側面」を重視したものであり，「合意的側面」についてはあまり触れないという特徴を持っていると考えられる。また，権力構造は「正統性」を超える機能をもつので，表面的な制度

的リーダーだけの政策決定を分析しても権力構造のメカニズムに届かない場合がある。

　その意味で，ダールがニューヘブンで実証したように，「政党立候補者指名」「都市再開発」「公教育」の3領域で，確かにリーダーシップは異なっていた（ダール，1961 = 1988）。ただしこのような制度的リーダーを重視したダールのpolyarchy（多頭政治）的な把握では，権力構造分析としては限界がある。なぜなら，ニューヘブンの結果を基にしてダールは権力多元論を構築したが，「正統性」に富む「権力合意的側面」の3領域を取り上げるだけでは，都市の権力構造研究とはみなせないからである。ダールの分析では，権力構造の背景に想定されるパーソンズがあげた「強制的側面」が抜け落ちてしまった。

権力構造のモデル

　要するに権力者は交代するが，権力構造は比較的安定しているというのが私の理解である。実に35年も前に，私はパーソンズ，ミルズ，リースマンらの全体社会レベルの権力構造を比較して，ハンターとダールを両極とするコミュニティの権力構造（CPS）研究を跡付けて，権力構造システムのモデルを提示したことがある（金子，1982：144）。これは社会システムを input, throughput, output に分けて，影響力行使者の集合体として権力構造を把握する試みであった（図序 - 6）。

　権力構造は国政でも地方政治でも存在するが，第一義的には国政の政策決定をめぐり権力は構造化されている。それは制度的には内閣（首相が最高責任者）が担当するが，そこへの権力行使や影響力の流れはたくさんある。内閣とは距離を置く政権与党の派閥の大幹部，経団連などを背後にもつ財界人，行政の事務次官を筆頭とする高級官僚，野党の党首や古参の有力議員，大マスコミなどが政策決定過程に働きかける。国政レベルの権力構造はこれらをすべて取り込む機能をもっている。

　時代特性によって，日本でも政策決定構造に影響力を行使できるパワーエリートは変貌する。[23]経済成長の時代ならば，影響力が大きいのは大企業経営者や

序　章　社会変動の理論へ向けて

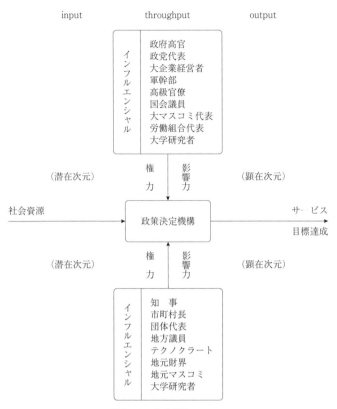

図序-6　権力構造システム
(出典)　金子（1982：144）を修正。

経団連などの財界人であろうし，地方の時代であれば，知事や市町村長に加えて財務省や総務省などの高級官僚の影響力が強まる。環境重視ならばマスコミや労働組合代表などの勢力が増すであろう。大学での研究者は国政でも自治体行政でも政策決定の一部に関与できるが，その発言力は相対的には小さい。

　他方，国会議員もすべて選挙区ごとの代表者であることから，強い関わりをもつ地方政治家が国会議員を経由して国政全般に働きかける影響力は侮れない。なぜなら，知事も市長も地方議員も国政選挙の際には候補者の支援者になるからである。その意味で，地方からの陳情や要請には国政レベルの権力構造は敏

表序-5　パワーエリートの種類とその源泉

権力の源泉	パワーエリートの種類
①組　　織	(a)政治組織（政治家） (b)行政組織（高級官僚） (c)産業組織（財界トップ） (d)労働組合（組合委員長） (e)軍事組織（参謀総長） (f)宗教組織（代表）
②家　　系	名望家族，名門出身者
③富，資産	大金持ち
④専門知識，技術	科学者，テクノクラート

（出典）　金子（1977：151）より。

感にならざるをえない。ただし双方で見返りが期待されることも多い。

権力者は変わるが，権力構造は不変である

このような権力構造の理解であれば，throughput の内部における政権への影響力の高低はあり，たとえば首相に近い大企業経営者や財界人の意向にそった政権運営もあれば，大マスコミの論調を世論と勘違いして政権が左右される時代もあり，それをうまく使い国民を操る政権も生まれる。しかし権力者は変わるが，権力構造は不変である。権力者またはパワーエリートは常に社会移動により多様な領域から権力構造に補充されているから，個々の権力者は変わるが，権力構造は維持され続ける。

表序-5ではパワーエリートとしているが，これらは財力と経済的地位を権力ないしは影響力の基盤としているものである。多くの場合ミルズが指摘したように，表向きの地位に基づく役職や団体組織の公職に就くことはない。たとえば，軍事型社会であれば軍関係のトップ，産業型社会なら財界の意向が時の政権運営を左右するのは自然である。外部には見えにくい地位を含む資源をその権力基盤としてもち，政策領域を超えた広範囲なしかも強い影響力，または潜在的な権力を行使できる人がパワーエリートである。

ただし日本でも，画期的な新薬製造や技術面でのイノベーションに成功した

科学者およびノーベル賞受賞者の発言力や影響力は，限定的ながら関連するテーマに絞れば強くなるので，表序 - 5には科学者も加えた。

「業績性」が権力の基盤

時代特性としては「帰属性」ではなく「業績性」の時代なので，「帰属性」の象徴のような単なる名望家や大金持ちの発言力は弱いままである。また，異分野の人気者や成功者が政治的発言をしてもその影響力は乏しい。たとえば，スポーツ選手やタレントや女優が信念としての政治的発言をしても，国民のひんしゅくを買うだけに終わりがちである。もちろん政治家が文化や学術に向けて発した声明も同様である。いずれも社会現象と政治への関わりに関する知識的基盤が乏しいので，大方の支持を受けることはない。

したがって，社会構造の変動でもある軍事革命や政治革命などを除いて，階層構造や集団構造などの下位カテゴリーのうち権力構造を支える個人や集合体の入れ替えは頻繁になされる。しかし，そこにはパワーエリートは見えにくく，権力構造そのものは変動しにくく，それらの個別的把握は難しいのが現状である。これは国情による相違も大きいが，ミルズの時代からのアメリカでも日本でも基本的には変わっていない。

下層の肥大化と国会審議のゲーム化

むしろ重要なのは3群からのパワーエリートでも，それに全国組織の労働組合と社会運動のリーダーなどを追加した5つの「力の政治」(坂本，1974) でも，それを支える国民の中間層の支持が不可欠となる。階層変動で触れたように，「中間層」が激減して「下層」が肥大化した21世紀日本で，政治をめぐる社会的チェック能力が喪失した理由もそこにある。

21世紀の今日，与野党ともに国民の関心やニーズとは離反した「国会審議ゲーム」が目立つようになった理由の1つに，中間層の縮小があげられる。パワーエリートが仕切る権力構造がますます不透明になり，大マスコミで操作された共通の情報が届けられるために，国民は正確な判断ができなくなった。階層

構造の変動は権力構造にも大きな影響を及ぼすのである。

　この閉塞した権力構造を打開することは可能か。かつてギデンスは「重大な変動か否かの認定には，対象となるものや状況の《根底をなす構造》に，どれだけの変化が生じているかを示す必要がある」（ギデンス，1989＝1992：601）と指摘した。日本社会の今後を左右する権力構造で，それを動かす政権はどういう特徴をもっているか。また，「根底をなす構造」へのチェック機能を果たすのは何か。

下位カテゴリー間の変動速度の違い

　下位カテゴリーごとに変動を見ていくと，社会システム全体像の骨格も浮かんでくる。ただし，カテゴリー間の変化の速度がそれぞれに異なるために，変動過程に時間的なズレが生じるのはやむをえない。

　階層構造，権力構造，集団構造，地域社会構造そして人口動態と国民性に象徴される「時代精神」には，移り変わる速度に差異が大きい。それらは同じ速さで動かないので，それぞれの下位カテゴリーで変動の進み具合が異なる。日本社会では，たとえば階層構造や地域社会構造は大きく変化したが，権力構造の変化には乏しい。人口動態が「少子化する高齢社会」を現出させたので，「家父長制家族社会」などの集団構造は粉末化した。「中間層」が縮小して，社会システム全体で下層が肥大してきたので，「時代精神」も逼塞して，長期政権の健全な監視や制御の機能が低下した。共変化もあれば，時間差が大きい変化もある。

オグバーンによる「文化進行の遅れ」説

　以上が21世紀の現在における私の判断であるが，文明と文化の変動速度の相違を社会科学として最初に取り上げたのはオグバーンである（オグバーン，1922＝1944）。彼は，文明を支える技術や商品を含む物的側面の変化が先行し，それに遅れて価値理念，規範，道徳，芸術などの文化面に変動が及ぶことを指摘して，これを「文化進行の遅れ」説（cultural lag）として総括した。[24]「文化進行

44

の遅れ」説は「近代文化の種々な部分が同じ割合で変化しないで，ある部分は他の部分よりももっと急速に変化する」（同上：188）という命題から構成されている。

　特定の時代の中で先行して変化が始まるのは「家・工場・機械・原料・手工業的生産物・食料品及び他の物質的事物」（同上：190）という物質文化関連であり，遅れながらも進むのは「慣習・信仰・哲学・法律・政府」（同上：190）のような非物質的文化である。別の表現では，「物質文化における変化が適応する文化における変化に先行する」（同上：198）となる。その理由は，①物質文化の大きな堆積があり，②物質文化は速い速度で変化し，③物質文化は社会システムの他の部門にたいして多くの変化を導くからである（同上：260）。確かにミサイルを完成させても，その政体は世襲制のままの国もある。

　2018年現在でも，私たちは筆記具，通信機器，自動車，住宅，空調機器，調理器具，家電などのすべての物質文化で，この1922年に出されたオグバーンの指摘に首肯せざるをえない。万年筆がワープロに代わり，パソコンのワードが席巻している現在，筆記するという行為は筆記器具の進歩に追いつけなかった。電話と速達という通信手段からメールやインターネットの世界が到来して久しいが，ここでも国民全体がメールに適応するには時間がかかった。

　これらの事例で明らかなように，意識や価値それに規範やライフスタイルなどの非物質的文化の変化は，物質的文化の変化よりも遅れながら進む。この傾向は100年前と同じである。後者に関してオグバーンがいう「進行の遅れ」や「不調節」の集積（同上：263）は，今日においても地方創生の理念が底流として存在する経済的生産力の増加に地域文化が対応できずに，住民がライフタイル面で不調和に陥ったりする現状を説明する力をもっている。

時代精神から権力構造を考える

　権力変動を全体として支え，しかも権力機能を監視制御する視点を鮮明にするためにも，国民性に体現される「時代精神」（the spirit of the age）を手がかりにしたい。もとより全体をみるのは不可能なので，ここでは権力構造が「時

代精神」すなわち「その時代を最も象徴するもの」にどのような関連をもち，それがいかなる原因でどう変わるかという問題に収斂させる。この先行研究者としては，ウェーバーと同時代の社会経済学者ゾンバルトがいる。「時代精神なるものは……つねに，完全に特殊な社会層の精神であること，すなわち，……宮廷，貴族社会，それにこれを模倣するべくつとめた社会の精神である」（Sombart, 1922＝2000：91）。

　「時代精神」が「完全に特殊な社会層の精神」であれば，この社会層がその時代を代表する。実際にその社会層がその時代全体を象徴して，時の権力構造を支える機能を果たしてきた。江戸時代であれば「武士」が代表的社会層であり，ヨーロッパの中世・近世であれば「貴族」になる。いつでもどこでもその時代の象徴的な存在として権力構造を支える社会層が存在する。明治以降の日本では「軍人」や「政商」も「政党」とともに暗躍した。

　しかし1960年以降の現代日本では，その象徴はおそらく「給与所得者」（ホワイトカラー）になるであろう。高度成長期の日本の代表的キャラクターは，無責任サラリーマンを演じた植木等の「平均」（たいら・ひとし）氏であった。したがって，権力構造を正統化する「時代精神」を示す方法としては，代表的な社会層の精神の描写を軸にするしかない。

マンハイムの時代精神

　ゾンバルトに25年遅れてマンハイムが登場する。マンハイムが「『時代精神』というとき，他の要因の場合と同様，われわれはその時どきの時代精神がその時代全体の精神ではないということをはっきりと知っていなければならない。人が時代精神とみなしその名のもとに指摘するものは，多くの場合，一定の時点で特徴的な意義を獲得したある社会層……がその担い手となっている」（Mannheim, 1928＝1976：213）とした。彼もゾンバルトと同じく《ある》社会層を時代精神の体現者とするが，この社会層は時代によって変わる。

　現代日本社会では「給与所得者」（ホワイトカラー）以外にも，細かく見れば様々な社会層が存在する。これら各層はそれなりに全体の一部を構成はするが，

ともかく「時代精神」を体現する社会層の支持を獲得すれば，権力構造は安定する。この分類もまた地域社会別，職業別，世代別，男女別でも可能になるので，「時代精神」に包括される内容は多岐にわたる。

21世紀日本の「少子化する高齢社会」における「諸世代連関」にふさわしい「時代精神」は，ジェンダーとジェネレーション（G＆G）の発想になるであろう。なぜなら，「『時代精神』は互いに継起する『諸世代連関』の連続的・動的相互交錯の所産である」（同上：215）というマンハイムの指摘があるからである。現代日本社会で「連続的・動的相互交錯」を応用すると，「G＆G」という「時代精神」が得られる。[26]

社会変動としての高度成長

現代日本における最大の社会変動は，1960年代の高度成長時代の地域社会と社会階層で発生した。この時代は都市と農村で生きる個人を，集団としての国と家から解放した時代でもある。その意味で，集団構造も大きく変わった。そのうえ短期間に家制度そのものが解体し，小家族化が普遍化した。その延長上に「個人の粉末化」（金子，2011：2016b）がある。

家と地域から離れた働く個人は会社に絡め取られ，階層構造を上下動するようになった。ただし，個人の意識面では戦後デモクラシー教育の浸透により，個人主義的価値観が強まった。個人レベルで忌避された集団主義は，日本的経営を採る企業のなかではむしろ積極的に活用された。いわゆる「日本株式会社」の誕生である。

疑似共同体の二重規範

ここに擬似共同体としての企業社会が成立した。それは日本株式会社という最大の集団主義と企業という部分的集団主義の共存から構成され，成員の多くは階層的に二重規範に直面することになった（小室，1976＝1991）。たとえば中年男性は会社の課長という地位に基づく業績性規範の順守と同時に，親戚も含めた家族関係のなかでの父親という帰属性規範の体現があり，往々にしてこの

二重規範が衝突することになった。

　しかしその時期に，政治的に単一の社会目標を権力構造が示した成果の筆頭が池田内閣の「所得倍増」であった。その「所得倍増」の成果は7年後には国民に広く共有され，いわゆるテレビ，冷蔵庫，洗濯機という3種の神器が家庭内に浸透した。その結果，8割が「総中流階層意識」をもてる時代になったために，豊かな「時代精神」を体現したホワイトカラーに会社と社会への二重規範の負の影響はあまり見られなくなった。むしろ会社でも個人でも適度の業績性が好まれ，社会システム全体でも所得倍増の成果により政権は安定したまま1980年代まで推移した。

　しかし，1990年代に入りバブル経済を経由してそれがはじけたころから，退職する高齢者が増大した。業績性は色あせたが，帰属性が肩代わりをするわけでもない社会システムでは，それまでの格差が是正されないまま高齢社会になった。高齢社会では退職者が増えるから，会社との二重規範に悩む人はむしろ減少するが，格差が全体的に拡大し固定する。また，高齢社会では社会的流動化も進まない。

　　　　　　　　　　　———————————

階層移動が進まない

　21世紀の「少子化する高齢社会」では教育と婚姻による階層移動は促進されず，個人レベルでの格差突破の方向性は狭隘になってしまった。せいぜい父親の高学歴と高所得をそのまま引き継ぎ，生得的な恩恵を受けた一部の人のみが富裕になった。政治はこれを是正するどころか，逆にこの動向を加速した。

　なぜなら，2005年前後に小泉内閣により非正規雇用が全面的に解禁されたからである。これにより帰属性重視はありえず，業績性中心での働き方も企業から拒否される若者が激増した。派遣社員や非正規雇用では，その職場が安定的でないから，業績性を発揮できる職務の遂行ができない。これは10年経過しても変化しなかった。

　たとえば政府の「2016年　国民生活に関する世論調査」によれば，国民に仕事の理想を尋ねたところ，「収入が安定している仕事」が60.9％と最も高く，

「自分にとって楽しい仕事」(57.6%), 「自分の専門知識や能力がいかせる仕事」(39.4%), 「健康を損なう心配がない仕事」(32.0%) などの順となっていて, 非正規雇用の現状とは大きなズレが生じている (複数回答, 上位4項目)。

若者の業績達成能力が消えた

加えて高齢化による人口圧力が年金, 医療保険, 介護保険を通して若い世代にかかり, ますます日本の先行きが見えにくくなった。時代を担う若者の「業績達成能力とコミットメント」(パーソンズ, 1964＝1985：320) が, 権力構造により準備された非正規雇用拡大という国策により消えてしまったのである。これにより勤労を生きがいとする日本人の「時代精神」は破壊された。終身雇用, 年功序列, 企業別組合という日本的経営システムの骨格が失われたうえに, 非正規雇用は若者の結婚への動機づけを弱めて, 社会的には未婚率が上がり, 子どもが少なくなるという少子化循環型社会が完成した。さらに貧困は, 子育て世帯にも等しく押し寄せていて, 社会的安全性が脅かされている。いずれも厚生労働省の所管である。

日本政策金融公庫の「教育費調査」の結果をみると, 小学生以上の子どもがいる全世帯の在学教育費用は年収の40％を超えた (金子, 2016b：41-42)。

少子化克服戦略として, かねてから私が提唱してきた原則は,

①一点集中突破対策……小児医療, 保育, 高等教育費
②同時並行対策……負担と受益の社会的不公平性の解消
③目標値の明示……個別短期目標値と総合長期目標値
④投入資源の優先順位……何をどのような理由で優先するか

であるが, いずれも中央政権には無視されてきた。少子化克服は, 権力構造には選挙の見返りに乏しく, 関心をもてないテーマなのであろう。幸いに全国知事会からこのような内容の報告書を出す機会があり, それは内部文書でもあったので, 新しい原稿を半分ほど追加して単著を刊行した (金子, 2016b)。

ジェンダー&ジェネレーション

「少子高齢化」として合わせて表現するのは，前の世代を次の世代が支える構造があるからである。たとえば年金を始めとする医療・福祉制度は，少子化に深く関連している。それらの制度では男も女も超えて「世代」が果たす役割が大きい。だから，世代論を軽視して社会法を作るのは事実誤認の問題が生じやすいので，私は「男女共同参画」ではなく「G＆G」を柱とする「老若男女共生社会」という新概念を提起してきた（金子，2014b）。

要するに，社会変動の対象として時代精神を取り上げること，そして「時代精神」を復活させるためにも「G＆G」の両輪が重要であることの確認から，権力構造変動の問題に改めて取り組むことが可能になる。

6　集団構造の変動と地域社会の変容

私が行ってきた「少子化する高齢社会」の研究は，人口構成の変化による社会変動論の一部として，高田の人口史観を踏まえつつ，社会システム論の発想も取り入れてきた（金子，1995；1998；2014b：2016b）。1つの課題としては，具体的な年少人口率や高齢化率などを用いて，人口構成の変化に応じて日本社会システムが変容を開始した点に留意し，そこから高齢社会の主要因である長寿化と少子化の両方を実証的に追究してきた。もう1つのテーマは，社会システム論に立ち，機能要件論を社会資源にまで具体化して，最終的には社会資源の活用を高齢社会システム全体で試みることであった。その実践的応用に国策となった「地方創生論」がある（金子，2016a；2018a；2018b）。

人口史観による社会変動の命題群

人口史観による社会変動研究は，世界的に定番となってきた近代化＝産業化モデルとは一線を画す内容から構成されている。学史的には1949年に発表され，1972年の新版でも踏襲された高田保馬による包括的命題群がある。それらは，①基礎社会衰耗，②基礎社会の利益社会化，③中間社会消失，④社会分散，⑤

序　章　社会変動の理論へ向けて

表序 - 6　過疎市町村の変遷

	過疎市町村数と比率	市町村全数
2000年	1171　(36.3)	3229
2005年	899　(37.5)	2395
2010年	776　(44.9)	1727
2017年	817　(47.6)	1718

（出典）　総務省2018年ホームページ。

錯綜，⑥社会の理知化，⑦世界社会化，⑧社会的平準化，⑨自由の伸展と個性
の形成，に整理される（高田，1971＝2003：207-252）。社会変動の様相が社会構
造レベルでみごとにまとめられている。もっとも高田の社会変動論は，全体社
会の構造変動として主に「国家と階級の変動」（高田，1934）に限定されている。

　しかし1949年時点で抽出された「基礎社会衰耗」の法則から「錯綜」の法則
までの5つの命題の先駆性に，私は高田がもつ時代感覚の鋭さを感じる。しか
もそれらは社会学的なデータや社会指標によっても証明できる命題であった。

　まず，「基礎社会衰耗」には親族や村落の解体という現実が該当する。私な
りの社会変動論でいえば，社会構造の下位カテゴリーである集団構造，階層構
造，権力構造，地域社会構造のうち，それらは集団構造の変動として転用でき
る内容である。以下，その立場で具体的なデータを提示しておこう。これは
「計量信仰」というよりも，政府や自治体が毎年行っているデータから得た
「実感信仰」的な「集団構造変動」の裏づけとしての意味がある。

　たとえば5年おきの国勢調査結果から，集団としての親族と地域社会のうち
の村落の解体は鮮明に確認できる。何しろ兄弟姉妹が少なくなったのだから，
おじ，おば，いとこなどの親族関係は質量ともに乏しくなった。過疎地域は，
自治体数でいえば約半数の47.6％を占める（表序 - 6）。人口数では約9％が過
疎地域に住んでいて，その総面積はほぼ60％になる。大都市の一部でさえも限
界集落化が忍び寄りつつあるのだから，日本社会における村落構造の弱まりと
解体は避けられなくなっていた。

表序 - 7　平均世帯人員の推移

	住民基本台帳	国民生活基礎調査	国勢調査
1955年	4.90		
1965年	4.03		
1975年	3.33		3.28
1985年	3.12	3.22	3.14
1995年	2.82	2.91	2.99
2005年	2.52	2.68	2.55
2010年	2.38	2.59	2.42
2015年	2.28	2.49	2.38
2016年	2.25	2.47	
2017年	2.23	2.47	

（出典）　いずれも各年度調査結果。

ゲゼルシャフト化が進む

基礎社会の利益社会化とは，ゲマインシャフトのゲゼルシャフト化を意味する命題である。この萌芽は，たとえば，きだみのる（1948＝1981：1967）が描いた1945年から1950年代にかけてのゲマインシャフト的な「にっぽん部落」にも散見された。しかし21世紀の日本では，労働慣行における「結」（ゆい）でさえも，農村の田植え，草刈り，稲刈りなどを除けば全国的に無くなった[27]。そのような作業でも，日当を支払って人を短期雇用するゲゼルシャフト化が進んできたのである。

21世紀の介護に関しても，急に人手がいるのならば，派遣会社やハローワークで期限付きの労働力が募集できる。「結」の文化に位置づけられる近隣の助け合いという伝統が消え，代わりにシルバービジネス産業が進出してくる。いわゆる「コミュニティの喪失」（ニスベット，1953＝1986）が社会全体の利益社会化を促進し，アソシエーションが蔓延して，ゲゼルシャフト化が貫徹する。

中間社会が消失する

中間社会消失の法則は家族（世帯）の縮小と並行しており，家族レベルでは核家族化さらに小家族化が進んだ。その指標である平均世帯人員は住民基本台帳では1955年の4.90人が60年後の2017年では2.23人にまで低下した（表序 - 7）。

序　章　社会変動の理論へ向けて

　国民生活基礎調査結果でも小家族化が鮮明である。これは，国勢調査区のうち後置番号1及び8から層化無作為抽出した5410地区内のすべての世帯（約29万世帯）および世帯員（約71万人）を対象とした調査結果である。平均世帯人員の数値はサンプル調査でもあり，住民基本台帳の結果とは若干異なるが，小家族化の推移は変わらない。もちろん国勢調査でも同じ傾向が続いている。

　小家族化は家族機能を縮小させる（金子，1995）。老幼病弱の保護，子どもの社会化，娯楽機能，宗教機能など本来の家族機能は成員数に比例しがちであるが，平均世帯人員が2.23人では家族力に限界があり，高齢者の介護も看護も在宅治療もままならず，要介護高齢者の大半が施設入所や病院への入院となる。

　その結果，後期高齢者の医療費は家族（世帯）人員の少なさに加えて，入院期間の長さが関連して，増加するようになる。1人当たり110万円を超える福岡県，高知県，北海道の上位3道県に対して，年間80万円前後の新潟県，岩手県，長野県などの下位3県とでは，後期高齢者1人当たり医療費にみる40万円の違いが生じている。この説明は家族機能を抜きにしては不可能である（金子，2014b）。

　小家族化とともに，20世紀末から今日まで中間社会（集団）である労働組合加入率の漸減や町内会加入率の低下それに老人クラブ組織率の低下も進んだ。これらもすべて高田のいう「基礎社会衰耗」を象徴し，社会指標で確認できる集団構造の変動である。社会変動のうち集団構造の変動はいくつかのデータにより鮮明に描かれる。

労働組合加入率の低下

　その筆頭の労働組合加入率は，高度成長期の1964年には35.0％を記録してからいったんは微減したが，1970年には35.4％までもどした。しかしそれからは下がり，2000年6月時点で21.5％に落ち，この間若干の紆余曲折を示しつつ，2017年には17.1％にまで下がってきた。ちなみに2010年の加入率は18.5％，2011年が18.1％，2012年が17.9％，2013年が17.7％，2014年が17.5％，2015年には17.4％，2016年が17.3％なので，ほぼ一貫して，中間社会の消失としての

53

表序 - 8　東京都区部の町内会・自治会加入率

	(A 年)加入率(%)	(B 年)加入率(%)	調査年(A 年) → (B 年)	
千代田区	73	58	2003	2011
新宿区	51	51	2005	2010
文京区	75	70	2003	2009
墨田区	75	70	2005	2009
江東区	67	64	2006	2011
大田区	79	75	2003	2010
世田谷区	61	57	2003	2008
杉並区	57	52	2004	2009
豊島区	53	54	2005	2009
練馬区	43	42	2007	2011
北区	77	75	2004	2009
荒川区	61	60	2007	2010
足立区	64	58	2003	2010
13区平均	64	61		

（出典）　東京都生活文化局『共助社会づくりを進めるための東京都指針』2016年 2 月。

労働組合加入率の低下は今でも続いている（「平成29年労働組合基礎調査の概況」）。

町内会加入率の低下

　労働組合加入率とともに町内会加入率も全国的に下がってきており，今日の都市では60％台にまで下がってきた。表序 - 8 は最新の東京13区における町内会加入率である。

　5 年前後の推移とともにみると，大都市東京での加入率の低下が鮮明になる。平均すると，加入率64％程度が 5 ～ 7 年後に61％くらいまで下がっている。そしてこの加入率減少は東京13区だけではなく，札幌でも同じであり，その加入率の低下が認められる（表序 - 9）。ここにも大都市における「基礎社会衰耗」の法則が貫徹している。

　地域社会のフォーマル集団の筆頭である町内会加入率が漸減するという動向は，現代都市における高齢者を含む市民の孤立死（孤独死，独居死）の背景にもなっていると考えられる。なぜなら今日の大都市でも一戸建て地区では，行政からの伝達事項や回覧板の町内会ルートは健在であり，10戸から25戸程度の輪番制による班長制度もまだ機能しているからである。

序　章　社会変動の理論へ向けて

表序-9　札幌の町内会加入率の推移

（単位：％）

1990年	81.70	2005年	74.92
1995年	77.46	2010年	72.79
2000年	75.81	2018年	70.83

（出典）　札幌市ホームページ「町内会・自治会の
　　　　現状」（2018年）

　しかし，町内会に加入しなければ，行政情報ルートから漏れるので，その地
区での暮らしに不都合が生じやすい。個人化が進む大都市ではそれを不都合と
は感じない青年男女や中年夫婦や高齢者も多いが，70歳を超えると病気その他
でたった1人だけの死の危険性が高まるから，中高齢期以降は住縁における最
小限のフォーマル関係は維持したい。一戸建てなら近隣の数世帯との関係を維
持して，マンション・アパートならば管理人との声かけやエレベーター内での
挨拶程度は実行することが肝要である。

　2017年3月の老人クラブ連合会統計によれば，2010年の全国会員数は718万
人，クラブ数は11万7000クラブであったが，2017年の会員数は569万人，クラ
ブ数は10万1110クラブに減少したことが公表されている。高齢者が増加してい
る中での会員数の減少であり，ここにも高齢者向けの中間集団の弱まりがうか
がえる。

　「社会分散」の法則は，派生社会としての集合体ないしはアソシエーション
の増加を意味する。「生活拡充集団」（鈴木栄太郎，1957＝1969）という適語もあ
るが，これらへの参加が進めば，個人のネットワークは拡散するから，この法
則は今日の生活構造の多様性を先取りした性質をもっていたと評価できる。

地方創生の4主体

　たとえば現在地方創生に取り組む集合体でも，企業だけではなく公益法人が
一定数の比率を占めるようになった（金子，2018a；2018b）。公益法人は，公的
な利益，公的な福祉，公益性の強い事業体を総称し，広い意味で生産者組合，
運営組合，有限責任組合，農協，漁協，第3セクター，博物館，大学，水族館

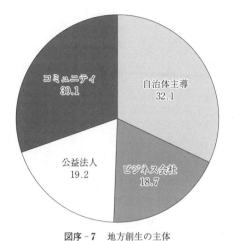

図序-7　地方創生の主体
（注）　分類に際して四捨五入しているので，100％にはならない。
（出典）　竹本昌史『地方創生まちづくり大事典』国書刊行会，2016年より金子が作成。

などが含まれている。また，コミュニティレベルでの商店街，商店街の有志が作った組合，各種のＮＰＯ，露店組合，その他のボランタリー団体もまた，「社会分散」の事例になる（図序-7）。いずれも地域社会変動の一端を表している。

　この主体分類は竹本（2016）で紹介された地方創生193事例から，私が4類型に整理した。地方創生は個人1人では行えないので，すべて集合体が主体になる。公益法人については既述した通りである（濱田・金子，2017a；2017b）。

　第2に，利益を必ず求める集合体としてビジネスを目的とする会社を位置づけた。「ビジネス会社」としたのはそういう趣旨による。次いで，公的事業を行う主体として自治体が得られた。自治体は条件整備に徹して裏方に徹する場合もあるし，前面に登場することもある。この区別は竹本の本文記述により，私がコミュニティＤＬＲ理論に照らして自治体主導と判断したものに限定した。

　主体がコミュニティであるという場合は，その町の商店街，商店街の有志が作った組合，各種のＮＰＯ，露店組合，その他のボランタリー団体などを総称するようにした。分類的には3類型の残余範疇に近い。

その結果，自治体主導が32.1％，コミュニティが30.1％，公益法人が19.2％，ビジネス会社が18.7％になった。ここにも「社会分散」の法則が読み取れる。同時に農協や有機農法を実践するNPOだけに拘らずに，地域社会の新しい担い手としてもこの4者は位置づけられる。

「錯綜」の法則は文字通りジンメル（1917＝1979）の社会圏の交錯であり，具体化すれば交通，通信，情報，物流，人の流れなどが進展し，複合することに原因をもつ。

高田社会変動命題の妥当性

これら「基礎社会衰耗」「基礎社会の利益社会化」「中間社会消失」「社会分散」「錯綜」の諸法則は経験的な裏づけに欠ける場合もあるが，高田により演繹的な構成が積み上げられていて，堅固な体系から構築されている。

しかし，「社会の理知化」から「自由の伸展と個性の形成」までの4つの命題に関しては，高田発表後の70年間の日本現代史を点検すると，次第に世界や日本の現状にも合わなくなったと考えられる。なぜなら，この70年間に「理知化」だけではなく「無知」や「非合理化」や「非常識」も増加したからである。

とりわけ「世界社会化」に関しては，国連の現状からすると，理念でさえも合意は困難であるように思われる。世界は分断化され，国益最優先の状態にある。日本国憲法前文の「平和を愛する諸国民の公正と信義」への「信頼」ができない状態が続いてきたし，今でも戦争を仕掛けようとする国もある。

「社会的平準化」についてはむしろ逆であり，第3節で詳論したように，日本社会の階層間格差，男女間格差，世代間格差は今日的にはますます増大しているといってよい。1980年代から研究者の多くがそれを証明する作業には熱心に取り組んできたが，格差の是正，解消，緩和も含めて，様々な自由と個性が百花繚乱の状態にあり，「自由からの逃走」としての新宗教への逃避と画一性志向も根強くある。

このように高田独自の堅固な社会変動命題も70年経過すれば，少しずつの修正が必要になる。高田の社会変動論は，皮肉にもその人口史観によって修正を

迫られるようになったといえる。

7　社会変動の一般理論を求めて

ギデンスの社会変動の内容

　ギデンスの社会学テキストは1989年の初版から数えて，2017年版で早くも8版になり，総ページ数も1130頁を数える。しかし，テキストの宿命でそれぞれの項目は簡単すぎる説明が多い。社会変動でも同じであり，初版の巻末の語彙解説では"social change"として，「社会集団や社会の基本構造に生じる変化。社会変動は，社会生活のなかに常にあらわれる現象であるが，近代ではとくに激しくなってきた」（ギデンス，1989＝1992：用語解説基本概念6）とされた。

　しかし2017年版では"alteration"を使い，「社会集団からなる基本構造すなわち社会の改変。社会変動は社会生活におけるいつも現在形の現象であるが，近代では特にゆゆしい問題となった。」（Giddens & Sutton, 2017：1014）としているだけである。これでは学術用語ともいえないであろう。

　2017年版では本文でもなぜか"globalization"（国際化）がらみだけで論じられていて，個別には経済発展，社会文化的な変化，政治的組織の3種類が社会変動の型とされている（*ibid.*：124）。

　そこでも社会変動論の定義はまことに簡単に済まされており，以下のように書かれている。「社会変動は定義するのが困難である。なぜなら，社会とはある意味で変動していて，すべてが時の流れの過程にあるからである。社会学者は，新しい社会の型あるいは構造を導く根源的な社会変動がいつ起きたかを解決しようとするし，何がそのような社会変動を引き起こしたかについて説明を探し求めようとする」（*ibid.*：124）。これでは，本章で詳細に検討してきた日本版の高水準の社会変動論の足元にも及ばない。

　現代版の社会変動論での共通項は社会システム論であり，ベンディックスの歴史変動の比較論的分析なども手掛かりになる。そこでも，社会変動とは機能分化，複雑性の増大，複合的発展を包括するとして，社会システム論的にみれ

序　章　社会変動の理論へ向けて

ば，社会システムは体系だった必要諸条件や諸特性や諸結果の，相互関連的な機能的全体としている（ベンディックス，1971＝1975：282）。

人口動態を考慮した社会変動

人口変動を含む社会変動論の柱として日本版の社会システム論をみると，「構造 - 機能 - 変動論」「一般社会変動理論」「自己組織系」の理論だけではなく，「意図的社会変動」論でも人口動態が完全に等閑視されていることが鮮明である。これは高田人口史観への反動なのであろう。私はシステム内部の人口構造が社会構造を変動させる最大の要因であるという点への目配りこそ，「少子化する高齢社会」では必要だと考える（金子，1998；2003；2014b；2016b）。

幸いなことに高田保馬の人口史観を活用した社会変動論は，私が編集した「高田保馬リカバリー」（2003）以降にも，たとえば少子化をめぐって赤川学（2017）などによって継承されている。

「少子化する高齢社会」は少子化，高齢化，小家族化，非正規雇用などが複合しているので，「複雑性」が高い。ルーマンがいった「複雑性の縮減」はシステムの内部に関連するが，内部であっても「少子化する高齢社会」はシステム外部の環境と同じく「複雑性」が高いのである。「システムの外部は，システムによって秩序化されていないから，複雑性が高い。これに対してシステムの内部は，その複雑性をシステムが境界内で『縮減』することによって，システムの秩序化の度合いを高めている」（富永，2008：523）は，「複雑性」の指標次第であろうが，社会システム内部にある主要な変動要因としての人口動態には当てはまらない。

社会システムの発展と改革

社会変動論の中で社会システム発展を考えると，社会システム改革として，「現状理解 - 診断 - 治療 - 実践」の道筋が浮かんでくる。このうち学術的な現状理解が一番重要であり，パーソンズのＡＧＩＬ図式を応用すると，

59

A（adaptation）①配分コストの問題　費用対効果（効率性）

G（goal attainment）②優先順位の問題（最適性）

Ⅰ（integration）③連帯の問題（社会統合性）

L（latent pattern maintenance and tension management）④犯罪の問題（安定性）

が課題として引き出される。

　A（適応）では，限られた資源の「配分コスト」問題が浮上する。これは「費用対効果」に関する効率性の問題である。たとえば防衛予算の5兆円と少子化対策の4兆円，生活保護費負担金（事業費ベース）の4兆円では，どれが効率性の観点から評価されるか。それが判明すれば，G（目標達成）としては「優先順位」の決定問題になる。いわば資源配分の「最適性」が決まる。日本政治で根本的に遅れているのが「優先順位」問題の取り扱いである。

　ただし，「優先順位」は国益についての政治家による判断だけから決められるのではない。むしろ数年ごとの選挙が政治家に潜在的圧力を掛け続けてきた。その意味では「優先順位」は「Ⅰ」の「社会統合性」問題でもある。国民の大多数が納得しない政策は，次回の選挙でそれを推進した候補者や政党に向けられるので，落選する人が出てくる。それらを勘案すると，「優先順位」は「費用対効果」を上回ったと国民が判断した基準になると考えられる。

サステナビリティの位置づけ

　環境分野で頻用される「サステナビリティ」（持続可能性）はともすれば現状維持になりがちであるが，次世代にそのまま送れないのは無数の「犯罪」である。社会の諸領域での「安全性」（L）を高める努力なしに，「サステナビリティ」を安易に使うことはできない。テロリズムはいうまでもなく，児童虐待問題，高齢者虐待，孤立死，親子心中，失業，倒産，自殺などは極力減らした方がいい。その努力のあとに初めて社会システム全体での「サステナビリティ」が主張できるであろう。社会変動の一般理論を彫琢する際にも，効率性，最適性，社会統合性，安全性への配慮を行っておきたい。

序　章　社会変動の理論へ向けて

　通常でも社会変動の原因は多様であり，多様性を意識せずに体系的にまとめられた社会変動理論も，歴史的には精神史観，唯物史観，人口史観，情報史観，環境史観などのかたちで共存している。その中で現代社会学にとっては，「社会変動が社会構造の変動である」という前提は動かしがたい（富永，1965；1986）。少なくとも，社会変動論が21世紀の今日にも有効であり続けるには，どの史観に立つにせよ，社会構造概念の下位カテゴリーの精緻化と社会変動研究方法論の精緻化への努力を行うしかない。ここではその補助線として，高田社会変動理論に再度触れておこう（高田，1960；金子編，2003：27-38）。

社会変動研究への問いかけ

　富永に先立つこと40年前全体社会の変動研究に際して，高田はいくつかの部分に分けて社会変動を考察した。1つは社会変動の原動力である。2つは社会の諸事象間の連絡として政治，経済，文化などの「下部構造」の問題である。3つは社会変動における対立抗争である。4つ目は社会変動が経過していく段階の問題である（高田，1971＝2003：254）。

　ただし，社会変動についての晩年の高田は「極度に巨視的であるとともに，極度に遠視的である」（高田，1960；金子編，2003：29）としたうえで，「量と質との規定をもつ人口の変動こそは，社会変動の中心としての階級の変動をもたらす」（同上：32）とのべた。日本において社会変動論の有効性を高めるには，それぞれが高田人口史観を手掛かりに「少子化する高齢社会」論を展開することにある（金子，2014b；2016b）。

　今後の社会変動の理解にとって，包括的な問いは以下の通りである。

　まず変動するのは何かを確定したい。変動において観察される単位は何か。これについて，本章では，下位カテゴリーを階層構造，権力構造，集団構造，地域社会構造として，これまでその内容を概観してきた。

　次に問うべきは，この単位ないしは下位カテゴリーがいかに変動するかである。スメルサーは変動の推進力として「緊張，緊迫，不安定，不均衡」（スメルサー，1968＝1974：290）をあげた。4下位カテゴリー間において，たとえば，

61

限界集落や消滅集落の増加によって，地域社会の不安定性と緊張は高まっているが，その現状は日本社会全体の社会変動に結びついていない。権力構造がこの不安定性を抑え込んでいるからである。

　また，下層滞留が続く階層構造も30年前と比べるとその変動が著しいが，生活保護増加や要介護者の増加そして介護支援の専門家不足という緊迫感は強いものの，依然として日本社会の社会変動の端緒にはなっていない。

　日本の社会変動研究史で成果を収めてきた「構造 - 機能 - 変動論」「一般社会変動理論」「自己組織系」の理論が，たとえば「少子化する高齢社会」や「地方創生」という社会変動に取り組み，豊かな成果を示さなければ，今後ともそれらは「理論のための理論」としての評価で終わってしまうであろう。

　同時に「介護業界」が絶望的な様相を示す今日，高齢化研究では「家族研究」と「健常高齢者」研究と「要介護高齢者」研究をどこまで社会変動論に融合して，「介護業界」問題にアプローチできるのかを論じることが学術的な営為となる。提供される介護サービスを，排泄介助，入浴介助，食事介助に絞り込み，今後50万人もの不足が懸念される介護職の労働条件を好転させ，待遇をよくして，ブラック介護事業所を追放することを，下位カテゴリーとしての集団構造の変動研究の一翼に掲げたい。時代精神からみても「高齢者や高齢者の家族たちは，介護職の苦境を知ること」（中村，前掲書：222）から，社会変動の行方を見ていきたい。

社会変動による形成と解体

　第3に，変動の期間は長いか短いか。そして合わせて，それはどこを向いているか。たとえば社会変動の方向には，統合と解体，拡張と縮小，文化の受容と文化の衰退，進歩と退歩などがありえる。スメルサーは1つの軸に「形成的変動　対　解体的変動」を，もう1つの軸に「短期的変動　対　長期的変動」を位置づけ，社会変動論としてこれらを統合した（スメルサー，前掲書：277-278）。私も表序 - 10で同じように地域社会変動を類型化した。これは「実感信仰」に基づく実証的な立場からの地域社会変動だけのモデルだが，残りの階層

序　章　社会変動の理論へ向けて

表序 - 10　地域社会変動の類型

	形成的過程	解体的過程
短期的過程	活性化，再生	衰退，衰亡
長期的過程	創生，発展	崩壊，消滅

（出典）　筆者の作成。

構造の変動や権力構造の変動，集団構造の変動でも同じことが試みられてよい。[28]

　21世紀の日本社会は価値観の多極化の時代ではあるが，「進化という意味において，『進歩的』（progressive）である『進化的変化』（evolutionary change）は，『適応的能力を向上させる』変化」（パーソンズ＝倉田，1984：119）という前提を，これからも受け入れ続けることは可能か。私はその立場で「少子化する高齢社会」における「地方創生」論を探る中で，やはりこの最晩年のパーソンズの指摘を重く受け止めておきたい。

注
(1)　その後の用語でいえば，「実感信仰」は「民衆知」であり，「理論信仰」は「専門知」に近い。私は両方ともに重要だという立場である。
(2)　社会変動の全体性（totalities）や多様性（multiplicities）はどの本でも指摘されるが，研究面で問題になるのは，それらを受けて，マルクスの著書やカステルの著書の検討だけに止まる現状が多いところにある。それならば「理論のための学説史」という印象しか残らない。研究者がみずからの操作概念とデータの活用により全体的視点からの思考（totalizing thinking）を示すか，またはみずからが特定の地域社会あるいは特定の時代を取り上げてその推移を検討した成果を出すことにより，社会変動研究が前進する。この観点でいえば，ヒックスの『経済史の理論』には学ぶところが多い。歴史上の出来事としての「産業革命」を素材にして，その趨勢と循環を明らかにしようとした（ヒックス，1969＝1995：20-21）。
(3)　塩原は「緊張」（ストレン）を構造的ストレンと過程的ストレンに分けて，「ストレンがシステム能力を損傷し低下させるから」「社会変動の理論的拠点になる」（塩原，1976：370）とした。入り口はこれでいいが，「社会システム能力を変化させ」「外的要請を操作し」「構造的ストレンを解決する」（同上：373）ためには，社会システムの領域ごとの細分が求められるに違いない。なぜなら，労働，医療，年金，

63

保育など社会システムの諸領域での能力は異なるし，ストレンがまったく違うからである。

(4) アメリカは京都議定書から離脱したままであり，オバマ大統領政権末期に環境への配慮のポーズをとったが，トランプ大統領は就任後すぐに「地球温暖化」対策をやらず，二酸化炭素の排出量削減もしないという大統領令にサインした。また，2017年6月1日にアメリカはパリ協定から離脱して，そのままである。

(5) 暦年の『環境白書』では，詳しさの程度は一貫していないが，この正相関についてはいちおう触れられてきた。しかしそれを無視しているのは，実に政府と環境省だけではなく，政界，財界，官界，マスコミ界，一部の学界などである（金子，2012）。総論的にいえば，経済成長は二酸化炭素の排出量を増やすので，二酸化炭素排出量を減らすのならば経済成長をあきらめるかしかない。

(6) 外部条件としての環境への着眼はたとえば「システム－環境モデル」（富永，1995：178）などで詳細に検討されている。しかし，富永も含めた日本の社会変動論では，社会システム境界内の人口動態を社会変動論に取り込むという高田社会変動論の根幹である人口史観については触れてこなかった伝統がある。例外的には金子（2003a；2003b；2016b）および赤川（2017）がある。

(7) がんの特効薬のオプジーボが治癒率3割の成果を上げているので，これは肺がん患者にはよく知られた薬ではあるが，その薬の使用により薬価全体9兆円のうち2兆円を占めることが危惧され，現今の医療保険構造が解体する危険性などはほとんど知られていない（里見，2016）。領域が異なると，専門的な知識が消えて，「予測力」もなくなる。なお，2018年のノーベル生理学・医学賞を受賞した本庶佑博士の業績の1つがこのオプジーボの開発であった。

(8) もちろん調査票レベルでの証明ができるわけでもなかった。吉田モデルは「計量信仰」とも「実感信仰」とも無縁であった。

(9) サステナビリティ（持続可能性）の強調は，「改変」や「革新」ではなくむしろ現状維持の場合が多い。したがって，環境社会学者が環境保全の面で地球環境のサステナビリティを主張しても，社会問題の専門家は児童虐待の現状をそのまま次世代に引き継ぎたくないと考えるはずである。

(10) 《自省作用》とはみずからの行為や作用を自己に回帰させることである（今田，2005：35）。この文脈は個人ならばともかく，社会システムレベルでは具体化しにくい。なぜなら，「自省」する集合体は数知れないからである。

(11) 「地方創生」を主題とする日本社会学会一般報告テーマセッション（2015年）を申し込む際に，私は地域社会学者だけではなく，自己組織化の理論家にも参加をよ

序　章　社会変動の理論へ向けて

びかけたが，応募者がなかった。

⑿　2018年4月で見た場合，37年連続する年少人口数の減少，44年続いてきた年少人口率の低下，1.40台を前後してきた合計特殊出生率の指標で捉えた少子社会日本に対応した自己組織化など，日本社会構造や4種類の下位カテゴリーのどこにも見られない。制度改革の一端として私が提唱した「子育て基金」および赤川による「こども保険」は，選挙の際に負担増を求めるのは得策ではないという理由で，政治的にも行政的にも放置されたままである。ただし，2017年2月に自民党の小泉進次郎議員らが社会全体での負担を取り込んだ「こども保険」の意義を認め，その政策化を訴えかけ始めたことは特記されてよい。

⒀　唯一の例外は富永の日本歴史を素材にした社会変動論の展開，そして「近代化」社会変動論を拡大して，その下位カテゴリーに家族・親族，組織，地域社会，社会階層，国家，国民社会，高齢化と福祉などを取り上げた研究である（富永，1990；1996）。この試みは次の世代も受け継ぎたい。

⒁　自発性と自己組織性は似て非なるものである。「社会は自ら運動せず，何ものかの自己運動にまつ」（高田，1971＝2003：260）ならば，社会の「自己組織性」は成り立ちがたい。なぜなら，それは生物学的アナロジーに過ぎないからである。「生物有機体個体には成長はあっても構造変動はない。種の進化には構造変動はあるけれども，それは突然変異と自然選択によるものであって，社会構造の形成と変動のように行為主体による意識と動機づけをともなった行為過程によって担われたものではない」（富永，1986：205）。かつての富永はこのような立場を採っていた。

⒂　高度成長期から21世紀の今日まで，地方のエリートは江戸時代の藩校の流れを伝統とする県立高校出身者，大都市の中高一貫教育を受験の売りとした私立の進学高校，夏の甲子園出場に象徴されるスポーツ系の高校などに分けられる（週刊ダイヤモンド編集部『週刊ダイヤモンド　最強の高校』第104巻45号，2016年11月；エコノミスト編集部『週刊エコノミスト』第95巻第20号，2017年5月）。いずれの高校からも拠点大学を卒業して産官学に勤めた人材が，勤労モラールが高い有意な「人財」として育っていった。

⒃　この批判はいわば学術的立場からの「実感信仰」を基盤にしている。逆に，西平のような職業に評価付けを行うことへの疑問は倫理的な立場からの「実感信仰」的な性質が強い。

⒄　日経HR編集部が特集した「企業に選ばれる大学」も参考になる。これは2017年2月に全上場企業と一部有力未上場企業4701社に対して，日経HRと日本経済新聞社が合同して行った調査結果である。回収率は18.1％（847社）ではあったが，「総

65

合力」「行動力」「対人力」「知力・学力」「独創性」に関して，現代企業が評価する大学がランキングとして示されている。日経ＨＲ編集部編（2017）を参照。

⒅　この調査は，札幌市子ども未来局子ども育成部で「子どもの貧困」をテーマにして「２歳」（2500票），「５歳」（1273票），「小２」（1433票），「小５」（1426票），「中２」（1424票），「高２」（1210票）の子どもの保護者9266人を選定して行った。保護者への配布数は記載の通りである。「２歳」と「高２」の保護者には郵送もしくはWEBでの回収，それ以外は各区で選定された幼稚園・保育所・小・中・高校には機関配布で回収された。全体の回収は5847人（回収率63.1％）であった。ここではその回収データを使っている。

⒆　これがパーソンズになると，文字数が３倍に膨らむ。「権力は集合的組織体系の諸単位による拘束的義務の遂行を確保する一般的能力であって，この場合の義務とは集合目標との関係に準拠して正統化されており，不服従の場合には，実際にはどのような強制機関によるものであれ，状況的な消極的制裁による強制が予想される」（パーソンズ，1969＝1974：75）。なお，ミルズは「権力をもつということは，他人の抵抗に逆らっても自分の意志を実現させることができる」（ホロウィッツ編，1963＝1971：254）として，ウェーバーに忠実であった。

⒇　合理化が進み，社会生活の利益社会化が進行するほど，社会的活動の大部分は国家を通して組織化される。そのため国家の機能は増強するが，それに並行して国家はその固有の性質を減衰する。高田のこの論点は現在でも通用する鋭さがある（高田，1934：68）。

㉑　権力志向の政治家にはウェーバーと同じく情熱，見識，責任感（職業としての政治）の順守を期待するが，政治屋はいてもなかなか政治家としての体現者は見つけにくい。同時にこの三原則は職業全般にも当てはまる。

㉒　ブリヂストンの創業者である石橋正二郎の「回想記」（1970）によれば，1950年前後の数年間に石橋家に集まり繰り返し会合していた政治家は，吉田茂，鳩山一郎，石橋湛山，三木武吉，河野一郎などであり，当時の政界トップとトップの経済人や経団連とのつながりがうかがえる（石橋，1970：125-133）。これは「回想記」で明らかにされた部分であるが，ただしこの事実だけで石橋が社会貢献として政治に容喙したことにはならない。むしろ石橋の社会貢献は，社業だけではなく，石橋美術館，ブリヂストン美術館，久留米大学，久留米市，福岡県，東京国立近代美術館など日本政府，ヴェニス日本美術館への膨大な寄付に象徴される。

㉓　日本にもパワーエリートが存在すると仮定した場合である。1945年以降日本政治では軍事関係のパワーエリートはいないが，その代わりに経済と政治に加えて大マ

序　章　社会変動の理論へ向けて

スコミが果たす影響力が1945年以降の歴史では大きかった。大マスコミの社長たちとの定期的な会合は歴代の首相が慣例としてきたし，「番組審議会」関連で，電波行政の主幹であった旧郵政省や現在の総務省関連の官僚を役員待遇している放送局もある。

⒇　社会学の定訳では「文化遅滞説」だが，富永が1986年に指摘したように，「遅滞」では滞っているというイメージが濃厚だから，訳語を変えたほうがよい。富永は「文化的ラッグ」（富永，1986：372）としたが，物質文明に遅れても非物質文明も少しずつ進んでいくのだから，私は「文化進行の遅れ」と訳すことにした。

⒂　これはファシズムや共産主義や世襲制の国では成り立たない視点であり，デモクラシーを国是とする国にのみ該当する。なぜなら，選挙を通して政権が交代するという前提をもつからである。

⒃　文脈はまったく異なるが，いわゆる「一億総活躍社会」はジェンダーの区別がなく，ジェネレーション（世代）の違いも無視したスローガンであると思われる。

⒄　ただし沖縄は現在でも例外である（白井，2013）。

⒅　「モデルとは，もし所与の多くの決定因がある一定の仕方で組み合わされるなら，明確な結果（変動の類型）が期待されるべきである，ということを述べる概念的装置である」（スメルサー，前掲書：294）。

参照文献

赤川学，2017，『これが答えだ！少子化問題』筑摩書房.

Ashton, T. S., 1948, *The Industrial Revolution, 1760-1830,* Home University Library. （＝1974，中川敬一郎訳『産業革命』岩波書店）.

麻生誠，1973＝2008，「学歴社会は崩壊するか」原純輔編『戦後日本の格差と不平等──広がる中流意識1971-1985』東京大学出版会：207-215.

Bell, D., 1976, *The Cultural Contradictions of Capitalism,* Basic Books, Inc. （＝1976，林雄二郎訳『資本主義の文化的矛盾』上・中・下，講談社）.

Bendix, R., 1971,「産業化に関するイデオロギー的なアプローチと学問的なアプローチ」Bendix, R. & Roth, G., 1971, *Scholarship and Partisanship-Essays on Max Weber,* University of California Press. （＝1975，柳父圀近訳『学問と党派性──マックス・ウェーバー論考』みすず書房：101-118）.

Dahl, R. A., 1961, *Who Governs ?,* Yale University Press. （＝1988，河村望・高橋和宏監訳『統治するのはだれか？』行人社）.

Dahl, R. A., 1971, *Polyarchy,* Yale University Press. （＝2014，高畠通敏監訳『ポリ

67

アーキー』岩波書店）．

エコノミスト編集部，2017，『週刊エコノミスト』第95巻第20号，毎日新聞社．

Engels, F., 1845＝1887, *The Condition of Working Class in England.*（＝1971，全集刊行委員会訳『イギリスにおける労働者階級の状態』1・2，大月書店）．

福武直・日高六郎，1951，『社会学』光文社．

Galbraith, J. K., 1992, *The Culture of Contentment,* Houghton Mifflin Harcourt.（＝2014，中村達也訳『満足の文化』筑摩書房）．

Giddens, A. 1989, *Sociology,* Polity Press.（＝1992，松尾精文ほか訳『社会学』而立書房）．

Giddens, A. & Sutton, P. W., 2017, *Sociology* 8th, Polity Press.

濱田康行・金子勇，2017a，「人口減少社会のまち，ひと，しごと——地方創生の新たな方向と中小企業」『商工金融』第68巻第6号：3-40．

濱田康行・金子勇，2017b，「地方創生論に見る『まち，ひと，しごと』」北海道大学『經濟學研究』第67巻第2号：29-97．

長谷川公一，2008，「社会変動研究の理論的課題」金子勇・長谷川公一編『講座社会変動1　社会変動と社会学』ミネルヴァ書房：23-49．

原純輔，2002，「産業化と階層流動性」原純輔編『講座・社会変動5　流動化と社会格差』ミネルヴァ書房：18-53．

Hicks, J. R., 1969, *A Theory of Economic History,* Oxford University Press.（＝1995，新保博・渡辺文夫訳『経済史の理論』講談社）．

Horowitz, I. L.（ed.），1963, *Power, Politics, People, The Collected Essays of C. Wright Mills,* Oxford University Press.（＝1971，青井和夫ほか監訳『権力，政治，民衆』みすず書房）．

Hunter, F., 1953, *Community Power Structure,* Chapel Hill.（＝1998，鈴木広監訳『コミュニティの権力構造』恒星社厚生閣）．

今田高俊，1986，『自己組織性』創文社．

今田高俊，2005，『自己組織性と社会』東京大学出版会．

稲葉昭英，2012，「ひとり親家庭における子どもの教育達成」佐藤嘉倫・尾嶋史章編『現代の階層社会1　格差と多様性』東京大学出版会：239-252．

石田浩・三輪哲，2011，「社会移動の趨勢と比較」石田ほか編『現代の階層社会2　階層と移動の構造』東京大学出版会：3-19．

石田浩・三輪哲，2011，「上層ホワイトカラーの再生産」石田ほか編『現代の階層社会2　階層と移動の構造』東京大学出版会：21-35．

石橋正二郎, 1970, 『回想記』非売品.

Jason, L. A., 2013, *Principles of Social Change*, Oxford University Press.

金子勇, 1977, 「権力者と権力構造」中村正夫・鈴木広編『人間存在の社会学的構造』アカデミア出版会: 135-154.

金子勇, 1982, 『コミュニティの社会理論』アカデミア出版会.

金子勇, 1984, 『高齢化の社会設計』アカデミア出版会.

金子勇, 1993, 『都市高齢社会と地域福祉』ミネルヴァ書房.

金子勇, 1995, 『高齢社会・何がどう変わるか』講談社.

金子勇, 1997, 『地域福祉社会学』ミネルヴァ書房.

金子勇, 1998, 『高齢社会とあなた——福祉資源をどうつくるか』日本放送出版協会.

金子勇, 2000, 『社会学的創造力』ミネルヴァ書房.

金子勇, 2003a, 『都市の少子社会——世代共生をめざして』東京大学出版会.

金子勇, 2006a, 『少子化する高齢社会』日本放送出版協会.

金子勇, 2006b, 『社会調査から見た少子高齢社会』ミネルヴァ書房.

金子勇, 2007, 『格差不安時代のコミュニティ社会学』ミネルヴァ書房.

金子勇, 2009, 『社会分析——方法と展望』ミネルヴァ書房.

金子勇, 2010, 『吉田正——誰よりも君を愛す』ミネルヴァ書房.

金子勇, 2011, 『コミュニティの創造的探求』新曜社.

金子勇, 2012, 『環境問題の知識社会学』ミネルヴァ書房.

金子勇, 2013, 『「時代診断」の社会学』ミネルヴァ書房.

金子勇, 2014a, 『「成熟社会」を解読する』ミネルヴァ書房.

金子勇, 2014b, 『日本のアクティブエイジング』北海道大学出版会.

金子勇, 2016a 『「地方創生と消滅」の社会学』ミネルヴァ書房.

金子勇, 2016b 『日本の子育て共同参画社会』ミネルヴァ書房.

金子勇, 2018a 『社会学の問題解決力』ミネルヴァ書房.

金子勇, 2018b, 「地方日本の創生——まち, ひと, しごとの融合を求めて」北九州市立大学『地域創生学』創刊号: 1-22.

金子勇編著, 2003b, 『高田保馬リカバリー』ミネルヴァ書房.

鹿又伸夫, 2017, 「経済的格差の世代間再生産傾向と地位達成過程」(北海道社会学会大会報告レジュメ).

Kerr, C., Dunlop, J. T., Harbison, F. H., Myers, C. A., 1960, *Industrialism and Industrial Man*, Harvard University Press. (=1963, 川田寿訳『インダストリアリズム』東洋経済新報社).

きだみのる，1948＝1981，『気違い部落周游紀行』冨山房．

きだみのる，1967，『にっぽん部落』岩波書店．

小室直樹，1976＝1991，『危機の構造』中央公論社．

近藤博之，2011，「社会空間アプローチによる階層の分析」石田ほか編『現代の階層社会2　階層と移動の構造』東京大学出版会：335-349．

Lefebvre, G., 1934, *Foules révolutionnaires*.（＝2007，二宮宏之訳『革命的群衆』岩波書店）．

Mannheim, K., 1928, "Das Problem der Generationen,"（＝1976，鈴木広訳「世代の問題」樺俊雄監修『マンハイム全集3　社会学の課題』潮出版社：149-232）．

Mannheim, K., 1943, *Diagnosis of Our Time*, London.（＝1976，長谷川善計訳「現代の診断」樺俊雄監修『変革期における人間と社会』潮出版社）．

Mannheim, K., Gerth, H. and Bramstedt, E. K., (eds.), 1950, *Freedom, Power, and Democratic Planning*, Oxford University Press.（＝1976，田野崎昭夫訳『自由・権力・民主的計画』潮出版社）．

Mannheim, K., 1931, 'Wissenssoziologie,' Vierkandt, A., (ed.) *Handwörterbuch der Soziologie, Stuttgart*.（＝1973，秋元律郎訳「知識社会学」秋元律郎・田中清助訳『マンハイムシェーラー　知識社会学』青木書店：151-204）．

Merton, R. K, 1957, *Social Theory and Social Structure*, The Free Press.（＝1961，森東吾ほか訳『社会理論と社会構造』みすず書房）．

Mills, C. W., 1956, *The Power Elite*, Oxford University Press（＝1969，鵜飼信成・綿貫譲治訳『パワーエリート』上・下，東京大学出版会）．

Mills, C. W., 1959, *The Sociological Imagination*, Oxford University Press.（＝1965，鈴木広訳『社会学的想像力』紀伊國屋書店）．

Moore, W. E., 1963, *Social Change*, Prentice-Hall, Inc.（＝1968，松原洋三訳『社会変動』至誠堂）．

丸山眞男，1961，『日本の思想』岩波書店．

丸山眞男，1964，『増補版　現代政治の思想と行動』未來社．

中村淳彦，2017，『絶望の超高齢社会』小学館．

日経ＨＲ編集部，2017，『就職力ランキング　企業に選ばれる大学』日本経済新聞社．

Nisbet, R. A., 1953, *The Quest for Community*, Oxford University Press.（＝1986，安江孝司ほか訳『共同体の探究』梓出版社）．

Nisbet, R. A., 1970, *The Social Bond*, Alfred A. Knopf.（＝1977，南博訳『現代社会学入門』1-4，講談社）．

西平重喜，1964＝2008，「総理以下98の職業採点──職業のランキング」盛山和夫編『戦後日本の格差と不平等　第1巻　変動する階層構造　1945-1970』東京大学出版会：387-396.

日本社会学会調査委員会編，1958＝2002，『日本社会の階層的構造』有斐閣.

Ogburn, W. F., 1922, *Social Change : with Respect to Culture and Original Nature,* London.（＝1944，雨宮庸蔵・伊藤安二訳『社会変化論』育英書院）.

Parato, 1916, *Tratatto di sociologia generale.*（＝1987，北川隆吉ほか訳『社会学大綱』青木書店）.

Parsons, T., 1951, *The Social System,* The Free Press.（＝1974，佐藤勉訳『社会体系論』青木書店）.

Parsons, T. & Bales, R. F., 1956, *Family : Socialization and Interaction Process,* Routledge and Kegan Paul.（＝1981，橋爪貞雄ほか訳，『家族』黎明書房）.

Parsons, T., 1960, "The principal structure of community," in *Structure and Process in Modern Societies,* The Free Press.（＝1978，三浦典子訳「コミュニティの基本構造」鈴木広編『都市化の社会学』増補，誠信書房：340-365）.

Parsons, T., 1964, *Social Structure and Personality,* Free Press.（＝1985，武田良三監訳『社会構造とパーソナリティ』新泉社）.

Parsons, T., 1969, *Politics and Social System,* Free Press.（＝1973，1974，新明正道監訳『政治と社会体系』上・下，誠信書房）.

Parsons, T., 1973, 'A Functional Theory of Change' in E. E, Etzioni & A, Etzioni, (eds.), *Social Change : Sources, Patterns, and Consequences,* Basic Books, Inc.

Parsons, T., 倉田和四生編訳，1984，『社会システムの構造と変化』創文社.

Riesman, D., 1961, *The Lonely Crowd,* Yale University Press.（＝1964，加藤秀俊訳『孤独な群衆』みすず書房）.

坂本昭雄，1974，『アメリカの権力構造』サイマル出版会.

里見清一，2016，『医学の勝利が国家を減ぼす』新潮社.

佐藤嘉倫・林雄亮，2011，「現代日本の格差の諸相」佐藤嘉倫・尾嶋史章編『現代の階層社会1　格差と多様性』東京大学出版会.

週刊ダイヤモンド編集部，2016，『週刊ダイヤモンド　最強の高校』第140巻第45号，ダイヤモンド社.

塩原勉，1976，『組織と運動の理論』新曜社.

白井こころ，2013，「沖縄共同体社会における高齢者とソーシャル・キャピタル」イチロー・カワチ・等々力英美編『ソーシャル・キャピタルと地域の力』日本評論

社：159-179.

Simmel, G., 1917, *Grundfragen der Soziologie*.（＝1979，清水幾太郎訳『社会学の根本問題』岩波書店).

Smelser, N. J., 1968, *Essays in Sociological Explanation*, Prentice-Hall, Inc.（＝1974，橋本真訳『変動の社会学』ミネルヴァ書房).

Sombart, 1922, *Liebe, Luxus, Kapitalismus*, Deutsher Taschnbuch Verlag.（＝2000，金森誠也訳『恋愛と贅沢と資本主義』講談社).

鈴木栄太郎，1957＝1969，『都市社会学原理』未來社.

鈴木広，1970，『都市的世界』誠信書房.

鈴木広，1986，『都市化の研究』恒星社厚生閣.

鈴木広編，1978，『コミュニティ・モラールと社会移動の研究』アカデミア出版会.

数土直紀，2011，「高学歴化と階層帰属意識の変容」斎藤友里子・三隅一人編『現代の階層社会3　流動化のなかの社会意識』東京大学出版会：17-30.

高田保馬，1919，『社会学原理』岩波書店.

高田保馬，1934，『国家と階級』岩波書店.

高田保馬，1947，『社会学の根本問題』関書院.

高田保馬，1948＝2003，『階級及第三史観』関書院（新版，ミネルヴァ書房).

高田保馬，1953，『全訂　経済学原理』日本評論新社.

高田保馬，1959＝2003，『勢力論』岩波書店（新版，ミネルヴァ書房).

高田保馬，1971＝2003，『社会学概論』岩波書店（新版，ミネルヴァ書房).

竹本昌史，2016，『地方創生まちづくり大事典』国書刊行会.

富永健一，1965，『社会変動の理論』岩波書店.

富永健一，1979，「日本の階層構造の要約と今後の研究課題」富永健一編『日本の階層構造』東京大学出版会：475-488.

富永健一，1986，『社会学原理』岩波書店.

富永健一，1990，『日本の近代化と社会変動』講談社.

富永健一，1995，『社会学講義』中央公論社.

富永健一，1996，『近代化の理論』講談社.

富永健一，1997a，『経済と組織の社会学理論』東京大学出版会.

富永健一，1997b，『環境と情報の社会学』日科技連.

富永健一，2004，『戦後日本の社会学』東京大学出版会.

富永健一，2008，『思想としての社会学』新曜社.

Tumin, M. M., 1964, *Social Stratification*, Prentice-Hall. Inc.（＝1969，岡本英雄訳

『社会的成層』至誠堂）.

トルストイ, 1877＝1964, 原卓也訳『世界の文学19　アンナ・カレーニナⅠ』中央公論社.

Weber, M., 1904, *Die »Objektivität« Sozialwissenschaftlicher und Sozialpolitischer Erkenntnis.*（＝1998, 富永祐治・立野保男・折原浩補訳『社会科学と社会政策にかかわる認識の「客観性」』岩波書店）.

Weber, M., 1904-05, *Die protestantische Ethik und der »Geist« des Kapitalismus.*（＝1989, 大塚久雄訳『プロテスタントの倫理と資本主義の精神』岩波書店）.

Weber, M. 1919, *Wissenschaft als Beruf.*（＝1962, 出口勇蔵訳「職業としての学問」『世界思想教養全集18　ウェーバーの思想』河出書房新社：129-170）.

Weber, M. 1921, *Polotik als Beruf.*（＝1962, 清水幾太郎・清水礼子訳「職業としての政治」『世界思想教養全集18　ウェーバーの思想』河出書房新社：171-227）.

Weber, M., 1922, *Soziologishe Grundbegriffe.*（＝1972, 清水幾太郎訳『社会学の根本概念』岩波書店）.

矢野恒太記念会編, 2006,『日本の100年　改定第4版』同記念会.

吉田民人, 1974,「社会体系の一般変動理論」青井和夫編『理論社会学』東京大学出版会：189-238.

吉田民人, 1990,『情報と自己組織性の理論』東京大学出版会.

吉田民人, 1995,「システム, 情報, 自己組織性」吉田民人ほか編『自己組織性とは何か』ミネルヴァ書房：88-107.

第 1 章

産業社会から環境リスク社会へ
──現代社会の社会変動再論──

寺 田 良 一

1 産業社会と環境社会

「環境合理性」へのシフト

　筆者は，2003年に，本書の姉妹編である『講座・社会変動2　産業化と環境共生』に，「産業社会と環境社会の論理──環境共生に向けた環境運動・NPOと環境政策」という論稿を書かせていただいた。産業社会の社会変動において，環境問題がどれほど大きな意味をもったのか，もっと大仰にいえば，盤石に見えた高度経済成長期の先進産業社会が，公害問題や石油危機をはじめとする資源・エネルギー危機の前に大きく方向転換を迫られ，産業社会の「生産（極大化）の合理性」が，来るべき「環境社会」の「環境合理性」に道を譲る展望を示したのであった。本稿は，それから十数年を経た今日，その当否を再度検証しようとする試みである。

　もとより，前稿でも繰り返し述べたが，「環境社会」とは，「循環型社会」のような政策目標としての環境負荷のない（少ない）「環境共生社会」の実現を意味していない。「環境社会」とは，社会の中軸的な組織原理が，「生産極大化の経済合理性」から，「持続可能性」に象徴されるような「環境共存の合理性」にシフトしていくことである。「環境社会」を展望することにより，筆者は，近い将来（すなわち現在にかけて），エネルギー問題や地球環境問題が解決されるであろうことを予言したのではない。むしろそれらが容易に解決をみない困難な問題であるからこそ，「環境合理性」を経済や社会生活の基本原則として

75

いく「環境社会」へと移行せざるを得ないことを展望したのである。

　したがって，本稿で再検証するのは，環境問題がどの程度解決され，あるいは悪化したかについての直接の評価ではない。環境問題の深刻化は，「外部不経済の内部化」といった資本主義的市場経済における企業活動の様式の変更，自然生態系，資源エネルギー，地球の環境容量などの配慮といった環境経済のみならず，専門家・官僚支配（テクノクラシー）に対する「新しい社会運動」の対抗，情報公開や参加型熟議民主主義といった政治的意思決定等における公共圏の変容をももたらした。これらの変容は，目標が「生産の合理性」から「環境の合理性」に置き換わったことに付随して（あるいは並行して）現れた。産業社会の，経営者，労組，官僚制組織などの「コーポラティテズム」（団体協調主義）により形骸化した議会制民主主義の閉そく性の中から「新しい社会運動」や参加民主主義的傾向が台頭し，環境政策決定の様式などを大きく変えた。それらがどの程度社会を変革し，その限界は何だったのかといった点が，検証の対象となる。

「自己産出する社会」としてのリスク社会

　社会学の社会変動に関するより一般的な理論でいえば，A. トゥレーヌの「社会の自己産出」論，U. ベックの「リスク社会」論などが，これらの問いのよりマクロな理論的背景を構成している。

　トゥレーヌ（Touraine, 1973）の社会変動論，社会運動論のキーワードは，「脱産業社会」における「社会の自己産出」（production de la société）である。それ以前の社会においては，社会発展は，彼が「超社会的典拠」と表現する自明の（社会的に問われることのない）原理や方向性に従って形成されてきた。たとえば農業社会の宗教的秩序とか，産業社会の「生産極大化をめざした組織化原理」などがそれである。それ以前の社会と比べて，よりダイナミックな「産業社会」においては，その組織化主体が資本家か労働者か，すなわち資本主義的発展か社会主義的発展かをめぐる階級対立が生じるが，しかしいずれの体制においても，「フォード・システム」のような効率的な生産組織（産業社会の

第1章　産業社会から環境リスク社会へ

「超社会的典拠」）がめざされる点は同様である。

　ところが、「脱産業社会」においては、原子力技術、情報技術、生命科学などが人間社会の存在様態を根源的に変えるまでに進歩した。そこでは、はたしてそれらを利潤動機や専門家の利害のままに開発利用してよいかなどをめぐる、より根源的な社会的争点が浮上してくる。それらをめぐる、専門家権力に対する異議の申し立てが、「新しい社会運動」である。トゥレーヌにおける「脱産業社会」とは、社会発展の方向性が、すでに決められた「超社会的典拠」に縛られることなく、新しい社会対立に関与する行為主体の関係性によってのみ決定される社会である。いいかえれば、社会が過去の歴史や文化遺産に依拠して作られるのではなく、「社会自身が社会運動等を通じて自らを創り出す」創発的社会の出現を意味するのである。「新しい社会運動」としては、専門家権力へ異議を申し立てる環境運動、女性運動、マイノリティの運動などがあげられるが、これらの中でも、原子力や遺伝子操作などを問題化する環境運動は、「社会の自己産出」の原動力としてとりわけ重要である。

　環境問題（チェルノブイリ原発事故）を契機に、ベックは「リスク社会論」（ベック、1986＝1998）を提起した。周知のようにベックは、産業社会は「富の生産と分配が中心的な争点となる社会」であり、リスク社会は「リスクの生産と分配、そしてその定義づけが中心的な争点となる社会」であると定義した。産業社会において何が「富」であるかに関しては、定義づけをあらためてする必要はほとんどないが、リスク、とりわけ「環境リスク」に関しては「定義づけ」、同定、評価は、リスク社会に特有な不可欠の手続きである。原発事故後に飛来する「死の灰」への恐怖を引き金に書かれたベックの「リスク社会論」であったが、しかしその後リスクの含意は、環境リスクのみならず離婚や失業など広い意味での社会的リスクへと意味拡張され、ギデンズらとともに「内省的（自己対峙的）社会学」の展開へと向かい、環境リスクの「定義づけ」をめぐる議論が深化されることはなかった（寺田、2016）。

　この、環境リスクの「定義づけ」をめぐる科学、マスメディア、環境運動等の問題構築を主たる分析対象にしたのが、J.ハニガン（1995＝2007）らの「社

77

会構築主義的環境社会学」である。誤解を恐れずにいえば，環境リスクがいかにして社会的に定義されるかをめぐる社会的過程こそが，「環境社会」のありようを左右する今日の環境社会学の最も大きなテーマの1つである。環境問題とは，生物的物理的な毀損や破壊であり，生態系や人体への被害である。しかし客観的に問題が存在したとしても，キツセとスペクター（1977＝1992）が述べたように，それが何らかの社会的フレーミングを伴うクレームとして社会的に認知されなければ「社会問題」としては存在しない。この「問題構築」のされ方次第で，「環境合理性」の含意は大きく異なってくるし，「環境社会」は右にも左にも行くのである。

　典型的な事例としては，2011年の福島第一原発事故以前の日本における地球温暖化防止対策の中では，CO_2の排出が「（発電の過程では）ない」ことが過度に強調され，再生可能エネルギーよりも原発増設が推進されたことなどがあげられる[1]。「環境合理性」自体も，社会的に構築された言説であり，多様に存在する。CO_2と，核廃棄物のリスクのどちらを重視すべきかは，開かれた公論形成の場で熟議されるべき問題である。そうした環境民主主義を欠いていたがために，いわゆる「原子力ムラ」などの既得利害の下で，原子力ばかりが推進されてきた。それは「環境合理性」というより「環境イデオロギー」であった。

　CO_2の削減という（たとえ虚構であれ）ある種の「環境合理性」を大義名分として，原発が推進されるという「悪夢」を，おそらく1970年代の「新しい社会運動」家やユートピア的環境主義者は想定だにできなかった。しかし，そのような逆説的な現実認識を持つことが，「環境社会」における「環境運動の制度化」を批判的に見据える上で必要である。

　本稿では，このテーマを，3つの観点から再論していく。第1は，「環境運動の制度化」ないし「環境運動から環境管理へ」というテーマである（3節）。第2は，「制度化・管理化」の具体的な生産組織への反映である「エコロジカルな近代化」（ecological modernization）（以後「エコ近代化」と略記）と，「生産の踏み車」（treadmill of production）論などそれに対する政治経済学的批判である（4節）。第3は，環境リスクの配分と定義づけをめぐる「環境正義」（environmental justice）や「脱制度化」を志向する環境運動についてである（5節）。

2　産業社会から環境社会へ──環境運動の制度化の進展

産業社会の対抗言説としての「環境」と「エコロジー」

　本題に入る前に，社会変動としての「産業社会」論とその批判について，振り返っておきたい。表1-1は，寺田（2003）で用いた「産業社会」から「環境社会」への社会変動の3つの社会類型の比較である。

　「インダストリアリズム」（産業主義）の主唱者であるロストウの主著，『経済成長の諸段階』の副題が「一つの非共産主義宣言」であることに象徴的されるように，「産業社会」という近代化モデルは，明確なイデオロギー性を持ったモデルであった。すなわち，資本主義と社会主義の東西対立の中で，両体制の収れんを展望することによりその対立軸を無効化し，西側資本主義経済体制の正当性を強調し，途上国が社会主義陣営に接近する必要性がないことを主張したのである。

　そのモデルを一言で要約すれば，「産業化と経済成長により，都市化や高学歴化が進展し，中流化，階級差の曖昧化，生活水準上昇がもたらされ，階級対立も解消する」ということである。事実，第二次大戦で西欧の戦勝国も含め多くの産業社会の国土や生産基盤が疲弊していたので，計画経済により初期の産業化を首尾よく達成しつつあったソ連，中国などの社会主義国と対抗する意味でも，復興と正当性の回復を顕示する「産業社会」論は必要であった。ダーレンドルフ（1959＝1964）が主張した「紛争（階級対立）の制度化」も，経済成長と福祉国家が進む西側産業社会において提起されたのである。当然ながら，この議論の前提は，産業化や経済成長が，阻害要因なしにいつまでも継続することである。

　1960年代半ばまで順調に経済成長を続けた「産業社会」であったが，1960年代末から1970年代半ばにかけて，「豊かな社会」に生まれ育った団塊の世代に担われた「新しい社会運動」，人種差別撤廃運動やベトナム反戦運動の高揚を

表 1 - 1 産業社会，脱産業社会，環境社会の比較

時　　代	産業社会	脱産業社会	環境社会(リスク社会)
	1950年代〜60年代半ば	60年代末〜80年代半ば	80年代後半〜
社会統合（正当性）の原則とその危機	経済成長と産業主義（インダストリアリズム）「イデオロギーの終焉」（東西冷戦，「ドミノ理論」）	知識情報化 テクノクラシー化（科学技術信仰のゆらぎ，社会運動の高揚，南北問題）	「持続可能な発展」規制緩和と透明化社会 NPO・NGO の台頭（反グローバル運動）
主要な環境問題	産業公害（典型七公害）自然保護	石油・原子力文明批判 資源・エネルギー危機	地球環境問題，環境リスク（核，化学物質），「エコ近代化」
環境問題，環境政策のフレーミング	資本の論理（利潤原理）の矛盾	科学技術万能主義（生産至上主義）の矛盾，「脱物質主義的価値」	グローバル化した経済における環境負荷の弱者への転嫁の矛盾
	外部不経済の内部化 排出口（エンド・オブ・パイプ）環境規制	オルタナティブな技術・経済に向けた対策，「エコトピア」	経済的市場的インセンティブ，「社会的責任消費・投資」
典型的な環境運動	自然保護運動 反公害運動	オルタナティブ（な技術，農業）運動，反原発運動，「対抗文化」運動「緑の党」	グローカルな（国際的・草の根）環境 NPO・NGO，環境正義，グリーン・コンシューマー
環境政治のテーマ	環境的妥協の政治（「外部不経済」の内部化，経済と環境の「調和」）	環境的対抗ユートピアの政治（巨大先端技術の拒否，環境共生的コミューンのユートピア）	環境問題の定義づけ（問題構築）の政治（環境問題の社会問題化，フレーミング，制度化，政策化）

（出典）　寺田（2003）より，抄録。

招いた。また，1972年のローマクラブの「成長の限界」レポート（メドウズ他，1972＝1972）が石油資源の有限性を問題提起した翌年の第四次中東戦争時の，中東石油産出国の西側への石油禁輸（オイル・ショック）を機に，継続的な経済成長に基礎を置いた「産業社会」は，存立の危機に瀕した。日本をはじめとする世界各地で顕在化した産業公害の深刻化もそれに続いた。

　環境問題，とりわけ枯渇性の化石燃料の有限性は，「産業社会」批判の主要な根拠となった。さらに，石油代替エネルギーとして推進された原子力エネル

第1章 産業社会から環境リスク社会へ

ギーは，その破局的な環境リスクへの危機感と推進主体である専門家権力（テクノクラシー）への批判が相まって，先進産業社会にラディカルな反原発運動の台頭を促した。産業社会批判として「環境」や「エコロジー」という対抗概念が言語化されてすでに半世紀近くも時を経て，今ではそれらは広く支持された常用語として普及しているので，特に若い世代の読者には，その当時それらの言葉が担っていた鋭い批判性や現状の否定性，それを主唱する人々への社会的圧力の存在について，想像することが困難かもしれない。当時それらの言葉は，今日では考えられないほどの衝撃と「毒」（ラディカルな批判性）を持っていたのである。

しかし，産業社会批判のレトリックの質からいえば，原理的な，あるいは質的な両立不能性を主張する「エコロジー派」と，量的な程度問題で，原理的には妥協可能な「環境派」の批判にはかなりの懸隔がある。前者は，後の「予防原則」や欧州連合の厳格な化学物質規制などにつながり，後者は，「エコ近代化」などの環境管理につながる。

環境社会学は，ダンラップらの，従来の「人間特例主義的パラダイム」から「新しいエコロジカル・パラダイム」へのパラダイム転換として出発した（Catton and Dunlap, 1978）。「科学技術を持った人間社会は，他の生物種と異なり，環境やエネルギーの制約を受けることがない」というパラダイムから，「人間も生態系の1つの構成要素に過ぎず，環境やエネルギーの制約の範囲内でしか生きられない」という，社会学理論を構築する上での前提の転換である。今日だれもがそれを当然のことと思っているが，このパラダイム転換がどれほど衝撃的であり，また困難なものであったのかについて，今日の初学者世代が理解することはむずかしいかもしれない。それはちょうど，地動説を唱えたコペルニクスやガリレオの困難に相当する。

日々，気候変動を体感している2010年代の我々は，すでに「エコロジカル・パラダイム」を抵抗なく受け入れるようになっているが，1960年代の技術革新と高度経済成長の時代を生きた人々には，それは容易に受け入れられるものではなかった。たとえば，農薬や除草剤によって，骨の折れる農作業からやっと

解放された当時の農業者が，難分解性の有機塩素農薬によって鳥や虫が死に絶え『沈黙の春』（カーソン，1962＝1974）が訪れるといわれても，にわかに受け入れがたかった。それは，エコロジーとかエコ・システムという考え方が，それまでの産業社会の前提とされていた，地球の浄化能力や資源がほぼ無限に期待できるという考え方と鋭く背反し，「豊かな社会」の恩恵を実感していた当時の人々の多くは反発したからである。

生物学者のコモナー（1971＝1972：41-55）は，『閉じた循環』（The Closing Circle）（邦訳『なにが環境の危機を招いたか』）というタイトルに，エコ・システムの本質を凝縮して表現した。コモナーは，「すべての生物が他のすべての生物に結びついている」「すべてがどこかに行く」という，食物連鎖や生態濃縮のメカニズム，「自然が最もよく知っている」という進化生物学的な適応プロセスの中でこそ適応方法を獲得できたことなどを生態学の法則として定式化した。それにより，希釈による無害化を前提とした汚染物質の環境への排出，有機塩素などの有害化学物質の使用，核実験による人工放射性核種の人体への不可避的影響（例えば甲状腺や骨に蓄積されるヨウ素131やストロンチウム90など）などをいち早く看破し，産業社会の「生産性原理」に警鐘を鳴らしたのであった。

コモナーの警鐘は，後のコルボーン（1996＝1997）の環境ホルモンの警鐘と同じく，微妙な均衡で成り立つ環境生態系や生態系の一部としての人体が，人工的化学物質や放射性物質に依存する産業社会と原理的に相容れない事実を冷静に検証した。こうした原理的批判は，ユートピア的で非現実的であるとの反批判も受けたが，現実的な環境政策として，1992年の地球サミットで定式化された「予防原則」やそれに基礎を置く環境政策，とりわけ後述するように参加民主主義的環境政策へと結実していった。⁽²⁾

コモナーのような，いわば「有機質の」「エコロジー論」に対して，環境問題を要素に分節化してシミュレートしたのが，ローマクラブの「成長の限界」レポートである（メドウズ他，1972＝1972）。ここでは，環境問題群が，工業生産，人口，資源，食糧，汚染などの要素に分解され，それらの相互作用による増減が時系列的にシミュレートされた。発想としては，複数の要素が相互作用

第1章　産業社会から環境リスク社会へ

するという生態系のメカニズムに似ているが，生態系の何億という構成要素の相互作用まで考慮することは当然不可能であり，少数の要素に単純化されている。こうした要素還元主義的モデルは，しかしながら，産業社会の工業的発想とはむしろ相性がよかった。マルサスの人口論と同様，指数関数的な経済成長に資源枯渇が近い将来必然的に現実化するという予想は，「ゼロ成長論」という具体的な処方を提示した。周知のように，それに対する途上国からの反発があり，1987年の国連の「環境と開発に関する世界委員会（ブルントラント委員会）」の「持続可能な開発」の概念が妥協の産物として提起され，以後の環境政策の標準的指針となるのである。

　しかし，人口，資源，食糧などに分節化された議論は，生命の網の目を凝視したコモナーやコルボーンの有機的な「エコロジー」の発想を欠くことが多い。すなわちそれらは，資源・エネルギー，後の CO_2 のような，数量化され単純に要素化された無機的な要素還元主義的「環境」モデルとして提起される。公害問題時代の環境規制と同様，量的な削減目標を設定し，そのための手段を講じるという，「外部不経済の内部化」でやり慣れた手法は，政策的にも目標設定しやすく，企業も対応でき，既存の政治経済システムにも受容されやすい。これらは，その後企業の環境マネジメントの基本的な様式として定着し，「エコ近代化」「より環境負荷の少ない生産」を推進した面がある。しかしその一方で，「温暖化対策としての原発建設」や「CO_2 の地中への封じ込め」といった，従来からの環境運動には到底受け入れがたいご都合主義的な「環境対策」も出現させた。

　このように，前稿執筆時点の2000年前後の筆者は，まだ「エコロジー派」も「要素還元主義」も，十把一絡げで「環境合理性」や「制度化・政策化」の範疇に入れていた。その後急速に環境問題に関する「制度化・政策化」が進展する中で，当初のコモナーらの地球から人体に至る生態系の入れ子構造の全体論的な均衡を根拠とした原理的産業社会批判は弱まり，CO_2 の削減やエネルギー効率の改善など，要素に分解され部分化された「環境派」の様式に沿った「制度化・政策化」が主として推進されてきた。

3　環境運動の制度化の進展と環境管理イデオロギー

環境運動から環境管理へ

　はじめに少し理論的な整理をしておきたい。スメルサー（1963＝1973）の社会運動分析における「規範志向運動」にせよ，トゥレーヌらの「新しい社会運動」にせよ，社会運動は何らかの程度で制度変革を志向するものとされてきた。さらに，トゥレーヌ（Touraine, 1973）においては，社会運動の分析は，3つの層化されたシステムに分節化される。トゥレーヌが「社会運動」と定義づけるのは，その最上位の「歴史的（社会を自己産出する）行為システム」における社会紛争だけである。

　3つのシステムのうち，最下層に位置するのが，「組織システム」であり，合意された価値規範に従いルーティン的な社会的相互行為が行われるパーソンズの機能主義的システムがそれにあたる。そこでの社会紛争を，トゥレーヌは「社会運動」とは呼ばず，組織レベルの規範を修正するにとどまる「権利要求」と規定する。その上の中間の階層に位置するのが，「政治・制度システム」であり，「組織システム」での規範の修正だけでは対応しきれない社会紛争を，政治的仲裁や新しい紛争制度化のルール作りによって妥協形成や社会の正当性の再確立に導く。先述のダーレンドルフやクロジエの理論，より動態的に紛争を調停して正当性を再確立する産業社会の「紛争の制度化」システムが念頭に置かれている。最上位に位置づけられるのが，トゥレーヌ独自の「歴史的（社会を自己産出する）行為システム」である。トゥレーヌが「（新しい）社会運動」というとき，それは単なる規範や制度の修正のレベルに収まる社会紛争でなく，最先端科学技術の見直しのような，脱産業社会が自らを方向づけ，「自己産出」することを争点とした，この「歴史的行為システム」における社会紛争を指し示している。しかし社会運動は，時の経過とともに下のシステムに下降し，「制度化」（交渉ルールや妥協形成），「組織（規範）化」（「環境マネジメント」のようなルーティン規則化，管理化）のモメントを経ることになる。

第1章　産業社会から環境リスク社会へ

　いうまでもなく，トゥレーヌがこの議論を展開していたころは，「エコロジー運動」と称されることが一般的であった環境運動も，この「社会の自己産出」に大いに与る「新しい社会運動」の1つと位置づけられていた。1960年代から1970年代の「エコロジー運動」は，原発建設に対して実力行動を敢行したり，有機農業のコミューンで自給用の風力発電を建設するなど，現在の環境運動と比べると格段にラディカルで産業社会に対する対抗ユートピア志向が強かった。それは，単に自給自足的な飛び地を作るだけでなく，マンハイム的な意味での，制度変革や社会運動への動員のための理念としてのユートピアであった。

　しかしラディカルでユートピア的な「エコロジー運動」も，1980年代以降，「制度化」，「管理化」のプロセスを歩むことになる。ロビンズ（1977＝1979）らが実現可能な再生可能エネルギーのデザイン，「ソフト・エネルギー・パス」を提示し，ドイツでは「緑の党」が議会政治に一定の影響力を持ち，地球環境問題が国連の「地球サミット」で世界的なアジェンダになるにつれて，「エコロジー運動」も政府や企業との交渉テーブルにつく必要性，必然性を持つようになった。とはいえ，「政治・制度システム」の土俵に上がり，官僚制の論理や生産性の原則ともすり合わせて環境保全的なルール作りをすることになれば，ユートピア的な「エコロジー運動」といえども，当然ながらユートピア的な理念やエコロジーの原則をそのままの形で制度や政策にするわけにはいかず，多くの妥協を余儀なくされる。

　さらに，最下層の「組織システム」まで下りて，「ISO14001」のような環境管理システムのような，日常的，ルーティン的な営為のレベルにおける規則化，規範化を進めるにあたっては，「廃棄物の削減目標」「エネルギー効率向上目標」といった具体的目標設定がなされなくてはならない。ここまでくると，程度の差こそあれ，生態系の均衡のような全体論的（ホーリスティック）理念は相対的に後退し，個々に要素化された具体的目標達成がより重要な組織目標になる。かくして，コモナー的な「エコロジーの全体性」の原則は，CO_2削減，資源のリサイクル率といった個々の要素に分解された「環境管理」の様式に道を譲るのである。

85

別言すれば，社会批判や制度変革への動員原理であった「運動」は，新しい制度を施行するための「管理」規則に転化していくのである。

「エコロジーのユートピア」から「環境イデオロギー」へ

この「制度化・政策化」の過程は，ある意味でどの社会運動にも伴う必然的な過程であり，具体的な目標達成のための管理規則化や目標設定という必要不可欠な過程であるが，そこに「環境イデオロギー」が伏在する可能性ないし事実も認識しておくべきであろう。ここでいう「環境イデオロギー」とは，「環境ユートピア」と同じく，マンハイム的な意味で用いられている。すなわち，要素に分解された「環境管理目標」を設定することで環境が改善されるという考え方は，しばしば既得利益を温存させたり，極端な場合，環境問題をむしろ深刻化させる新技術が導入される根拠として，現状の支配秩序を正当化する「イデオロギー」として機能することがある。典型的には，「CO_2 削減のための原発の増設」「ごみ発電のための焼却炉新設（プラスティックごみの可燃ごみ化）」「農薬使用を減らすため微生物農薬 Bt 菌遺伝子を組み込んだ遺伝子組換え作物」などを例としてあげることができる。[3]

「環境イデオロギー」の背景は，大きく，経済的，政治的，組織的という3つに整理されよう。第1は，「環境管理」をてことして既存のビジネスチャンスやエコ・ビジネスの拡大していこうとする経済的目的である。上記の例にもあげたが，「温暖化対策としての原発推進」や「農薬削減のための遺伝子組換え作物導入」などがそれにあたる。ここには，環境と経済の両立，環境負荷の小さい生産活動を字義通りめざした「エコ近代化」は無論含まないが，レトリックだけからは判別できない場合もある。

第2は，政治的な「環境イデオロギー」である。「温暖化対策としての原発推進」は，重電企業や建設業界の経済的利害のみならず，その導入当初から，保守的政治勢力の間では，「平和利用」を大義名分としてプルトニウムなどを合法的に備蓄し，国際情勢緊迫の折には核武装の可能性を担保しておく，いわゆる「核オプション」が目論まれていた。[4]エリオット（1978＝1983）によれば，

86

1980年代末にイギリスのサッチャー首相が保守政治家の中でいち早く「地球温暖化の危機」を力説するようになったのは，それを機に原発を拡大し，イギリスで影響力の大きい炭鉱労組の影響力を削ごうとしたためとされる。

　第3は，官僚組織や環境関係の非営利組織等の組織的利害を反映したものである。交通渋滞を解消と大気汚染の抑制を大義名分として高速道路建設が推進されたり，環境面からの批判が多い三面コンクリート張りの堤防を改造するために，「近自然工法」に新たな予算づけをしたりといった例がある。環境運動組織の例としては，たとえばダウィ（1995＝1998：第6章）は，アメリカの主流派の環境運動組織が企業からの補助金を得て企業との協調路線をとり，草の根環境運動を圧迫する事例が紹介されている。環境運動組織も，「制度化・政策化」の進展につれて政府や自治体からの助成の機会も増大し，「体制編入」される場合も多い（ハムフェリーとバトル，1982＝1991：第5章）。

　「環境運動の制度化」に伴い，環境運動がラディカルな批判性を減じて，「環境管理」的傾向が進展し，「環境イデオロギー」の中に取り込まれていく傾向もみられるようになった。環境運動は，当初の「エコロジー運動」と呼ばれることの多かった産業社会に対する強烈な批判性を持った運動から，エネルギー，生物多様性，有害化学物質といった個別的ミッションを掲げた分野別の「環境運動」へと展開したものも多い。分野の個別化が，必然的に批判性を弱めることにつながるわけではないが，「排出削減」のように目標が具体化すればするほど，よかれあしかれ段階的削減のような妥協の余地も出てこよう。とりわけ，環境運動が非営利法人として公式組織化し，常勤の有給職員を相当数雇用するようになると，達成すべき運動目標と，毎年しかるべき資金を調達して職員の雇用を維持するという経営的の論理との間に，少なからずずれが生じることはよくある。組織の存続が優先されれば，企業セクターや行政とのパートナーシップを重視し，資金調達がしやすい企業や行政の下請け的な活動に関与する誘因が働く。むろん正反対に，「グリーンピース」のように非妥協的性格を堅持し，マスメディアを通じて核廃棄物の海洋投棄船に体当たりをする姿などを提示して，環境問題に関心の高い市民からの支持を調達し続けようとする戦略も，

逆に成立するともいえる。いずれにせよ、「環境運動の制度化」に伴い、環境
運動の多様化が進行する。

4 「エコロジカルな近代化」論と「生産の踏み車」論

経済と環境は両立するか

　1980年代前半ぐらいまでは、「環境」の後に続く言葉は主として「運動」で
あった。しかし、前述したその後の「環境運動の制度化・政策化」の進展に伴
って、「環境」の後に「管理」あるいは「マネジメント」がつけられることが
多くなった。

　環境問題の争点が、環境運動による産業社会批判から、具体的な「環境管
理」の方法論に移行するにつれ、「経済の合理性」から「環境合理性」への転
換を目的として、理論的にも実践的にも進められたのが、「エコ近代化」論で
あろう。ドイツ政治史の坪郷（2014）によれば、1970年代から先進的な環境政
策が進められた西ドイツ（当時）のイェニッケ（1995＝1998）らの概念が嚆矢と
される。ラディカルな「エコロジー運動」が、化石燃料を大量消費し深刻な産
業公害を引き起こしていた現代の産業システムを声高に批判し、「エコロジ
ー・対・経済」という対立図式の中でとらえられることが一般的であった1970
年代であったが、1972年の「ローマクラブ・レポート（成長の限界）」や翌年の
第一次石油ショック、また日本の公害問題やドイツの越境酸性雨問題などを契
機として、エネルギー効率の改善や汚染の予防的規制といった「環境合理性」
を内部化した経済の再構築を志向する動きが現れた。1980年代に入るとさらに、
1979年のスリーマイル島原発事故、1986年のチェルノブイリ原発事故、1980年
の北海のアザラシの大量死や難分解性有機汚染物質（POPs）の海洋汚染、オゾ
ン層破壊や地球温暖化に関する科学的知見の普及などにより、ベック（1986＝
1998）が提起した「環境リスク」に対する認識が一層深化した。

　こうした状況下で、主としてドイツ、北欧、オランダなどの西ヨーロッパに
おいて、イェニッケ、フーバー、モル、スパーガレンらによって提起されたの

が，「エコ近代化」論である。これまでは，産業社会，とりわけ資本主義的な工業生産は，汚染や資源多消費を必然的不可避的に伴うものとされてきた。それに対して「エコ近代化」論は，産業社会のこれまでとは異なる方向へのさらなる近代化によって，「（資本主義的工業生産による—寺田）経済成長と環境破壊を切り離す」（Mol, 2002：93）ことが可能であるとする。それに対してアメリカのマルクス主義的環境社会学者，シュネイバーグは，後述する「生産の踏み車（treadmill of production）」論を根拠として，資本主義経済の枠内では，「エコ近代化」によって環境問題を解決することはできないとする反論を展開した。

　彼らの論争は，1970年代末に，「新しいエコロジカル・パラダイム」へのパラダイム転換として環境社会学を提起したキャットンとダンラップ（Catton and Dunlap, 1978）と，それを批判したバトル（Buttel, 1978）とのパラダイム論争を想起させる。先述のように，ダンラップらは，「科学技術を持つ人間社会は環境の制約を受けない」とする「人間特例主義的パラダイム」から脱却し，「人間も生態系の1つの構成要素に過ぎない」という「新しいエコロジカル・パラダイム」にもとづいた社会学として環境社会学を出発させた。それに対してバトルは，「エコロジカル・パラダイム」は環境社会学のパラダイムの一面に過ぎず，従来からの機能主義やマルクス主義のパラダイムの差異が等しく重要であるとした。すなわち，人間社会が生態系との共存を図るとしても，そもそも環境破壊の原因が人々の価値体系にあるのか（機能主義的説明），経済構造にあるのか（マルクス主義的説明）によって，とるべき方策——価値転換か経済システムの変革か——は大きく変わるのである。

　「エコ近代化」論は，たとえ資本主義経済の枠内であっても，そこに「環境合理性」優先の原則を貫徹させれば，エネルギー効率を向上させ温暖化ガスを削減したり，有害化学物質を予防原則に従って規制したりすることは可能であるという，「経済と環境の両立パラダイム」に立脚した理論である。政治的背景として，イギリス労働党のブレア政権（1997-2007年）の政策原則であるギデンズの「第三の道」（ギデンズ，1998＝1999）や，ドイツにおける社会民主党と緑の党の連立政権（赤緑連合）の発足（1998年）の中で，中道左派政権が，それ

まで環境問題に冷淡であった新保守主義政権の無策に代わるべき環境政策原則
として採用した。

　一方それを批判する「生産の踏み車」論は，環境改善が資本主義経済の枠内
では原理的に不可能であると主張する（シュネイバーグとグールド，1994＝1999）。
その論拠は，すでに1970年代にオコンナー（1973＝1981）が「資本主義の第2
の矛盾」として指摘していたことだが，資本主義経済の存続にとって不可欠の
要件である労働生産性の向上が，エネルギー消費の不断の増大や失業者の増加
を不可避的に伴うことである。したがって資本主義経済は，生産性が向上する
ほど，環境対策や福祉政策のために必要な財源を確保しなければならなくなる。
その手段は，いうまでもなく，絶え間ない「踏み車」のような経済成長の「自
転車操業」的な継続なのである。そして資本主義経済である限り要請される経
済成長の継続は，結局のところ化石燃料を中心としたエネルギーの消費増大を
伴う。たとえ「エコ近代化」によって省エネが進められたとしても，「生産の
踏み車」によるエネルギー消費の増大が，たちどころにその成果を打ち消して
しまうという悲観論が，シュネイバーグらの反論である[5]。

「エコロジカルな近代化」論争で見落とされた視点

　この論争は，環境版の「修正資本主義論争」ととらえることもできる。一方
で，ドイツや北欧など，環境先進国と呼ばれる国々をはじめとして，多くの先
進産業社会においては，ISO14001規格のような企業の自主的な環境改善推進
システムが導入され，「環境合理性」に沿った自主規制が，資本主義的経済シ
ステムの中で一定の成果を収めているのも事実である。しかし，これらの国々
の経済においても，環境対策や福祉政策の財源調達と，それによる政治的正当
性を維持するためには，今もって経済成長の追求が至上命題であり続けている
のもまた事実である。その意味では，「生産の踏み車」論が厳然たる現実の一
面であることは否定しがたい。かつての修正資本主義論争との一番大きな違い
は，「生産の踏み車」論には，かつての「社会主義革命」のような有効な代替
案が示されていないことである。階級対立が，福祉政策などの資本主義社会の

修正で解決しうるかをめぐるかつての論争では，批判側の根本的な選択肢とし
て，「社会主義革命」がありえた。しかし，「生産の踏み車」論には，「エコ近
代化」論に代わる対案は示されていないのである。

　環境問題は，利潤増大の原則にのっとった資本主義経済が，「外部不経済」
を放置するために深刻化したというのが「伝統的な」マルクス主義の環境問題
観であった。しかしながら，ベルリンの壁の崩壊後に明らかになってきた旧社
会主義社会の現実，とりわけ市民や環境運動の監視の目がないまま長期にわた
って蓄積された環境破壊の惨状は，従前の環境問題観を覆した。資本主義に由
来するとされてきた環境問題は，社会主義によっても解決することはできない
という現実を，西側社会の社会主義政党も認識せざるを得なくなった。したが
って，1990年代に誕生したヨーロッパの中道左派政権は，より現実的な選択肢
としての「エコ近代化」に希望を託したのである。シュネイバーグらは，「エ
コ近代化」が解決になりえないことは示しても，それに代わる社会モデルを示
すことはなかったのである。だとすれば，「エコ近代化」は，現状での数少な
い環境政策の選択肢として評価せざるを得ない。

　とはいえ，シュネイバーグらも十分検討していないいくつかの点から，さら
に「エコ近代化」論を批判的に検討する余地がある。第1は，「エコ近代化」
は，エネルギー効率，温暖化対策，廃棄物，有害化学物質などに要素化，部分
化されて実行される環境管理の制度化だという点である。要素化，部分化され
た環境管理が，前節で述べたように，どの程度実効性があるのか，それとも
「環境にやさしい」というポーズを消費者に提示し，消費を促すための経営戦
略（「グリーン・ウォッシュ」）ないし「環境イデオロギー」の性格が強いのかと
いう点である。いいかえれば，経済システムにとって，何が「エコ近代化」を
推進する動機づけや誘因になっているのかという問いである。バトル（Buttel,
2000：62）やソンネンフェルド（Sonnenfeld, 2000）も指摘するように，「エコ近
代化」が実効性を持つためには，ラディカルな環境運動の存在が必要なのであ
る。その点が，モルやスパーガレンの議論には欠落している。

　第2は，「エコ近代化」論で主として問題にされるのは，資源・エネルギー

消費，CO_2 や有害化学物質の排出などの物的タームにおける環境負荷であって，それが地域社会にどのように配分されるのか，労働災害や公害被害などをどのような人々が受けるのかといった，「環境正義論」や「被害（構造）論」（飯島，1984；舩橋，2001）の側面がほとんど問題化されないことである。この配分の問題に加えて，CO_2 や有害化学物質といった環境負荷や環境リスクが，どのような問題性を持つものと市民が認知したり定義づけしたりしているのかについても，顧慮されることはない。したがって，エネルギー効率など，ほぼ議論の余地のない環境改善項目については，社会的合意がありうるが，社会的論争の余地のあるリスクの選択（たとえば CO_2 か原発か）について，何が「近代化」なのかについては，より広範な公共圏における検討が必要となる。

第3は，「エコ近代化」が語られる領域は，主として先進国の工業生産部門であり，「緑の革命」，遺伝子組換え作物，熱帯林伐採といった農林業における環境破壊や，途上国における鉱山開発，核廃棄物投棄，海面上昇等による先住民やマイノリティ住民のといった，主として途上国における「低認知の環境問題」への顧慮が払われていない点である。別の角度からいえば，「エコ近代化」は，市場経済領域における環境負荷の改善に主として着目しているが，途上国の自給的農業，（遺伝子組換え種子の「知的財産権」の主張により侵害された）種子の権利，貨幣経済に取り込まれていない生業基盤としての森林や河川といった「非市場的領域」の問題をおおむね看過している。

5　環境リスク社会における「環境正義」運動の可能性

制度化の両義性を超えて

「環境社会」に向けた社会変動，すなわち，「経済の合理性」から「環境合理性」へのシフトを考察するとき，この間の一定の進展，「制度化・政策化」の進行に伴い，再考すべき諸問題について述べてきた。

問題点の第1は，かつてのコモナーのような，産業社会の合理性に全面的に対決する「エコロジーの原理」が「政策課題」としてより要素化，部分化され，

数値化された達成目標へと変換されるに従い，「環境合理性」自体が変容，多様化し，市民感覚からすればおよそ「環境合理的」とはいえない政策（たとえばCO₂削減のための原発建設），いわば「環境言説を用いた環境破壊」さえ登場することになったことである。これを，初期の「エコロジー運動」にみられる「環境ユートピア」的言説と対照的な，「環境イデオロギー」と性格づけたが，「環境合理性」の「制度化・政策化」は，こうした両義的性格を持っている。それは，一方で「エコ近代化」や再生可能エネルギー推進政策をもたらすが，他方で，通常の環境主義者からみれば受け入れがたいリスキーな新技術を「環境」の名のもとに推進しもする。

　こうした両義性，あるいは「制度化」の陥穽を乗り越え，「環境合理性」に関する公論形成の場が再び活性化する条件は，バトルらも指摘するように，ある種の「環境運動の再生」であろう。それは，必ずしも初期の「ユートピア的」な環境運動と同じである必要はない。むしろ，今日的な環境問題の本質，すなわち，環境リスクの解釈や定義づけの多様化や，環境問題のグローバルな本質を問い詰める環境運動の重要性が増大していると思われる。

　ベックのリスク社会の定義に，再度注目されたい。リスク社会とは，富の生産よりも，「リスクの生産，配分，定義づけ」が，より大きな社会的争点になる社会である。「エコ近代化」のような環境管理政策が，主として追求してきたのは，これらのうち「環境リスク（や環境負荷）の生産」（の削減）だけである。配分や定義づけの問題，とりわけそのグローバルな文脈の問いかけは，先進国中心の環境配慮型生産としての「エコ近代化」の範囲を超えた，社会的経済的政治的問題を孕んでいる。では，「配分」と「定義づけ」に焦点を合わせた今日的環境運動は，どのように現出しているのであろうか。

リスクの配分と定義づけをめぐる「環境正義」運動

　環境リスクや環境負荷の配分と定義づけをめぐる問題は，これまで「環境正義」論や「環境リスク論」が取り組んできたテーマである（寺田，2016）。

　環境負荷やリスクの不公正な配分が問題化したのは，周知のように，1982年

にアメリカのノースカロライナ州ウォレン郡のアフリカ系住民居住地区にPCB廃棄物処分場が建設されたことである。地域住民とともに反対運動に立ち上がったアフリカ系のフォントロイ下院議員が議会の調査機関を通じて調べたところ，有色人種の居住地域に廃棄物施設が不均等に多く存在する事実が判明した。こうした配分の不公正性を，アフリカ系の環境社会学者，ブラード（Bullard, 1990）らが，「環境（不）正義」「環境人種差別」として問題化させた。1991年には，「公民権運動」のワシントン大行進に比すべき，「第1回全米有色人種環境リーダーシップサミット」が開催され，1994年には，クリントン大統領による環境正義のための「大統領令12898号」が公布され，少数人種地区における化学工場の集中などが規制されるに至った。

シュロスバーグ（Schlosberg, 2004；2007）は，環境正義を，「配分的，手続き的，認知的」という3つの局面に分節化する。「公民権（人種差別撤廃）運動」の環境版ともいえるアメリカの環境正義運動は，主として，有害廃棄物や化学工場などの有色人種居住地域への偏った「配分」の不公正性の是正要求から出発した。しかしなぜそのような配分の不公正性を招いたのかについての原因を探れば，そもそも環境負荷やリスクの配分に関する意思決定に平等な参加が保証されていないという問題に行きつく。アメリカのマイノリティ住民のみならず，日本などにおける産業公害被害者，ダムなどの大型公共事業の被害者，途上国の森林伐採や収奪的農業の強制（「緑の革命」，遺伝子組換え種子の使用）など，多くの環境破壊や健康被害の原因となった開発行為などについて，ほとんどの場合被害者はその意思決定過程に参加することを認められてこなかった。それが，環境正義の「手続き的（あるいは参加的）」な側面である。

最後の「認知的」（recognition）側面とは，途上国の熱帯林伐採や鉱山開発などにおいてしばしば問題となる，そこに暮らす先住民や少数民族の文化や聖地に対する存在認知，尊重を意味する。少し広げていえば，社会的に不利な条件のもとにある人々が体験する環境問題は，一般社会にはほとんどその存在や問題点が知られていない場合が多い。先住民の聖地の破壊，遺伝子組換え作物による在来種子の喪失などがその例である。別の表現でいえば，環境問題がどの

ような意味で深刻な問題なのかについて，「意味づけ」をする権利の問題ともいえる。

　シュロスバーグ（Schlosberg, 2013）やウォーカー（Walker, 2012）は，近年「環境正義」を運動目標に掲げる環境運動が，世界各地に拡大していることを分析している。台湾の先住民の島での核廃棄物，インド農民の遺伝子組換え綿栽培による借金と自殺者の急増，イギリスの労働者階級地区での廃棄物処分，ガーナの金採掘（水銀汚染），オーストラリア先住民の水利権など，ウォーカーによれば，少なくとも37カ国に広がっている。シュロスバーグはこれを，1つには環境正義の「水平的（地理的）拡大」ととらえるが，もう一面で，彼が「垂直的拡大」と呼ぶ，グローバル化した環境問題の構造に組み込まれた環境正義の意味の深化という視点からも分析している。前者が，さまざまな社会経済的格差や意思決定への参加の欠如にもとづく不公正な配分が，アメリカの「環境人種差別」のみならず世界各地に存在することへの気づきであるのに対し，後者は，モンサント社のような巨大企業や多国籍企業と途上国農民の圧倒的な力の差を背景にした遺伝子組換え種子の半強制的な採用，[6] 先進国から途上国に輸出された余剰水銀を用いた小規模金採掘による水銀汚染[7]といった，今日の環境問題のグローバルな本質を俎上に載せるものである。これらの新しい環境正義運動は，先進国を中心とした「エコ近代化」的な環境問題の「政策化・制度化」の限界を打破する上で，大きな意味をもつであろう。

　もう1つの論点は，環境リスクの「定義づけ」をめぐる議論である。環境リスクの「定義づけ」は，これまでシュレーダー＝フレチェット（1991＝2007）が「素朴実証主義」と表現する，自然科学的に数値化された評価が主であった。すなわち，環境リスク（R）は，発がん性や原発事故の発生のような本来の有害性，ハザード（H）に，暴露率や事故の生起確率（P）を乗じた数値として表される（$R = H \times P$）。しかし，今日の環境リスクや健康リスクは，低線量の放射線，遺伝子組換え作物，環境ホルモンのように，そもそも本来の有害性が科学的に未解明のものが多い（不確実性リスク）。それと同時に，ひとたび事故や汚染が生じれば，放射能汚染や遺伝子情報の汚染は，容易に元に戻すことが

できない（不可逆的リスク）。とりわけわれわれが2011年の福島第一原発の事故以降体験した，こうした今日の環境リスクの科学的不確実性や影響の不可逆性を前提にすれば，既知の環境リスクや定まった社会的評価を前提にしたこれまでの「素朴実証主義」的環境リスクの定義づけは，すでに社会的な妥当性を失っている（寺田，2016：第1章）。

　翻って，今日の環境運動を見るとき，従来からの被害補償や建設阻止型の運動に加えて，ハニガン（1995＝2007）の社会構築主義の観点からより的確に分析されるような「リスクの定義づけ」をめぐる「問題構築」型の環境運動の重要性が増大している。いいかえれば，「制度化・政策化」の過程で所与あるしは自明とされた環境問題やリスクの定義づけや社会的問題性（だれにとってのどのような環境問題か）の再定義が，そこで問われているのである。この半世紀にわれわれが見てきたのは，大雑把にいえば，先進産業社会における環境改善や「エコ近代化」の進展と，途上国への「公害輸出」や環境負荷の転嫁であった。そうした現実が，残念ながら，先進国の環境問題の「制度化・政策化」の「内実」であった。それらを再度問い直し，狭義の（先進国の工業部門における）「経済と環境の両立」ではなく，南北問題，先住民の文化やサブシステンス経済なども含めたグローバルな社会正義と持続可能性を両立されるための環境運動の再活性化が，「環境正義」の水平的，垂直的拡大であり，それを介した環境リスクの再「定義づけ」であるといえよう。

　注
(1)　核分裂反応が，CO_2 の排出を伴わずに莫大なエネルギーを放出するのは真実であるが，ウランの採掘，製錬，濃縮，輸送，原子炉の建設，維持管理，使用済み燃料の処理処分等に要する化石燃料については言及されないことが多い。同様に，「農薬を減らす」ことを大義名分として，Bt菌（微生物農薬）遺伝子や除草剤耐性遺伝子を組み込んだ遺伝子組換え作物が導入された事例においても，結果的に耐性をもつ害虫や雑草の繁茂といった失敗や遺伝情報のかく乱などが危惧されている。
(2)　「予防原則」は，周知のように，1992年のリオデジャネイロの「地球サミット」における「リオデジャネイロ宣言」の第15原則であり，科学的不確実性を理由として

規制を滞らせることがないよう定めている。続く2002年のヨハネスブルク会議において，より知名度は低いが，2020年までに化学物質リスクを最小化することをめざした国際行動計画である「国際化学物質管理への戦略的アプローチ（SAICM）」が採択された。2007年には，EU（欧州連合）において，予防原則にもとづき，すべての市場で流通する化学物質について事前に企業に安全データの提出を求め，広く情報公開する「REACH規制」が施行された。

(3) 温暖化対策としての原発建設，遺伝子組換え作物については注(1)を参照。2000年前後のごみ焼却場におけるダイオキシン生成の問題で，焼却を削減するのではなく，多くの場合，大型炉で連続燃焼させ，ついでにごみ発電によってエネルギー回収をする方法がとられた。そのために必要なごみの量を確保するため，東京23区などでは，プラスチックが「不燃ごみ」から「可燃ごみ」へと扱いが変更された。「環境保全」を根拠として，原発，遺伝子組換え作物，ごみの大型焼却炉などが推進されることは，「環境イデオロギー」の典型的事例だと考えられる。

(4) 福島第一原発事故後の2011年9月7日の読売新聞の「展望なき『脱原発』と決別を」と題された社説においては，日本が国際的にプルトニウム利用を認められていることは，「潜在的な核抑止力として機能している」と書かれている。

(5) 社会主義を志向する政党の存在するヨーロッパで「エコ近代化」論が台頭し，社会主義政党が実質的に存在しないアメリカで，マルクス主義に依拠した「生産の踏み車」論が展開されてきたのは，皮肉ではあるが十分な理由がある。トランプ政権の誕生で，アメリカはかくもあっさりと気候変動に関する「パリ協定」から脱退したが，これは，アメリカの保守主義が，環境規制のような企業の自由な活動を縛る政府や国際機関の規制を「社会主義的だ」として忌避する傾向がいかに強いかを示している。1970年代には，「大気浄化法」や「資源保全回収法」など画期的な環境法制度を具現化させたアメリカの環境行政であったが，1980年代以降，共和党のレーガン＝ブッシュ政権下などで，環境政策の後退が続いた。アメリカには，社会民主党的な「エコ近代化」が具体化する余地がなかったのである。

(6) 遺伝子組換え種子をいったん採用すると，特許を理由にした種子の自家採取の禁止により，毎年の種子を購入しなければならず，害虫や雑草の薬剤抵抗性の獲得などにより，思ったような収穫が得られなくなった農民が，経営破たんする事態がインド，メキシコ，フィリピンなどで問題となっている。

(7) その有害性により，先進国内の使用量が激減し，分別回収された水銀の多くは途上国に輸出されてきた。ところがそれらが小規模金採掘などを通じて途上国の環境汚染減となっていることが明らかになり，2013年に締結された「水俣条約」により，

途上国への水銀の輸出禁止，水銀含有製品の原則製造中止などが決められた．

参照文献

ベック，U.，東廉他訳，1986＝1998，『危険社会』法政大学出版局．

Bullard, R. D., 1990, *Dumping in Dixie : Race, Class, and Environmental Quality,* Westview Press.

Buttel, F. H., 1978, "Environmental Sociology: A New Paradigm ?," *The American Sociologist,* Vol. 13：252-256.

Buttel, F. H., 2000, "Ecological modernization as social theory," *Geoforum,* Vol. 31：57-65, Elsevier Science Ltd.

カーソン，R.，青樹梁一訳，1962＝1974，『沈黙の春』新潮社．

Catton, W. and R. Dunlap, 1978, "Environmental Sociology: A New Paradigm," *The American Sociologist,* Vol. 13：41-49.

コモナー，B.，安部喜也他訳，1971＝1972，『なにが環境の危機を招いたか』講談社．

ダーレンドルフ，R.，富永健一訳，1959＝1964，『産業社会における階級および階級闘争』ダイヤモンド社．

ダウィ，M.，1995＝1998，戸田清訳，『草の根環境主義』日本経済評論社．

エリオット，D.，田窪雅文訳，1978＝1983，『原子力の政治学——労働運動と反原発』現代書館．

舩橋晴俊編，2001，『講座環境社会学2 加害・被害と解決過程』有斐閣．

ギデンズ，A.，1998＝1999，佐和隆光訳，『第三の道——効率と公正の新たな同盟』日本経済新聞社．

ハムフェリー，C.・F. H.バトル，満田久義他訳，1982＝1991，『環境，エネルギー，社会』ミネルヴァ書房．

ハニガン，J.，松野弘監訳，1995＝2007，『環境社会学——社会構築主義的視点から』ミネルヴァ書房．

飯島伸子，1984，『環境問題と被害者運動』学文社．

キツセ，J.・M. スペクター，村上直之他訳，1977＝1992，『社会問題の構築——ラベリング理論をこえて』マルジュ社．

イェニッケ，M. 他，長尾伸一他訳，1995＝1998，『成功した環境政策』有斐閣．

コルボーン，T. 他，長尾力訳，1996＝1997，『奪われし未来』翔泳社．

ロビンズ，A.，室田泰弘他訳，1977＝1979，『ソフト・エネルギー・パス』時事通信社．

メドウズ, D. 他, 大来佐武郎監訳, 1972＝1972,『成長の限界』ダイヤモンド社.

Mol, A. P. J., 2002, "Ecological Modernization and the Global Economy," *Global Environmental Politics*, 2：2, MIT：92-115.

オコンナー, J., 池上惇他監訳, 1973＝1981,『現代国家の財政危機』御茶の水書房.

ロストウ, W., 木村健康他訳, 1960＝1961,『経済成長の諸段階――一つの非共産主義宣言』ダイヤモンド社.

シヴァ, V., 浦本昌紀監訳, 2000＝2006,『食糧テロリズム』明石書店.

Schlosberg, D., 2004, "Reconceiving Environmental Justice: Global Movements and Political Theories," *Environmental Politics*, Vol. 13, No. 3：517-540.

Schlosberg, D., 2007, *Defining Environmental Justice : Theories, Movements, and Nature*, Oxford.

Schlosberg, D., 2013, "Theorising environmental justice: the expanding sphere of a discourse," *Environmental Politics*, Vol. 22, No. 1：37-55, Routledge.

シュネイバーグ, A.・K. A. グールド, 満田久義他訳, 1994＝1999,『環境と社会』ミネルヴァ書房.

シュレーダー＝フレチェット, K., 松田毅監訳, 1991＝2007,『環境リスクと合理的意思決定』昭和堂.

スメルサー, N. J., 会田彰他訳, 1963＝1973,『集合行動の理論』誠信書房.

Sonnenfeld, D. A., 2000, "Contradictions of Ecological Modernization: Pulp and Paper Manufacturing in South-East Asia," *Ecological Modernisation Around the World : Perspectives and Critical Debates*, Arthur P. J. Mol and David A (eds.). Sonnenfeld. Portland, OR, and London, UK: Frank Cass：235-256.

寺田良一, 1994,「アメリカの環境運動における制度化と脱制度化」社会運動論研究会編『社会運動の現代的位相』成文堂.

寺田良一, 1998,「環境 NPO（民間非営利組織）の制度化と環境運動の変容」『環境社会学研究』4 号：7-23, 新曜社.

寺田良一, 2003,「産業社会と環境社会の論理――環境共生に向けた環境運動・NPO と環境政策」今田高俊編著『講座・社会変動2　産業化と環境共生』ミネルヴァ書房.

寺田良一, 2016,『環境リスク社会の到来と環境運動――環境的公正にむけた回復構造』晃洋書房.

Touraine, A., 1973, *Production de la société*, Sueil.

坪郷實, 2014,「戦後ドイツにおけるエコロジーと近代化」『ゲシヒテ』7 号：35-42,

ドイツ現代史研究会.

United Church of Christ Commission for Racial Justice, 1987, *Toxic Waste and Race, A National Report on the Racial and Socio-Economic Characteristics of Communities with Hazardous Waste Sites,* New York: United Church of Christ.

Walker, G., 2012, *Environmental Justice : Concepts, Evidence and Politics,* Routledge.

ウォーラーステイン, I., 川北稔訳, 1984＝1985, 『史的システムとしての資本主義』岩波書店.

ワイツゼッカー, E., 宮本憲一他訳, 1990＝1994, 『地球環境政策』有斐閣.

第2章
アーバニズムとネットワーク

森 岡 清 志

アーバニズムと親密なネットワークの関連をめぐって都市社会学は，長い間，議論を重ねてきた。議論の過程でさまざまな理論仮説が提示され，また有意義な知見も数多く見出されてきた。しかし，アーバニズムの概念は，ワース仮説の影響を残したまま，今に至るも雑然とした状態で放置されている。さらに，アーバニズムの効果が親密なネットワークに最もよく現れるという前提を疑いもなく受け入れ続けている。これらの点に関して検討を試みること，これが小稿の課題である。

1　アーバニズムをめぐる問題

社会変動と直接に関わりを持つ社会学の諸概念の中で，都市化という概念は都市社会学の専売特許の1つと言い得る。都市化とは，きわめて簡潔に述べるならば，アーバニズムが進行し，深化し，拡大することに伴って生ずる全体社会および地域社会の変動過程を意味する。したがって，アーバニズムとアーバニゼーション（都市化）という，この2つの概念は，隣接し，時に相似する関係にある。つまり，アーバニズムを明確にしなければ，都市化もまた明確にはならないと言えよう。ところが，日本の都市社会学は，都市化に関する議論に集中するあまり，アーバニズムそれ自体を明確にするための議論を避けてきたように思われる。それは，ワース流アーバニズム論を批判的に検討することが厄介な問題を含んでいたためである

ワース流アーバニズム論

アーバニズムとは何か。この都市社会学における中心的問いに対して最初の解を提示したのは，言うまでもなく L. ワースである（Wirth, L., 1938）。ワースはアーバニズムを都市的生活様式とした。「生活様式としてのアーバニズム」の中でワースは，生活様式を構成するさまざまな要素に言及しているが，主要な要素は，居住分化，パーソナリティ，人間関係のほぼ 3 つに集約される。なかでも人間関係における変化，すなわち第 1 次的接触の衰退と第 2 次的接触の優位を最も重視していたと言える。もちろんワースは第 1 次的接触が全体として衰退する，つまり全人格的接触を伴う長期の親密なつながりが親族，近隣，友人を問わず全体として弱まっていくと予測したが，特に近隣との親密なつながりの衰退を重視した。なぜなら近隣コミュニティの衰退が社会解体を導くかなめであると考えていたからである。

このワースの仮説的命題は，長期にわたってアメリカ都市社会学に深く大きな影響を与えた。そのためにワースが挙げた都市的生活様式の構成要素それ自体を批判的に検討する議論はなく，第 1 次的接触衰退仮説，とりわけ近隣コミュニティの衰退をめぐる仮説がもっぱら議論の対象となってきた。当然のことながら，生活様式とはそもそも何であるのか，ワースの挙げた生活様式の構成要素はそもそも妥当なのか，この点に関する議論はほとんどなされてこなかったのである。

アメリカ都市社会学が議論の対象としたのは，第 1 次的接触衰退仮説，とりわけ近隣コミュニティの衰退仮説であった。第 1 次的接触の衰退，第 2 次的接触の優位というワースの主張こそ，都市的生活様式の中心的構成要素とみなされてきたが，第 2 次的接触の優位という仮説については，あらためて調査研究をする必要もないほど明らかであると判断された。そのために第 1 次的接触衰退仮説だけが議論の対象となってきた。すなわち都市居住は直接に人間関係の変容に効果を持つのか，またそれは第 1 次的接触の衰退であるのか，この 2 点をめぐる論争の歴史がアメリカ都市社会学の流れの 1 つを形成してきたとさえ言い得る。

第2章　アーバニズムとネットワーク

　都市居住の効果と第1次的接触の衰退になぜ，そこまでこだわり続けたのか。第1の理由は，このテーマこそ，都市的生活様式すなわちアーバニズムの核心をなすテーマと考えられてきたからである。第2の理由は，ワースの言うアーバニズムが，近隣コミュニティの衰退と社会解体の進行を説明するために定立された概念であったから，第1次的接触の衰退を検証することがワースの社会解体仮説を検証することにまっすぐにつながっていると判断されたためである。第3の理由は，都市化が第1次的接触を衰退させ第2次的接触を優位にするというワース仮説が，19世紀後半から20世紀前半の社会学者に共有された危機意識に裏打ちされた仮説であったからである。F.テンニエスが論じたゲマインシャフトからゲゼルシャフトへの変容，C. H. クーリーが重視し，都市化による解体を懸念していた第1次集団の概念等々，当時の多くの社会学者は，親密で感情融合を伴うつながりこそ，社会的自我が形成され社会規範が内面化される場，その意味で社会の基盤となる場であると考えていた（Tönnies, F., 1887；Cooley, C. H., 1909）。したがってこのつながりが都市化によって破壊され，衰退し，代わって打算的で手段的なつながりが優位になってゆくことは，社会の基礎を揺るがす危機的事態，大きな社会問題と捉えられた。ワース仮説は，この時代の社会学者が共有する背後仮説に裏打ちされたものでもあった。それゆえ，ワース仮説を検証することは，ワース仮説だけを検証するのではなく，この時代の社会学者が抱いていた共通の予想を検証することでもあった。アメリカ都市社会学が長い間，このテーマにこだわり続けたのは，このような理由によっている。

第1次的接触，第1次的関係，そしてパーソナル・ネットワーク

　論争の過程で，第1次的接触は第1次的関係，第2次的接触は第2次的関係とその呼び方を変えてゆく。やがて1970年代後半に入ると，第1次的関係はしだいにパーソナル・ネットワークと呼ばれるようになる。第1次的接触と第1次的関係，第2次的接触と第2次的関係の意味内容はほぼ同義である。しかし，第1次的関係とパーソナル・ネットワークは厳密には意味内容が異なる。第1

次的関係は，対面的接触関係であり，人格的ふれあいや感情的交流を伴う長期の親密なつながりを意味する。一方，パーソナル・ネットワークは，個人を中心として拡がる人と人とのつながりを意味する。第1次的関係のような親密なつながりも含むが，それほど親密でない知人や知り合いのような人びととのつながりも含むことになる。さらに個人が直接に知っている他者とのつながり，すなわちパーソナル・ネットワークの第1次ゾーンに位置する人びととのつながりだけでなく，第1次ゾーンの人びとの知り合い，すなわち第2次ゾーンの人びととのつながりも，さらにその外側のつながり，3次，4次そしてN次ゾーンの人びととのつながりも理念上は含むことになる。この点が第1次的関係との大きな相違点である。いま1つは，第1次的関係が対面的接触関係を前提とするのに対し，パーソナル・ネットワークは必ずしも対面的接触を前提としていないという点である。対面的接触を伴わないつながりもパーソナル・ネットワークは含みうる。

　このような相違点がありながら，第1次的関係にかわる用語として，なぜパーソナル・ネットワークという用語が採用されたのだろうか。最大の理由は，パーソナル・ネットワークの実証研究の多くがネットワークの対象を家族の外に拡がる親密なつながりに限定してきた点に求められる。後に詳しく述べるが，量的ないし統計的調査によってネットワーク情報を収集する際，質問項目は家族成員以外の親密な他者とのネットワーク情報に限定せざるを得ない。実際のデータが親密なつながりに限定して収集されてきたために第1次的関係に代わる用語とされたのである。しかも，もともと第1次的関係は，概念上はその典型として家族内関係を含んでいた。家族の外に拡がる個人の親しいつながりを捉えるという視点から見ても，親密なパーソナル・ネットワークは第1次的関係に代わる，きわめて使い勝手の良い用語とみなされた。このような理由から1970年代後半以降，第1次的関係に代わる便利な用語としてパーソナル・ネットワークが急速に採用されるようになったのである。

　しかし，最大の問題は残されたままであった。アーバニズムすなわち都市的生活様式の中に，第1次的関係ないしパーソナル・ネットワークは依然として

含まれ続けていた。1970年代後半に入ると，ようやくアーバニズムとネットワークを分離する動きが芽生える。たとえば，C. S. フィッシャーは，アーバニズムを端的に都市という居住地の特質に求め，ネットワークとは明確に区別する議論を提示した（Fischer, C. S., 1975；1982）。すなわち，一定の空間における人口の集中度を都市度と考え，住民が居住地近傍で日常的に接触可能な人口量として都市度を捉えようとする。その上で都市度を独立変数とし，パーソナル・ネットワークを従属変数として，都市度の効果を測定しようとする。フィッシャーは，かれの言うアーバニズム，すなわち都市度が親密なネットワークにどのような効果を持つのか，この点を研究テーマの柱の1つとしたのである。

　アーバニズムとネットワークを分離し，さらには独立変数であるアーバニズムが従属変数であるネットワークにいかなる効果を有するのか，この点を分析の焦点とした意義は大きい。アーバニズムとネットワークを切り離した点は大きな進歩であったと言える。さらに，フィッシャーの提案はアーバニズム（都市度）のネットワークに対する効果を見るだけでなく，ネットワークの変容と都市における新しい文化の生成を結びつける理論的予測も含んでいた。この点は，マージナル・マンに注目した R. E. パーク以来のシカゴ学派の良き伝統を継承するものと考えることができる。

　そのかわり，ワースが提唱した生活様式という言葉はすっかり影をひそめてしまった。ワース流アーバニズム論も，ガンズ流社会構成派アーバニズム論も，ともによく学んでいたフィッシャーは，ワースの言う生活様式の中身があまりにも雑多な要素を含んでいるために，その中で最も重要と判断するもの（親密なネットワーク）1つを取り上げ，生活様式の構成要素とは切り離した上で，これを従属変数とする修正図式を提案したと言える（Gans, H. J., 1962a；1962b）。このように考えると，都市とネットワークを関連づける基本の図式はワースもフィッシャーも同じであり，また，親密なネットワークを関心対象とする点も同じであると言えよう。都市社会学では，今に至るも，パーソナル・ネットワークの中の親密なネットワークだけを対象としているのである。

都市的生活様式再考の必要性

　ここで問題を整理してみよう。ワースは都市という居住地の特質が直接にアーバニズムを生み出すと考えた。ただしワースの言うアーバニズムは都市的生活様式を意味し，多様な要素を含むものであった。アメリカ都市社会学では，多様な要素のうち，人間関係の変容に，すなわち，都市居住が直接に親密なつながりの衰退に影響を与えるのか，この点に特に関心を集中させてきた。1970年代末になると，フィッシャーがアーバニズムと人間関係を峻別する新しい議論を展開する。フィッシャーの言うアーバニズムはワースと異なり，大雑把に言えば都市への人口の集中度，都市度を意味する。都市度が親密なネットワークに与える効果を実証的に捉えようとしたのである。なお，ほぼ同じ時期に，B. ウェルマンが「コミュニティ解放論」を提示しているが，この議論は親密なネットワークが地域的に拡散しつつ維持されている点に注意を喚起しただけでなく，19世紀後半から20世紀前半にかけて多くの社会学者がこだわってきた同一地域内における親密なつながりの衰退を怖れる感情から，まさしく社会学者を解放するという意味を持つものであった（Wellman, B. and Leighton, B., 1979；Wellman, B., 1979）。

　いずれにせよ，問題の焦点は，都市的生活様式の概念内容にある。生活様式の概念を明確にし，その位置を定めること，この課題を達成しなければ，アーバニズムとパーソナル・ネットワークの関連も混乱したまま放置されてしまうだろう。ワースの提唱した都市的生活様式の構成要素が多様であったことも問題ではあったが，それ以上にそれらの要素のどれもが生活様式という言葉には素直になじむものではなかった点こそ，そもそも問題である。人間関係も居住分化もパーソナリティも生活に関連はするが，生活それ自体を表現する要素とは言えない。生活様式の概念を正面から検討する必要に迫られているのである。

　もう１つ留意すべきは，ワースが「生活様式としてのアーバニズム」を著した時，このタイトルには「as a way of life」と単数形の表記がなされていた点である。ワースは，都市的生活様式を１つないし１本だと考えていた。１本の垂直軸として，尺度ないし水準を表示する軸として捉えていたと思われる。

第2章　アーバニズムとネットワーク

この点では，フィッシャーの言う都市度は，ワースの主張を正しく継承していると言えそうである。ただし，ワースは，都市度の内容と類似することがらを都市という居住地の特質とし，アーバニズムとは区別している。ワースにとってアーバニズムは，あくまでも都市的生活様式なのである。

したがって第1の課題は，生活様式の概念をワースとは全く異なる形で新しく定立することである。新しく定立するといってもアーバニズムを都市的生活様式とするワースの発想，およびアーバニズムは1本であるという示唆は継承しようと思う。都市居住も都市的生活様式（アーバニズム）もともに，都市という集合的空間で生起する集合的事象である。一方，パーソナル・ネットワークは個人を中心として拡がるつながりであって，個人的事象と捉えることができる。集合的事象と個人的事象は区別されなければならない。

第2の課題は，都市的生活様式とパーソナル・ネットワークを峻別し，さらに都市と都市的生活様式（アーバニズム）の両概念を区別しながら生活様式の概念自体を再構築すること，それを通してネットワークの変容を予測すること，さらに親密なネットワークだけに対象を限定することの問題点を指摘することである。

2　専門処理と相互扶助的処理

都市，都市的生活様式，ネットワーク

都市という人間の居住地は，どのような特質を有しているのか，これまで都市という居住地に関して数多くの定義が唱えられてきた。説明したいことが異なれば，都市の定義もまた異なる。ワースの定義も，M. ウェーバーの定義も，鈴木栄太郎の定義も，D. ハーヴェイの定義もみな同様である（Weber, M., 1920；鈴木（栄），1957＝1969；Harvey, D., 1985）。ここでは，これまでの議論の流れを受け止め，かつこれから展開する都市的生活様式の議論を考慮に入れて，ワースと鈴木栄太郎の定義を援用しておくことにしたい。すなわち都市は，人口の規模において相対的に大きく，人口密度において相対的に高く，さまざま

図2-1　都市，アーバニズム（都市的生活様式），ネットワーク

な機関の集積度の相対的に高い，多少とも永続的な居住地である。簡潔に言い換えるならば，都市は人口と機関が集中・集積する居住地である。

　このような居住地において成立する独特の生活の営み方，これが都市的生活様式ということになる。すなわち都市に居住する者は，誰もが好むと好まざるとにかかわらず，同じような特質を帯びた生活を営まざるを得ない。この側面こそ，都市的生活様式と呼びうるものである。都市という居住地において成立し，都市住民であれば誰もが受け入れざるを得ない都市に独自の生活の営み方が都市的生活様式，すなわちアーバニズムである。アーバニズムをこのように考えるならば，都市という概念とは明確に区別して，都市的生活様式すなわちアーバニズムの概念を定立する必要が生じる。

　図2-1に示すように，都市と都市的生活様式は，同じく集合的事象を対象とするものの，概念的には明確に区別される。さらに，個別的事象であるパーソナル・ネットワーク（以下，ネットワークと呼称）は，この2つの概念からも明確に区別されて定立する。都市という居住地が，都市的生活様式（アーバニズム）の成立を導き，この独自の生活様式がネットワークの変容に影響する。この図式は3つの概念を明確に区別するだけでなく，都市という居住地がネットワークへ直接の効果を持つという予測を暗に否定するものとなっている。ネットワークへの効果は，都市的生活様式すなわちアーバニズムを媒介としてはじめて発揮されるということ，この図式において重要なのはまさしくこの点である。

都市の生活，村の生活

　人間の居住地は，理念的には都市と村落に大別される。ただ，現実には，都

市と村落の区別は相対的なものである。むしろ連続的に都市から村落へ，村落から都市への変化が見られることが多い。このため，理念的には，という表現をあえて用いている。

　理念的に分けられた2つの居住地においてそれぞれに独自の生活様式が成立する。すなわち都市的生活様式と村落的生活様式である。都市的生活様式は，村落的生活様式と対比しうる，都市に独自の生活の営み方である。都市という居住地の特質を，村落という居住地の特質と対比させてきたように，まずは都市と村落における生活の営み方の違いを，筆者自身の少年期の生活経験に基づいて描いてみよう。

　筆者は生後すぐから中学1年の冬休みまで，東京の山手線内側の下町で暮らしていた。都電の路線が敷かれた大通りから1本奥に入った細い裏路地に面したアパートが住居であった。住まいは狭かったが，都電の停留所へ徒歩30秒，商店街には2分というきわめて便利な場所であった。アパートの周辺は，商店や職人・勤め人の住居が混在し，木造2階の家々がびっしりと軒を連ねる街並みが続いていた。それは昭和20年代後半から30年代後半にかけて東京のインナーシティではよく見られた風景であった。夏休みに入ると毎年のように家族は約1カ月間，両親のそれぞれの生家で過ごした。アパートの小部屋があまりに暑かったからである。

　父の生家の便所は家の外にあった。もちろん水洗ではない。家に隣接して牛小屋が設けられ，カマドに薪をくべ火を起こし，井戸水を用いていた。し尿は肥料として田畑にまかれ，生ゴミは牛の餌と堆肥になり，紙はカマドの火種に用いられた。飲料水を得ることも，し尿やゴミを処理することも，家の敷地の中で済まされてしまう様子は，子どもでも目にすることができた。

　祖父はすでに隠居し，父の弟が生家のアトトリになっていたが，そのオジが夕食後に村の寄合に出かけたり，村仕事といって川の土手や村道の修理に出かけることも耳にし眼にしていた。生活を営む過程で生ずるさまざまな問題，飲料水を得ること，し尿を処理すること，ゴミの始末をつけること，これらの解決し処理しなければならない生活問題の多くが，自分の家ないし世帯において

処理されていた。自家処理されていたのである。自家処理できない生活問題，つまり共同の生活問題，たとえば川や道路や共有林の管理に関する問題などは，村人たちの相互扶助によって処理されていた。

　東京のアパートでは，共同便所に溜まったし尿が東京都のマークの付いた桶に移され，職員の手で運び出され車に積まれていた。実際には東京都の依頼を受け，し尿の処理を専業的に担う人びとが担当していたのであろうが，経費は都税によって賄われていたから，実質的には行政サービスの1つとして処理されていたと言える。ゴミは表の大通りに面して設置された大きなゴミ箱に放り込まれた。溜まったゴミは都が回収し焼却施設や埋立地に運ばれた。これもまた行政サービスによって処理されていたと言える。飲料水は都水道局によって供給され，電気は東京電力によって，ガスは東京ガスによって供給された。東京の住宅密集地では，生活を営む過程で生ずる問題の大半が自家処理できないために，行政や企業や商業機関などの提供するサービスに委ねて処理されていた。昭和20年代後半から昭和30年代前半には，このようなサービスに依存することなしに，都市生活を営むことはすでに困難になっていたのである。

　少年期の経験は，生活の過程で発生する問題を処理しなければ生活を営むことはできないということ，自家処理できないために居住地の住民にとって共同の生活問題が発生すること，その共同の生活問題の処理のしかたが都市と村落では大きく異なること，これらのことを教えている。

生活様式とは何か

　生活様式は居住地に共通の特徴的な生活の営み方である。都市には都市の生活の営み方，すなわち都市的生活様式が成立し，村落には村落の生活の営み方，すなわち村落的生活様式が成立している。居住地に共通する生活の特徴が最もよく現れるのは，生活問題の発生状況と生活問題の処理の方法である。生活は，その営みの過程でさまざまな問題を発生させる。それらの生活問題を絶えず処理してゆくことによって生活は維持され継続されている。

　村落では多くの生活問題が自家処理されていた。自家処理しえない生活問題，

すなわち共同の生活問題は住民の相互扶助によって処理されていた。村落的生活様式は，生活問題の自家処理と共同の生活問題の相互扶助による処理を原則とする生活の営み方であると言うことができる。

　都市では，生活問題の大半が自家処理できない。大量人口の高密度な集住，すなわち人口の集中する居住地であるがゆえに，各戸で各世帯で処理できる生活問題はごくわずかなものになる。飲料水を得ることも，し尿やゴミを処理することも都市では自家処理できない。それゆえに多くの生活問題が直ちに共同の生活問題となる。都市はその特質ゆえに，共同の生活問題を大量に発生させざるを得ない居住地なのである。

　では，都市ではそれらの共同の生活問題を誰がどのように処理しているのだろうか。都市は大量の人口の集中する居住地であるとともに，多様な機関が相当程度集積する居住地でもある。鈴木栄太郎の結節機関説を援用するならば，機関は行政機関，通信機関，交通機関，商業機関，技術機関，治安機関，教育機関，宗教機関，娯楽機関の9種に分かれるが，この鈴木（栄）の分類は今では相当に古くなっている（鈴木（栄），1957＝1969）。新しい分類が必要である。ただここでは，機関が結節的機能を有すること，機関は都市住民の就労場所であるとともに，都市住民のニーズにこたえるさまざまなサービスを提供している場所でもあるという，鈴木（栄）の指摘を再評価するにとどめたいと思う。鈴木（栄）は機関が人，モノ，情報の交流を結節させる機能を有することに着目した。言い換えるならば，収集し再配分する機能である。この機能を有する機関が集積するからこそ人びとが集まり都市という居住地が成立するのだと鈴木（栄）は主張した。シカゴ学派とは全く異なる視点に立って，すなわち社会問題が発生し，社会解体が進行する居住地としてではなく，正常人口の正常生活が営まれる空間として都市居住地の特質を捉える必要があった鈴木（栄）にとって，機関の結節的機能に注目することはきわめて重要な意味を持っていたと言える。

　しかしここでは，都市居住地の特質をワース流の記述も生かしながら描こうとしている。そのため機関には注目するが，鈴木（栄）とは異なり，機関の持

つもう１つ別の機能に注目しようと思う。それは，機関および職業に見る専門分化と住民へのサービス提供という機能である。

機関による専門処理

かつて G. ジンメルがパリにおいて14番目屋という商売の成立することに注目したように，大量人口の高密度な集住は，分業の急速な進展を伴って社会分化を進展させ，職業やサービスの専門分化を生み出す（Simmel, G., 1903）。機関の専門分化が進展するとともに，そこで働く人びとの職業もまた専門分化し，それに伴って機関の提供するサービスもまた専門分化する。都市は専門分化した機関，すなわち専門機関が提供する専門サービスによって，住民の共同の生活問題を処理している居住地なのである。この事態を倉沢進を援用して専門処理と呼んでおこう（倉沢，1977）。もちろん専門処理は，単独の機関ないしサービスの供給によって遂行されているわけではない。多数の機関とサービスの連携によって，つまり専門処理システムを形成することによって処理されている。すなわち都市居住地が大量人口の集中ゆえに日々発生させる大量の共同問題は，その多くが都市居住地に集積する大量の機関およびそのサービスによって，すなわち専門処理システムによって処理されているのである。村落的生活様式が共同の生活問題の住民による相互扶助的処理を原則とするのに対して，都市的生活様式は共同の生活問題の専門処理，すなわち専門処理システムによる処理を原則とする生活の営み方であると言えよう。

幕藩期の専門処理

都市化と産業化の進展とともに，専門処理システムはいっそう専門分化し，さらに複雑化し巨大化した。都市住民のこのシステムへの依存も深まっていった。本来は都市住民の共同の生活問題であったにもかかわらず，いつの間にか，住民自身の共同による処理は大幅に縮小され，専門処理に委ねることが当たり前とみなされるようになった。

専門処理への高度依存は，確かに産業型都市の成立とともに，急速に進行し

第2章 アーバニズムとネットワーク

ていったものであるが，前産業型都市においても共同問題を専門処理に委ねる
傾向は見られた。産業化以前，都市的生活様式が深化する以前から，大量人口
の集中する居住地では，すでに専門処理の導入がはかられていたのである。そ
の意味で都市的生活様式の成立過程は，都市の出現とともにその萌芽を育て始
めた長い歴史を持つとも言えよう。

　幕藩期の中期にもなると，江戸は，人口100万に達する大都市に成長してい
た。人口量の少ない小都市や村落であれば，たとえば飲料水にしても各戸で井
戸を掘り，あるいは清洌な湧水を利用して，各戸で安全な水を確保することが
できた。しかし人口の集中する江戸の下町では各戸で井戸を掘ることさえ困難
であった。仮に長屋で共同して掘れたとしても下町の多くは埋立地であったた
めに，海水混じりの，飲料水には不適な水を得ることしかできなかった。そこ
で幕府はまず上水を導き入れるための大規模な工事を実施し，この上水の水を
地中に埋めた大きな管に流すことにした。下町の住民はこの管に向けて井戸を
掘り，管の中の，ゆっくりと流れている水をすくいあげていたのである。江戸
の町においてすでに簡易な水道のごときものが作られ，下町の長屋の地下に配
水されていたということは，飲料水を得るという住民の共同の生活問題が，専
門的知識を持った幕府の役人と実際の工事に携わった職人たちの手によって処
理されていたということ，つまり専門機関によって処理されていたことを物語
るものである。しかも相当に大じかけの処理である。現代の専門処理システム
にも匹敵するような大規模なシステムがすでに幕藩期には成立し始めていたと
言えよう。

　し尿の処理もまた，江戸のような大きな城下町では専門処理の介入を必要と
した。村落では，し尿は一部を地中に染み込ませ，多くを肥料として用いるこ
とによって各戸で処理することができた。しかし都市では家々が密集している
ために各戸でし尿を処理することができない。江戸の下町の長屋では共同の便
所を持ち，そこである程度のし尿を溜めることはできたが，それも長期になれ
ばし尿が外部にあふれ，伝染病の発生や蔓延の元凶になりかねなかった。幕藩
期に形成された大きな城下町はどこでも，し尿の処理は共同の重要な生活問題

113

となっていた。

幕藩期における物資輸送の主力は水運であった。城下町が必要とする生活物資の搬入・搬出や人びとの移動にも，舟がよく用いられた。このため，城下町を築く時に城主たちは町中に計画的に水路を張り巡らしたのである。しかもこの水路は，物資や人の運搬にのみ用いられたのではない。近郊の農民が町内で溜められたし尿を肥料として購入し，舟で運び出すためにも利用されていた。長屋の住民がし尿を近郊の農民に売り，農民はそれを買い取って舟で運び出し，それによって共同便所に溜められたし尿は処理されていたのである。このために城主たちは城づくり・町づくりの段階から，大きな城下町でのし尿処理の必要とその重要性を見抜き，これに対処するために，注意深く水路づくりに着手していた。し尿の処理を見てみても，その処理には大規模な事業が必要であったこと，住民の相互扶助では到底処理できない共同の生活問題であったことが分かる。

このように幕藩期から，大都市では専門処理に委ねざるをえないような，大仕掛けの装置を用いてはじめて処理しうるような共同の生活問題が発生していた。大量人口の集住によって発生する共同の生活問題の多くが，専門機関の集積を前提として成立する専門処理システムによってはじめて処理できるようになる事態は，近世の大きな城下町においてすでにその萌芽を見せていたと言える。都市的生活様式，すなわちアーバニズム，具体的には専門処理の浸透とこれへの依存という生活の営み方は，この時代から徐々に形成され，徐々に高度化していったと思われる。

3　アーバニズム——都市的生活様式

生活様式としてのアーバニズム

これまでの論述から明らかなように，ワースを継承して，ここではアーバニズムを都市的生活様式としよう。しかし，その内容は，ワースとは異なる。都市的生活様式は専門処理への高度依存を自明のこととする生活の営み方を意味

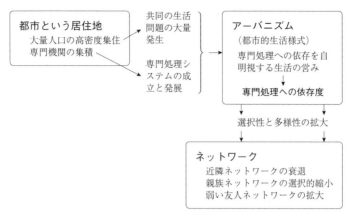

図 2-2　アーバニズムのネットワークに対する効果

する。すなわち，アーバニズムは，専門処理への高度依存であり，依存度の高度化・深化である。

　図 2-2 に示すように，都市という居住地は，相互扶助では処理できないような共同の生活問題を大量に発生させる。一方，都市という居住地は人口の高密度集住と専門機関の集積を前提として共同の生活問題を専門処理するシステムを成立・発展させる。その結果，共同問題の専門処理を自明とみなすような生活の営み方，すなわち専門処理への高度依存という生活様式が成立する。アーバニズムは，この都市的生活様式の水準を意味する。繰り返し述べるならば，アーバニズムは専門処理ないし専門処理システムへの依存度である。専門処理への依存が深まれば深まるほど，あるいは専門処理システムが高度化すればするほど，アーバニズムの水準もまた，上昇する。

選択性・多様性の拡大

　専門処理システムが高度化することは，システム内部の専門分化が進展し，処理の効率性が高まるとともに，多様なサービスが供給されることである。都市住民は多様なサービスに選択的に接近することができる。

　他方，サービス供給の担い手たちも多様である。多様な職種に分化し，それ

ぞれの職種に社会的背景を異にする多様な働き手が従事している。都市住民の社会的構成が多様であるのは，社会的背景を異にする大量の人口が集中する結果ではあるが，働く場所を求めて都市に集まり専門処理システムをその内部で支えている人びと，すなわち専門機関の就労者たちの構成がそもそも多様であることに由来する結果でもある。すなわち専門処理システムの高度化は，都市で働く人びとの多様化に直結している。アーバニズムは都市の人口構成の多様化を導くと言えよう。

　いま1つ，専門処理システムの高度化は，システムが提供する専門サービスの多様化とも結びつく。多様なサービスが提供されてはじめて，都市住民はそれぞれの生活課題に応じて，あるいはそれぞれの生活設計に応じて，そして時には自らの嗜好性に照らしてサービスを選択することができるようになる。都市住民はサービスの選択的利用を通して自らのライフスタイルを形成している。このようにしてアーバニズムは多様性と選択性の拡大を導く。同時にこのことは，親密なつながりの中で多くの生活課題を処理せざるを得なかった状況が変化することでもある。都市住民は親密なつながりに依存していた生活から，専門処理システムに依存しつつ多様なサービスを選択的に享受する生活へと転換するようになる。

近隣ネットワークの衰退と親族ネットワークの選択的縮小

　アーバニズムの水準の上昇，専門処理への依存度の高度化に伴って親密なつながりは変容する。それは，まず近隣ネットワークに現れる。住民の相互扶助によって居住地の共同の生活問題を処理していた時には，近隣ネットワークおよび近隣コミュニティの存在は，住民の生活と密接に関連していた。これらのつながりを維持し，これらのつながりの中で日常的にも非日常的にも住民間の支援の交換を行う必要があった。

　ところが専門処理システムが高度化し，住民の共同の生活問題が専門処理に委ねられるようになると，相互扶助の場面は大幅に縮小する。道路や公園，小学校の維持・管理が行政の仕事となるだけでなく，住民の集会所の管理でさえ

行政に委ねられるようになる。住民が相互に接触し，助け合い，あるいは相談し合う場面がなくなってゆく。やがて，大部分は専門処理に委ねるとしても，居住地の共同の生活問題の中には住民自身で処理したほうが良い問題が残されているのではないかという疑問さえ消失してしまう。いまや大都市において居住地における相互扶助的活動はほとんど見られなくなってしまった。アーバニズム，すなわち専門処理への依存度が高まるほど，近隣ネットワークと近隣コミュニティは衰退に向かうと言えよう。都市という居住地の特質が直接に近隣コミュニティの衰退を導くのではない。アーバニズムすなわち都市的生活様式を媒介としてはじめて，近隣コミュニティの衰退に結びつくという点が重要である。

　アーバニズムは親族ネットワークにも影響を与える。専門サービスの多様化，交通機関の発達は，相伴って親密な親族ネットワークの規模ないし量を縮小させる。これまで幅広い親族ネットワークの中で実践されてきたさまざまな支援の交換は，専門サービスに代替されるようになる。たとえば結婚式や葬式などの儀礼の場面もその1つに挙げられるだろう。いずれの場面でも親族は式の準備や招待客あるいは訪問客の接待において中心的役割を果たしていた。しかし今ではそれらは専門の業者の仕事となり，また親族に代わって職場の人びとの担う仕事となっている。

　交通機関の発達，空間移動の日常化は親族の居住地の拡散を導く。遠方に居住する親族との接触頻度は，通信手段のめざましい革新をみたとしても，低下せざるを得ない。その結果，きわめて近親の，すなわち親と子，キョウダイとのつながりは残るものの，オジ，オバ，イトコなどの拡大親族とのつながりは大幅に縮小する。近くに住んでいたり，あるいはお互いに気が合ったりする拡大親族とのつながりのみとなる。親族ネットワーク，とりわけ拡大親族ネットワークは選択的なつきあいに移行する。こうして親族ネットワークの規模および量は選択的に縮小することになる。ただし近親とのつながりは，物品・金銭の貸借，育児・看護・介護などの実際的支援をはじめ，相談や会話などの情緒的支援を交換し合う互助関係として，いわば最後の拠り所として維持されるこ

とが多い。もとは同じ家族の成員であったという情緒的結合にも基礎づけられている。このためアーバニズムが高度化し，親族ネットワークが縮小しても，近親のネットワークは機能し続けるものと思われる。

新しいアーバニズム概念の効用

前述のように，都市的生活様式は，専門処理システムに高度に依存することを自明とみなす生活の営み方であり，アーバニズムは専門処理への依存度である。では，この新しいアーバニズム概念は，どのような利点を有するのだろうか。

第1に，近隣ネットワークおよび近隣コミュニティの衰退と親族ネットワークの選択的縮小をよりよく説明することができるようになったという点である。ワース流アーバニズム論は，都市的生活様式の内容に混乱が見られたために，また親密なネットワーク（第1次的接触）の衰退を都市的生活様式の構成要素に含めてしまったために，アーバニズムとネットワークを結びつけることができず，都市居住地の特質が直接に近隣コミュニティの衰退に帰結するという説明を展開せざるを得なかった。これに対し，アーバニズムの新しい概念は，都市居住が都市的生活様式（アーバニズム）を媒介として近隣コミュニティの衰退に効果を持つことを明確に説明することができる。その上で，近隣コミュニティの衰退に歯止めをかけ，住民自治の活性化をうながす自覚的な取り組みが必要になることを示唆するものとなる。この点が新しいアーバニズム概念の利点の1つである。

第2に，都市化，アーバニゼーションという概念の拡充に貢献しうる点である。これまで都市化は，都市への人口の集中と機関の集積を意味する概念として，また，これに伴う社会変動の過程をも含意する概念として取り扱われてきた。言い換えるならば，都市という居住地がその特質を強化することによって生ずる社会変動を意味する概念であったと言えよう。

しかし，アーバニズムの概念を新しく規定し直すと，アーバニズムが高度化ないし深化することも都市化の概念に含めることができるようになる。専門処

理への依存度をアーバニズムと規定するならば，その高度化・深化を都市化の一側面とみなすことができるからである。都市化は居住地の特質に見られる都市化と，生活様式に見られる都市化の2つの側面を持つと考えることができる。

ところでアーバニズムは，高度化し深化するという性質とともに，拡大するという性質も併せ持っている。つまり，専門処理に依存するという生活の営み方を，全国に拡大させるという特質を持つのである。大都市から中核都市，小都市そして農山村部へとアーバニズムは伝播する。生活におけるアーバニズムの伝播であり拡大である。今や専門処理に依存する生活は，程度の差はともかく，全国に拡大している。アーバニズムの全国的拡大という側面も都市化の重要な一側面と考えられる。都市への人口集中と機関の集積だけではなく，アーバニズム（都市的生活様式）の高度化・深化，そしてその拡大という側面も都市化概念に加える必要があるだろう。

都市化は都市居住地の特質にのみかかわる概念ではない。アーバニズム（生活様式）の高度化・深化と拡大にもかかわる概念である。このように都市化概念を拡充することによって，都市型社会と呼ばれる現実をよりよく理解できるようになる。都市居住地の特質という面では，反都市化ないし負の都市化といえるような変化を示す居住地でも，すなわち人口と機関の減少に直面している居住地でも，アーバニズムの高度化・深化という面では，すなわち専門処理への依存の深化という面では正の都市化を示す居住地は，全国に少なからず存在する。これらの居住地における都市化過程を都市化の2つの側面，つまり人口と機関における負の都市化，アーバニズムの浸透という正の都市化がからまり合う変動の過程として捉える視点を用意することができる。

第3の利点は，専門処理システムの発達とこれへの住民の依存の深化を関心対象とすることによって，処理システムの有する問題点ないし限界を明確に指摘することができるという点である。同時に，行き過ぎた依存からの脱却の方途を模索できるようになる。専門処理システムはその発達の過程で，専門分化し，複雑化し，巨大化し，不透明さを増大させている。複雑さを増し巨大になればなるほど処理過程の不透明性が高まる。その一方で，問題処理の効率性と

サービスの多様性は高まる。便利で使い勝手の良い多様なサービスが素早く，次々と住民に提供されるようになる。

　共同の生活問題の１つに，安全な飲料水を確保するという住民にとって重要な生活問題がある。飲料水の供給は，巨大な専門処理システムの一部，すなわち飲料水の供給をミッションとする下位システムにおいて実践されている。ただしこの１つの下位システムをみるだけでもその処理過程は巨大で不透明である。ダムから吸水した水を都市近郊に運び，消毒後に水道水として水道管に流すまでの過程も巨大で複雑であるが，さらに都市部の地下に張り巡らされた膨大な量と長さにわたる水道管の維持・管理が加わる。住民が接するのは，あるいは住民に見えるのは，水道管の端末部分だけである。

　井戸水と比べれば確かに水道は便利である。処理システムにとっても水道は大量の住民に効率よく飲料水を供給することのできる最適な処理方法である。水道は都市住民が生活を営む上で不可欠ではあるが，巨大で複雑なシステムとなり，その処理過程は住民にとって不透明である。さらに，飲料水としての安全の確保という観点から，処理過程における住民の関与をできるだけ少なくしようとする。この点だけを見れば水道はきわめて特殊なシステムと言えよう。ただし，注意しておきたいことは，住民の関与を最小限にとどめようとする傾向は専門処理システム全体に見られるという点である。特に行政システムにおいて，この傾向が根強く残っている点は問題である。早急な改善を要するものであろう。

　水道という１つの処理システムを例にして，巨大さ，不透明さ，住民の関与の少なさを指摘したが，もう１つ，潜在的副次的機能の捨象と単独機能の特化という問題点を挙げておこう。井戸水を用いている時には，井戸の周りに住民が集まって洗い物をしながら，よもやま話に興ずる井戸端会議がよく開かれていた。井戸は住民間のコミュニケーションを活性化させる機能を含み持っていたのである。水道は，井戸のこの潜在的で副次的な機能を見事に切り落とし，飲料水の供給という単独の機能を実に効率よく果たすことになった。専門処理システムは，このような潜在的副次的機能を至る所で消滅させたのである。

専門処理システムは，さまざまな問題を抱えている。住民の関与を最小限に抑え込もうとする傾向など，重要な問題も含まれている。一方，都市生活は専門処理システムに依存しなければ今や生活を十全に営むことさえ困難になっている。都市生活は基本的には専門処理依存にならざるを得ない。では何が問題であるのか，本来は専門処理が不適な共同の生活問題の領域も，専門処理に委ねられてしまっている点が問題の焦点である。住民の側からすれば行き過ぎた専門処理への依存，システムの側からすれば行き過ぎたサービスの供給ということになる。専門処理システムの限界を突破するには，このシステムの内部において住民自身による処理が望ましい部分に住民の参画を導入し，最適な処理システムの形成へ向けて絶えずシステムを更新してゆくことが必要である。

4　親密なネットワークからの解放

アーバニズムは，親密なネットワークに対してのみ，その効果を発揮するのだろうか。親密なネットワークの外側に位置づけられ，それほど親密ではないネットワークととりあえずは表現せざるを得ないようなネットワークの方が，むしろアーバニズムの効果をよりよく表しているのではないか。アーバニズムの高度化によるネットワーク量の変化や支援の内容の変化が，親密ではないネットワークにあらわれる可能性を少しずつ探ってゆくことにしよう。

親密なネットワークへのこだわり

19世紀後半以降，長い間，多くの社会学者が親密なつながりに対し，強い関心を抱き続けてきた。F. テンニエス，C. H. クーリー，そして L. ワースに至るまで，感情融合を伴う長期の親密なつながりが人びとの安定した人格形成の基礎となり，社会の基盤となっていること，その基盤がそこなわれ親密なつながりが衰退してゆくことは社会にとって重大な危機的事態であり，社会解体に結びつくものであること，このような認識が共有され継承されてきた。親密なつながりに対して強いこだわりを持ち，社会解体と結びつきやすい近隣コミュニ

ティの親密なつながりの衰退に対して高い関心を抱くことは，当時の社会学者にとっていわば常識であったと言える。

　1950年代以降，この強いこだわりは徐々に薄まってゆく。現実の都市社会がワースが怖れたほどには社会解体的状況に立ち至っていなかったからであり，急激な人口の増加に歯止めがかかってきたからである。しかし，親密なつながりは調査研究の対象であり続けた。ワース仮説を検証するには，親密なつながりの変容に関心を集中させ，親密なネットワークに関する情報を収集する必要があったためである。

　一方，1950年代後半から始まる社会的ネットワーク研究においても，収集するネットワーク情報は，親密なネットワークにかかわる情報に限定される傾向があった。そして今も，この傾向は変わらずに続いている。社会的ネットワークからパーソナル・ネットワークへと名称に変化は見られたものの，対象としてきたのは，一貫して親密なつながりのみであった。前述のようにパーソナル・ネットワークは，個人を中心として拡がる人と人とのつながりを意味し，親密なつながりだけを指示するものではない。親密なつながりはパーソナル・ネットワークの中のごく一部分にすぎない。にもかかわらず，なぜ親密なつながり，親密なネットワークにのみ対象が限定されてきたのだろうか。19世紀後半から1950年代に至るまで社会学者を捉えてきた強いこだわりはすでに過去のものとなったはずであるのに，なぜ対象は親密なネットワークに限られ続けてきたのだろうか。

　大きな理由は4つある。第1の理由は，都市社会学ではワースの第1次的接触衰退仮説を検証するために，親密なネットワークの変容に関心を集中させざるを得なかったからである。

　第2の理由は，人びとの意識や行動に影響を与えるのは，ネットワークの中でも親密なネットワークにちがいないという判断が働いたからである。たとえばE.ボットは夫婦それぞれに有する親密なネットワークと夫婦の役割関係の関連を明らかにしたが，この場合も親密なネットワークの密度が夫婦の役割関係の形成に影響を与えるだろうという予測を前提としている（Bott, E., 1957＝

第2章　アーバニズムとネットワーク

1971)。ボットは，夫婦と親密な他者とのネットワークだけでなく，親密な他者同士のネットワークも調べ，ネットワークの密度を計測した。この密度が夫婦役割関係に関連することを見出した点にボットの研究の成果が集約されている。このように，親密なネットワークに対象を限定することによって大きな成果を得た先行研究にならって，以降のネットワーク研究者もこれに準ずるようになった。もちろん，例外はある。J. ボアセフェインのように友人の友人を対象としたり，M. S. グラノヴェターのように接触頻度の低い「弱い紐帯」に注目し，この紐帯が転職時に果たす役割を明らかにした研究を挙げることもできる (Boissevain, J., 1974 ; Granovetter, M. S., 1977)。しかし，研究の多くは，親密な紐帯のみを対象としていた。

　第3の理由は，調査研究におけるデータ収集の困難さにある。親密なネットワークに関する情報は，調査データとして比較的容易に収集できるが，親密とは言えないネットワークに関する情報の収集はきわめて困難である。たとえば対象者に対して，「あなたが親しくつきあっている親戚の方を挙げてください。」「あなたの親しい友人は何人いらっしゃいますか。」などと問い，対象者から回答を得ることは比較的容易である。しかし，「あまり親しくない親戚の方を挙げてください。」「あまり親しくない友人は何人いらっしゃいますか。」「少し親しい知人といえる方は何人いらっしゃいますか。」などと問うても，対象者は回答に窮するにちがいない。親密とは言えないネットワーク情報をデータとして収集するのは，きわめて困難なのである。親密なネットワークに限定してこれまで調査研究が行われてきた最大の理由は，この点にあるとも言える。

　第4の理由は，親密ではないネットワークを仮に調べるとしても，そこから何を明らかにするのか，この点がまだ明確に語られてはいないためである。親密ではないネットワークを対象とすることにどのような意義があるのか，この問いに答え，研究全体を貫きカバーするようなパラダイムも理論仮説もまだ提示されていない。きわめて少数の研究において，親密ではないネットワークを対象とする限定された意義が見出されているに過ぎない。たとえば，前述のグラノヴェターやボアセフェインの研究である。ボアセフェインは，対象者が問

123

題を抱えている時に，対象者の直接の友人ではなく，対象者とは面識のない，友人の友人を，直接の友人に依頼して動員してもらい，問題の解決を図るケースが，マルタ島の住民にはよくみられると言う。自分の友人が，資源となり得る友人をどの程度持っているのか，このことが非日常的問題に対処する上で重要になる。そのようになる社会的脈絡を明らかにするために，ボアセフェインは，対象者にとって親密ではない他者，つまり友人の友人としてパーソナル・ネットワークの第2次ゾーンに位置づけられる人びとと，その人びとが有するネットワーク情報を収集したのである。このように個別の研究では，テーマや対象地ごとに，親密ではないネットワーク情報を収集する意味は明らかになっている。しかし，個別の研究を貫いて意味を与えるようなパラダイムも理論仮説もいまだ形成されていないと言えよう。

年賀状調査──弱い友人ネットワークの発見

　年賀状をデータ・ソースとして，それほど親密ではない人びととのネットワーク情報を収集しようと試みた調査研究がある（森岡，2001；2008）。この調査研究の主な目的は，親密なネットワークも親密ではないネットワークも含めたパーソナル・ネットワークの時系列的変化，とりわけネットワーク編成の変化を捉えることに置かれた。量的統計的調査で用いる調査票では，調査時点における親密なネットワーク情報を収集するほかなく，数十年にわたるネットワークの変化に関する情報や親密ではないネットワークに関する情報を収集することはできない。したがって，毎年，幅広い人々の間で交換され，かつ保管されている年賀状を手がかりとして，年賀状を交換する人びととのネットワークを聴き取る事例調査を実施したのである。時系列的変化を追うために対象者は男性の高齢者に限定されている。また，対象者の居住地は東京近郊である。ここでは3人の退職男性高齢者の事例から得られた知見を整理しておこう。なお，3事例の退職後の年賀状総数は，62〜640枚と幅広く分散している。事例Aが62枚，事例Bが640枚，事例Cが151枚である。

　第1に，対象者のネットワークは，対象者自身の分類に従うと，親族，会社

関連，友人・知人の3カテゴリーにほぼ大別された。ただし，会社関連のネットワークと友人・知人のネットワークには重複がみられる。たとえば親しくつきあっていた同僚や会社のクラブでの仲間などは，友人・知人のカテゴリーに入れられている。第2に，親しさの程度によって年賀状を分けてもらうと，3事例ともに，親密，ある程度親しい，親しいとは言えないの3つに区分した。時に区分の境界線上に位置するネットワークもみられた。第3に，ライフコース上の出来事を契機としてネットワークはしばしばその編成を変えていた。とりわけ就職，結婚，転勤，職位の上昇，退職という人生上の出来事はネットワークの編成に変化をもたらす契機となっていた。第4に，編成の変化は，1つには，かつては親密であったが現在はある程度親しいつながりに移行するという変化，またある程度親しいつながりから親しいとは言えないつながりへ移行するという変化として現れていた。もう1つは，退職後に新しく形成されたネットワークによる変化である。ある程度親しいネットワークの中には，地域の集団やサークルへの加入を契機として形成されたネットワークがかなり含まれ退職後のネットワーク再編の中心部分を占めている。第5に，「ある程度親しい友人」とか「ふつうの友人」，時には「親しい知人」と表現される人びととのネットワークがかなりの数にのぼり，しかもそれらの人びとは対象者にとってその時々に必要な情報を提供する役割を果たしている場合が多いことである。年賀状枚数では，1事例でのみ「親しいとは言えない」に分類される枚数が一番多く，2事例で「ある程度親しい」に分類される枚数が最も多くなっていた。ここに分類された年賀状を対象者は「ふつうの友人」とか「親しい知人」と表現して微妙な差異を語るのである。

　ある対象者は在職中に仕事関連でよく研究会を開いていた仲間8人，すべて他社の人びとであるが，この8人の人たちとのネットワークを「ふつうの友人」のネットワークと表現していた。またある対象者は，退職後に加入した2つのサークルで出会った人びと，合わせて20人にのぼるが，その人びとを「親しい知人」と位置づけていた。この親しい知人から地域社会に関する情報や他のサークルの活動状況の情報を入手して，対象者自身の活動を拡げてゆくチャ

ンスの1つとしていた。

　第6に，年賀状枚数の内訳を見ると，「親密」に分類された枚数は，事例 A が62枚中14枚，事例 B が640枚中130枚，事例 C が151枚中22枚である。「ある程度親しい」に分類された枚数は，A が48枚，B が276枚，C が49枚となり，「親しいとは言えない」に分類された枚数は，それぞれ残りの枚数，A が0枚，B が234枚，C が80枚となった。年賀状を交換し合う人びとのネットワークを量に限定して見るならば，親密なネットワーク量は年賀状で知りうるネットワーク総量のごく一部分に過ぎないことが分かる。

　年賀状による調査から得られた知見は数多い。なかでも親密な友人の外に拡がる「ふつうの友人」や「親しい知人」とのネットワークがかなりの量にのぼり，またそのネットワークから必要な情報を豊富に得ているという知見は，親密なネットワークに限定してきたこれまでの調査研究に対して再考を迫るものと言える。なお，以下の行論では，「ふつうの友人」「ある程度親しい友人」「親しい知人」をあわせて「弱い友人ネットワーク」と呼ぶことにしよう。

弱い友人ネットワークとアーバニズム

　アーバニズムの高度化・深化は，近隣ネットワークと近隣コミュニティの衰退を導き，また親族ネットワークの選択的縮小を導く。では友人ネットワークはどうであろうか。

　フィッシャーの仮説によれば，都市度が高ければ高いほど親密な友人ネットワーク量は増加する。この仮説は，都市度を異にする複数の都市と地点におけるフィッシャー自身の調査によって一定程度確認された。この知見を拠り所としてフィッシャーは下位文化を支える親密な友人ネットワーク量に注目し，都市における新しい文化の生成に言及してゆくのである。

　フィッシャーの言う都市度と，ここで述べるアーバニズムはその意味内容を異にする。したがってフィッシャー仮説を当てはめて，アーバニズムが親密な友人ネットワーク量を増加させるとは直ちには言い難い。ただし，人口の集中度が相対的に高く，機関数が相対的に大きい居住地であればあるほど，専門処

理システムが高度化し，アーバニズム（専門処理への依存度）も高度化・深化すると予測することはできる。

　では，アーバニズム，すなわち専門処理への依存度の高度化・深化は，親密な友人ネットワーク量の増大に結びつくと予測してよいのだろうか。親密な友人ネットワークは，同質性の程度のきわめて高いネットワークである。E. O. ラーマンによるアメリカの友人ネットワークに関する研究では，親密な友人ネットワークは人種・民族的同質性，宗教的同質性，社会階層的同質性の程度がきわめて高いネットワークであるという知見が得られている（Laumann, E. O., 1973）。親密なネットワークの中で友人ネットワークの選択性は最も高い。親密な友人ネットワークが選択的に形成される結果，すなわち属性もライフスタイルも似通う者同士が選択的に結合する結果，友人ネットワークの同質性は相当に高くなると考えられる。この同質性にもとづいて，文化的にも同質な友人たちのネットワークが，多様な下位文化を形成する基盤となるというフィッシャーの仮説は，一定程度の妥当性を有するだろう。

　しかし，臨界量に達するほど，個々の親密な友人ネットワークは相互に接触しあい，他のネットワークに文化を伝播してゆくのだろうか。それとは逆のベクトルも働くだろう。同質性の高さは親密な友人ネットワークの孤立やネットワーク間の離反を引き起こしかねない。この側面にも注意を向ける必要がある。多くの親密な友人ネットワークが，たこつぼのように，あるいは島宇宙のように，それぞれに小宇宙を形成し，互いに距離をおき，あるいは離反し合う可能性もまた高い。アーバニズムが親密な友人ネットワーク量を増加させると言えるかどうか，疑問である。仮に増加したとしてもその量は僅かではないかと思われる。親密な友人ネットワークのみに注目しても，下位文化の生成そして新しい文化の誕生を期待する魅力的な道筋を簡単には描けそうもない。

　では，どのようなネットワークに注目するのか。これまでの行論が導く予想は，アーバニズムは，親密な友人ネットワークではなく，弱い友人ネットワークにおいて最もよくその効果をあらわすというものである。

　アーバニズムが高度化し専門処理への依存度が高まると，多様な専門サービ

スのどれを選択するのか，サービスの選択にかかわる情報の価値も高まる。信用できる情報を幅広く収集するには，親密な友人の外側に拡がり，より多様な人びとから構成され，多様なサービスに関する情報を提供してくれる弱い友人ネットワークを活用するほうが良い。しかも弱い友人ネットワークの量は多いほうが良い。アーバニズムの高度化は，弱い友人ネットワークの量を増大させることになる。親密なネットワークにくらべ，より多様性に富む弱い友人ネットワークは，たこつぼ化，島宇宙化する可能性が低い。ネットワーク間の接触もより容易である。また，親密な友人ネットワークにくらべ弱い友人ネットワークの同質性の程度は低い。むしろ，このような弱い友人ネットワーク間の接触の中から一定の下位文化が形成され，伝播してゆくのではないかと予想するのである。

　弱い友人ネットワークは，親密な友人ネットワークにくらべて，選択性と多様性のより高いネットワークを形成し，それゆえにアーバニズムの効果を一層明確に示すものとなるだろう。しかし同時に，松本康の指摘するようなさまざまな制約条件を受けることもまた確かである。（松本，2002；2005）。ただし，制約の圧力は親密な友人ネットワークよりも低いと思われる。

　都市住民は専門処理システムへの依存を誰もが経験せざるを得ない。それによって多様な機関との接触にもとづく多様な人びととの交流が生まれ，専門サービスへの選択的接近に役立つネットワークを選択的に形成する可能性が高まる。一方，どのような機関と人に接触し，どのようなサービスに接近するかは，個人の社会的属性によって一定の制約を受ける。年齢，性，婚姻の有無，世帯構成，家族周期段階，学歴，職業，収入等々の制約条件によって，接触のしかたも選択的接近のしかたも異なる。さらに個人が居住する都市の生態学的条件も，都市居住年数も影響する。このような社会構造的制約，生態学的制約，時間的制約を受けることは弱い友人ネットワークも親密な友人ネットワークも同様である。しかし，制約の強さには違いが生ずる。それほど親密ではなく，アーバニズムの効果をより大きく受けるネットワークであるがゆえに，弱い友人ネットワークのほうが，制約条件の働きかけもまた弱くなると考えることがで

きる。

　いずれにせよ，アーバニズムと弱い友人ネットワークとの関連を実証的に捉え，確認するために，量的統計的調査を実施する必要がある。年賀状を手がかりとする事例調査は，何よりも調査に協力してくれる対象者を見つけ出すという作業が出発点となる。アーバニズムを異にする複数の居住地から調査の協力者を一定量確保するのは相当に難しい。それよりも弱い友人ネットワークに関する情報を統計的データとして収集できるような工夫を重ねる方が現実的であろう。アーバニズムと弱い友人ネットワークをつなげる研究にとって，このネットワーク情報を確実に量的に捉えること，この課題こそ，もっとも切実な課題として浮かび上がってくる。

参照文献

Boissevain, J., 1974, *Friends of Friends.*（＝1986，岩上真珠・池岡義孝訳『友達の友達』未來社）.

Bott, E., 1957＝1971, *Family and Social Networks,* Free Press.

Cooley, C. H., 1909, *Social Organization : A Study of Lager Mind,* Charles Scribner's Sons.（＝1970，大橋幸・菊池美代志訳『社会組織論』青木書店）.

Fischer, C. S., 1975, "Toward a Subcultural Theory of Urbanism", *A. J. S. 80*(6). （＝2012，広田康生訳「アーバニズムの下位文化理論に向かって」森岡清志編『都市空間と都市コミュニティ』日本評論社）.

Fischer, C. S., 1982, *To Dwell among Friends : Personal Networks in Town and City,* University of Chicago Press.（＝2002，松本康・前田尚子訳『友人のあいだで暮らす——北カリフォルニアのパーソナル・ネットワーク』未來社）.

Gans, H. J., 1962a, *The Urban Villagers : Group and Class in the Life of Italian Americans,* Free Press.（＝2006，松本康訳『都市の村人たち——イタリア系アメリカ人の階級文化と都市再開発』ハーベスト社）.

Gans, H. J., 1962b, "Urbanism and Suburbanism as Way of Life: A Reevaluation of Definitions", Rose, A. M (ed), *Human Behavior and Social Processes : An Interactionist Approach,* Routledge & Kegan Paul.（＝2012，松本康訳「生活様式としてのアーバニズムとサバーバニズム」森岡清志編『都市空間と都市コミュニティ』日本評論社）.

Granovetter, M. S., 1977, "The Strength of Weak Ties", *A. J. S. 78*(6). (＝2006, 大岡栄美「弱い紐帯の強さ」野沢慎司編・監訳『リーディングス　ネットワーク論 ——家族・コミュニティ・社会関係資本』勁草書房).

Harvey, D., 1985, *The Urbanization of Capital : Studies in the History and Theory of Capitalist Urbanization,* Johns Hopkins University Press. (＝1991, 水岡不二 雄監訳『都市の資本論——都市空間形成の歴史と理論』青木書店).

倉沢進, 1977, 「都市的生活様式論序説」磯村英一編『現代都市の社会学』鹿島出版 会.

Laumann, E. O., 1973, *Bonds of Pluralism : Form and Substance of Urban Social Networks,* University of Chicago Press.

松本康, 2002, 「アーバニズムの構造化理論に向かって」『日本都市社会学会年報』20.

松本康, 2005, 「都市度と友人関係」『社会学評論』221.

森岡清志, 2001, 「拡大パーソナルネットワーク分析の方法と意義——年賀状調査事 例から」金子勇・森岡清志編著『都市化とコミュニティの社会学』ミネルヴァ書房.

森岡清志, 2008, 「拡大パーソナル・ネットワークの再編過程と生活戦略」森岡清志 編著『都市化とパートナーシップ』ミネルヴァ書房.

Simmel, G., 1903, "Die Grossstädte und das Geistesleben", *Jahrbuch der Gehestiftung,* 9. (＝2011, 松本康訳「大都市と精神生活」松本康編『近代アーバニズム』 日本評論社).

鈴木栄太郎, 1957＝1969, 『都市社会学原理』有斐閣（鈴木栄太郎著作集Ⅳ）未來社).

Tönnies, F., 1887, *Gemeinschaft und Gesellschaft : Grundbegriffe der Reinen Soziologie,* Curtius. (＝1957, 杉之原寿一訳『ゲマインシャフトとゲゼルシャフト—— 純粋社会学の基礎概念』上・下, 岩波書店).

Weber, M., 1920, "Typologie der Städte", (＝1964, 世良晃志郎訳『都市の類型学』 創文社).

Wellman, B. and Leighton, B., 1979, "Networks, Neighborhoods and Communities: Approaches to the Study of the Community Question", *Urban Affairs Review,* 14. (＝2012, 野沢慎司訳「ネットワーク, 近隣, コミュニティ——コミュニティ 問題研究へのアプローチ」森岡清志編『都市空間と都市コミュニティ』日本評論 社).

Wellman, B., 1979, "The Community Question: The Intimate Networks of East Yorkers", *A. J. S.* 84. (＝2006, 野沢慎司・立山徳子訳「コミュニティ問題——イ ーストヨーク住民の親密なネットワーク」野沢慎司編・監訳『リーディングス　ネ

ットワーク論——家族・コミュニティ・社会関係資本』勁草書房).

Wirth, L., 1938, "Urbanism as a Way of Life", *A. J. S.* 44.（＝2011，松本康訳「生活様式としてのアーバニズム」松本康編『近代アーバニズム』日本評論社).

第3章

機能分化社会のマスメディア
──報道するシステムと知のあり方──

佐 藤 俊 樹

1　マスメディアと社会科学の現在

　この100年少しの間，マスメディアは激しい毀誉褒貶にさらされてきた。

　明治初めの「大新聞／小新聞」から出発し，戦前は今でいう「雑誌」の性格
が濃かった新聞が，戦後になって「第四の権力」や「社会の公器」と称される
ようになる。新興の広告媒体だった民放ＴＶの社会的地位もどんどんあがり，
業界全体も就職先として抜群の人気を誇るようになった。実際，私が大学を卒
業した1980年代後半には，大手マスメディアの社員の人たちは，旧財閥系大企
業や霞が関の中央官庁と同じく，「選良」だった。久しぶりに会った，新聞社
やＴＶ局に就職した元・同級生たちが一万円札を無造作にあつかう姿をみて，
100円単位で毎月の生活費をやりくりしていた大学院生の私は，目を丸くした
ものである。

　ところがその後，風向きがさらに変わっていった。就職先としてはもちろん
今も人気があるが，新たな情報技術が普及し「ネット社会」といわれるように
なると，その企業や機関としての活動に，しばしば冷たい不信の眼が向け
られるようになった。とりわけ最近の，「マスメディアの報道だから信じる」
から「マスメディアの報道だから信じない」への，掌返しじみた変化には別の
意味で目を見張らされる。

　とはいえ，その転換を「大衆から個人へ」や「企業体から市民へ」といっ
た，お決まりの図式で片づけるのは表面的に思える。あえていえば，マスメデ

133

ィアが「公器」と呼ばれていた時代でも，そんなに素朴に信じられていたわけではない。そして，気に入らない報道には「フェイク！」のラベルを貼っておく現在でも，それほど素朴に信じられていないわけでもない。むしろ，「メディアが信頼できないことさえも，メディアを通じて知る」。私たちはそんな世界に生きている。

こうしたマスメディアをめぐる転変は，言論や学術への視線ともある程度重なってくる。とりわけ社会学にとって，マスメディアはその修了者の主要な就職希望先でもあった。その意味で，社会学がマスメディアを語ることは，自分自身を語る気持ち悪さと息苦しさに通じるものがある。おそらくその苦さは社会学だけでなく，社会科学全般に通底すると思うが，だとすれば，なおさらマスメディアの変遷とその現在は，社会科学にとって重要な，避けては通れない主題になる。

そんな大きな主題を短い枚数で見通すのはもちろん無理だが，これらの点を念頭において，現代のマスメディアと社会をここでは考えてみたい。言い換えれば，誰かの，ではなく，我々が経験しつつあるリアリティとして，それゆえ，それを見通す視線の深さと広さが実は問われている主題として，考えてみたい。

2　メディア技術と現代社会

20世紀後半を代表する社会学者ニクラス・ルーマンは，マスメディアに関しても著作を1つ残している。『マスメディアのリアリティ』（1996＝2005）だ。分厚いものが多い彼の本のなかでは可愛らしいくらいの薄さだが，議論の密度はとても濃い。先ほど述べた「メディアが信頼できないことさえも……」も，最初の段落を翻案したものだ。

その考察は彼のシステム理論（意味システム論）の応用事例であるだけでなく，技術と社会，ＴＶや新聞などの従来型のマスメディアとＳＮＳなどのネットメディアとの関連性，自省的な社会，さらには現代社会における組織と個人の

第3章　機能分化社会のマスメディア

関わり方といった主題にも，鋭い指摘と反省を投げかける。現代の私たちが経験しつつある変化がどんなものなのかを，独自の視点から照らし出す。現代社会論としても，抜群に面白い著作だ。

そんな著作の冒頭で，ルーマンは直截に問いかける。どんなメディアがマスメディアだといえるのか？　この問い自体はもちろんおなじみのものだ。よく言われる答えも決まっている。「大衆」と冠するように，多数の受け手に情報や知識を伝えるのがマスメディアだと。

ルーマンはそれをあっさり切り捨てる（Luhmann, 1996＝2005：10，訳 8 ）。

マスメディアという概念は，以下では，コミュニケーションを伝播するために技術的な複製手段を用いる，全ての社会的なしくみを包括するものとする。……とりわけ印刷によって生産される，本，雑誌，新聞が想定される。また，不特定な受け手 unbestimmite Adressante に対して制作物が多数 in grosser Zahl 生み出されるという限りにおいて，あらゆる種類の写真や電子データの形で複製されるものもふくむ。また電波を通して伝播されるコミュニケーションもふくまれる，それが一般的にアクセスできる allgemein zugänglich ……限りにおいて。

M. マクルーハンらのメディア論に慣れた人なら，少し意外に思ったかもしれない。「あれ？ラジオやテレビやネットではなくて，本なの？」と。旧くさいなあ，と感じた人もいるかもしれない。けれども，よく考えてみると，これは実に切れ味鋭い，見事な定義になっている[1]。

ルーマンが述べていることを私なりに言い換えると，現代のマスメディアの最も基本的な特性，つまり，その基本的な挙動を決める一番重要な特性は，メッセージの技術的な複製と保存の容易さにある。具体的にいえば，印刷技術のおかげで，文字によるメッセージが大量に複製されて送り出され，受け手側で保存されるようになったように。マスメディアの歴史はそこから始まる。

メッセージが送り手側で大量複製できるようになれば，受け手の数も大幅に

135

ふやせる。その点でいえば，これは「大衆」性の必要条件でもあるが，全ての
マスメディアが同じように保存可能なわけではない。例えば20世紀前半のラジ
オ，技術的にいえばラジカセ（カセットテープレコーダー付きラジオ）の普及以前
のラジオは，活字本よりもメッセージをむしろ保存しにくい。

3　超マスメディア社会へ

　では，大量配布と保存が技術的に容易になったことで何が生じたのか。

　最も根底的な変化は，受け手の数ではない。伝えられたメッセージに，誰も
が一般的にアクセスできるようになった。すなわち，誰がいつどんな状況でメ
ディアのメッセージ（報道や論説）を読むかが，具体的に想定できなくなった。
そこにある。

　例えば，先ほどあげた20世紀前半のラジオであれば，受け手（聴き手）は電
波が同時に受信できる時空に限定される。受信した電気信号を手軽に保存でき
る技術がなかったからだ。音源をもっているのは放送局だけで，それも簡単に
廃棄されていた。それに対して，印刷技術によるコミュニケーションでは，伝
えられたメッセージが半永久的に保存できる。それも中世西欧の修道院の写本
のように，ごく限られた人間だけがアクセスできる形ではなく，図書館やアー
カイブで，誰でも読める形で。

　その意味で，現代の電子メディアは印刷本の延長線上にもある。そもそも電
子メディアは，画像や音もすべて bit の形で，すなわち最終的には 0 ／ 1 の記
号の形でとりあつかう。いわば超高速で流通する文字メディアだ。さらに，現
代のネット社会では，送り手が簡単に大量のメッセージを送り，受け手が保存
できるだけでない。その保存したメッセージをそのまま，あるいは適当に編集
したものを，受け手の方で独自に大量複製して，簡単に再配布できる。そのさ
らなる受け手もまた，それを容易に保存できる形で。

　現代のネット社会では受け手がそのまま送り手にもなりうる。電子メディア
とネットワーク技術がそういう状態を創り出したわけだが，それは言い換えれ

第3章　機能分化社会のマスメディア

ば，まさにルーマンが定義した意味において，全ての人間がマスメディアになりうる。ネット社会はパーソナルメディアの社会ではない。むしろマスメディアが多重化した，いわば超（ハイパー）マスメディア社会なのだ。

　実際，もしマスメディアの全ての報道が例えば国会図書館のデジタル・ライブラリーに保存されて，誰でも簡単に入手し再配布できるようになれば，送り手であるマスメディアにとって，メッセージの最終的な受け手は全く限定できなくなる。文字通り「不特定」で「多数」になってしまう。そういう意味で，電子メディアのネット社会は，マスメディアのあり方を突き詰めた姿だといえる。それが映像の私的な複製再配布や，媒体としてのネットの利用などを通じて，従来は（印刷本とはちがって）「たれ流し」的な面が少なくなかったＴＶメディアを逆に巻き込みつつある。現在はまさにそんな状況にあるのではないか。

　この論考はルーマン論ではないので簡単にふれるだけにしておくが，ルーマンの社会学の本当の面白さは，こういうところにある。印刷本を典型にするような，少し意外どころか，旧くさくさえ見える定義が，実は現代のネット社会まで射抜く。ルーマン自身は「超（ハイパー）マスメディア社会」みたいな表現は使っていないが，現代社会論としても，そしてメディア論としても，きわめて的確な答えになっている。

　例えば，（ルーマン自身はあまり強調していないが）この形でマスメディアを定義すれば，印刷技術とコンピュータなどの電子技術を包括的にとらえられる。その一方で，文字か音声か，視覚か聴覚かのちがいは二次的になるので，電子メディア内部のちがいを過大評価しないですむ。マクルーハンのメディア論は今日ではもはやＳＦじみて見えるし，ここ20年でも「マルチメディア」やＶＲやＡＲといった流行りの話題が，急速な陳腐化をくり返してきた。その点でも，こうした形で技術と関連づけた意義は大きい。

　逆にいえば，この定義の本当の面白さ，本当の射程をうっかり見逃してしまうと，『マスメディアのリアリティ』はつまらない本になる。奇抜な表現と，へんにうがった見方と，システム論の内輪言葉（ジャーゴン）を書き連ねただけの。実際，そんな風に読まれてきた面もあるようだ。ルーマンの他の著作にも，これはいえ

137

ることだが。

4　不特定メディアとして

　話を戻そう。これまでもマスメディアは不特定多数を受け手とするとされてきたが，本当に重要なのは「多数」ではなく「不特定」の方である。いわば大量（mass）メディアというよりも，不特定（indeterminate）メディア。そこに印刷技術以降の，つまり近代産業社会のマスメディアの本質がある。先ほど引用したルーマンの定義もそうなっている。

　もちろんさらに重要なのはその先，すなわち，ここから導き出されるマスメディアの基本的なあり方だ。宛先が不特定である。それゆえに，マスメディア自身は受け手に関して部分的・断片的にしか知りえない。したがって，自らの内部で構築する「受け手」像を通じてその全体像を構築するしかない。そういう意味で，外部からは「刺激」（irritation）を受けるとしかいえない。そうしたものとして，マスメディアは受け手を位置づけざるをえない。

　複製と保存の容易さという技術的特性が，受け手を不特定なものにかえてしまった。そのような不特定な相手を，（システム論の表現を借りれば）不確定な環境として，マスメディアはふるまわざるをえない。「不特定」も「不確定」もドイツ語では "unbestimmt" で，英語なら例えば "indeterminate" にあたる（ドイツ語の "Bestimmung" はラテン語の "determination" の翻訳語である）。

　だからこそ，これは「システム」になる。裏返せば，もしこうした特性がなければ，マスメディアをシステム論であつかう必要は特にない。その意味で，ルーマン自身の定義に即しても，現代のメディアは経験的な水準でシステムだといえる。別の言い方をすれば，「複雑性の縮減」のような一般的な命題を前提にしなくても，マスメディアはシステム論の枠組みで分析できる。

　複製と保存の容易さという技術的な変化が，マスメディアという社会制度をそうした特性をもつものにした。すなわち，環境という不特定な複雑性に（持続的に）対応しつづけることを求められる制度として，その挙動を記述し分析

できるものにした。その点で，簡潔で明快な技術社会論にもなっている（佐藤，2010）。

断わっておくが，だからといって，システムは環境を「空想」したり「妄想」したりするわけではない。むしろ，外部は実在し，そこから部分的な情報も入力される。けれども，その情報が何を意味するかは，システム自身によって解釈されるしかない。そう考えればよい。

逆に言えば，その程度の不確定性があれば，意味システム論（コミュニケーションシステム論）は十分に展開できる（佐藤，2018）。わかりやすくいえば，メディア論でもおなじみの「トマスの定理（公理）」（Thomas's theorem）と同程度の前提負荷で十分だ。マスメディアは「世界複雑性」（Weltkomplexität）に対応する究極のシステムなどではない。その同一性が経験的に定義できる，機能的に分化した現代社会内の1つの制度なのである。

5　消費者と「受け手」の間で

では，ここから現代のマスメディアについて何が見えてくるのだろうか。

一番大きな帰結はおそらく，今日のマスメディア企業にとっても受け手（読者や視聴者）が確定できないことだろう。より正確にいえば，誰もそれを具体的には特定できなくなる。複製と保存の可能性がある以上，特定の記事や論説をどこの誰がいつ読むかもわからないからだ。実際，第2次大戦中に大本営発表をそのまま載せた報道が，数十年後に「戦争協力」として右からも左からも批判されたりする。

いうまでもないが，特定時点の情報サーヴィスの購入者は具体的に存在する。戦後日本の一般紙であれば，それはいわゆる「団塊の世代」を中心とした前後十数年間の出生コーホートであり，次第に高齢化しつつある。テレビであれば，若い世代もふくめてもっと緩やかなまとまりになる。例えば，ＮＨＫ放送文化研究所の「日本人の意識」調査で1993年以降，「ふだんの生活」で「欠かせないと思うこと」として「新聞を読む」と「テレビを見る」をあげた比率，つま

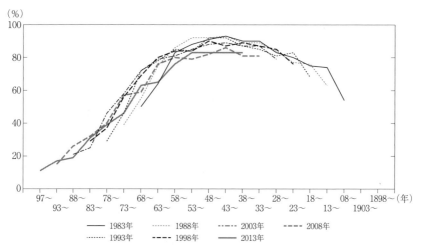

図 3-1 「新聞を読む」を「欠かせない」と答えた比率（出生年別）

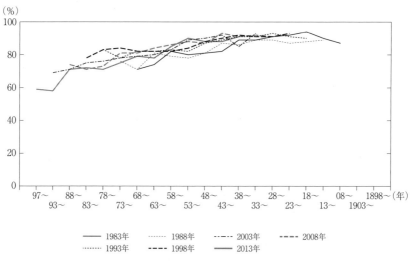

図 3-2 テレビを「欠かせない」メディアと答えた比率（出生年別）

りメディア接触率は，上の図のように推移している（佐藤，2016a）。

　こうした購入者ももちろん受け手の一部である。それゆえ，活字系のメディアは，以前は福祉の財源や雇用機会をめぐる世代間不平等など，団塊の世代に

とって都合の悪い記事はあまり載せなかった。載せた場合も，できるだけあたりさわりのない形で言及していた。

けれども，それが受け手の全てではない。かつての戦争報道と同じように，「団塊の世代に都合の悪い報道をしなかった」と後の世代から読まれてしまう，という形でも受け手を想定せざるをえないからだ。だから，現時点の購読者の多数派がこの世代から外れはじめると，今度は世代間不平等をとりあげる記事が急にふえてしまい，それによって団塊の世代の読者も離れていく。

そこに現在の日本の一般紙の苦しさがあるわけだが，そういう意味で，情報サーヴィスの購入者として具体的に特定できる消費者と，不特定多数の，何者かを論理上特定しえない受け手との間で，つねに引き裂かれつづける。マスメディアはそういう運命にある。いや，その運命を引き受けたものだけが，「ニュース」を生産するシステムとしてのマスメディアでありつづける。そういう形で，読者の更新という，環境の決定的な変化の1つに対応しようとすることによって。むしろそう考えた方がよい。

そんな不特定な受け手を具体的に特定しようとすれば，マスメディア自身の方で独自に定義するしかない。例えば，現代のマスメディアの多くは「読者批評」や「視聴者の声」といった形で，批判的な「外部の意見」を取り込む場も設けているが，そこで「読者」や「視聴者」にあたる人間を実際に選定しているのは，当のマスメディア自身である。多くの人はそこに奇妙さや違和感を抱くと思うが（少なくともその種の仕事の依頼が来たときに私はそう思った），それも実は不可避な事態である。

6 「ニュース価値」の不確定性

断わっておくが，こうした場は少なくとも当事者にとって真剣なものだ。私自身の経験からいえば，メディア企業側の出席者もぴりぴりと緊張していて，激しいやりとりになることもめずらしくない。けれども，それで十分に反省的かといえば，そう言い切れる人は誰もいない。外部の発言者は先ほど述べたよ

うに，メディア側の指名にもとづくからだ。

　本当にややこしいのはその先である。だからといって，それを完全にメディア側の恣意だと決めつけることもできない。「では誰が真の読者なのか？」「真の視聴者なのか？」と問われれば，誰も正解をもっていない。より正確にいえば，少し反省すれば，誰も正解をもっていないことが容易にわかるからだ。それこそ，そこでもし「自分が真の読者や視聴者を代表している」と主張すれば，「頭の悪い人だなあ」と肩を竦められるくらいには。

　再びシステム論的に表現すれば，そういう意味で，現代のメディアはまさに「作動的に閉じている」。すなわち，内部＝自己が構築する「環境」像，つまり「受け手」像を通じてしか，外部＝環境からの刺激を受けとめ，理解することができない。そういう意味でも，これはシステムなのである。

　いうまでもなく，このこと自体はルーマンの「発見」ではない。例えば，W. リップマンが古典的な名著『世論』（1922＝1987）で「疑似現実」（pseudo-environment）として述べたものと同じだ。ルーマンの独創はそれを徹底的につきつめたところにある。リップマンのように記録と社会科学に信頼を寄せて弱毒化することなく，マスメディアをそうでしかありえない制度として読み解いた。

　メディア論でよく使う表現でそれをさらに言い換えれば，マスメディアの内部では「ニュース価値」という基準が共有されているが，具体的にどれが（より）価値があるかは誰にも確定できない。真の受け手を確定できない以上，何をどう伝えるのが良いのかも，本当は確定できないからである。

　これも受け手と同じく，現在時点の商品価値であれば特定できる。視聴率や実売部数は具体的な数字として表れるし，広告や購読料の収入もそれに連動する。それこそ受信料で運営されるＮＨＫであっても，受信料を自発的に払わせている以上，どの程度視聴されているかに影響されざるをえない。

　けれども，その商品価値も未来に対しては不確定でありつづける。わかりやすい例をあげれば，もし現在の主な消費者に焦点をあわせつづければ，メディア自身が陳腐化していく。新聞でも，テレビでも，そして Facebook や Twitter といったネットのＳＮＳも。そういう意味でも，情報サーヴィスの購入者として具体的に特定できる消費者と，不特定多数の，何者かを論理上特定しえない受け手との間で，メディアはつねに引き裂かれつづける。

　その点でいえば，マスメディアは驚くほど 企 業（エンタープライズ）である。現在価値に安住できず，たえず不確定な未来にむかって投資をしていかなければならない。それゆえ，この本源的な不確実性を代補する二次的な戦略も，よく似ている。私企業が技術革新（イノヴェーション）に取り憑かれるように，マスメディアは新たな受け手探しに，そういう意味での新しさに取り憑かれる。「ニュース」が本当に新しさをもつことに，こだわりつづける。

　「新鮮なニュース」という一見奇妙な表現が，マスメディア企業ではしばしば使われるが，この言葉は実は，そうしたメディアの基本的な挙動を言い当てているのではないか。

7　自己準拠するマスメディア

　厳密にいえば，複製と保存の可能性はマスメディア・システムの必要条件であって，十分条件ではない。複製と保存の技術を利用して伝達する制度が，全てマスメディアであるわけではない。ルーマン自身が定義できちんと断っているように，その受け手を不特定・不確定なものとしなかった，あるいはしなくなった情報提供サーヴィスは印刷本の時代から数多くあっただろう。

　けれども，それらは「ニュース」を生産しつづけるという意味でのマスメディアにはならなかったか，そうした企業としては生き残らなかった。「新鮮なニュース」にこだわる企業だけがマスメディアになりえた。「第四の権力」「社会の公器」への変貌の背後にあったのは（→１節），そういう制度的な転換だと考えられる。

　そのように外部＝環境を不特定なものとしつづけることで，マスメディアはマスメディアでありつづける。だからこそマスメディアは意味システムとしてあつかえるわけだが（→４節），その基本的な挙動には，①システム内部のコミ

ュニケーションのあり方でも，②他のシステムとの構造的な連結のあり方でも，先ほどふれた「ニュース価値」が深く関わっている。

まず，①システム内部の挙動からみてみよう。「ニュース価値」のあり／なしは実質的に，このシステムの内部＝「システムである」ことを形づくる。システム論的にいえば，システム境界を示す二値コードになっている。もし「あり」とされれば，その「あり」とされた何かに関わる従業員のふるまいや資源の使用は，マスメディアのシステムの構成要素となる。わかりやすくいえば，「システムの行為」となる。取材や記事作成だけでなく，そのために必要な知識の習得も，少なくとも「ニュース価値」に何らかの形でつながることが求められる。

ただし，「ニュース価値」が確定しえない以上，その同定もつねに事後的に変更されうる。後から「あれこそはニュース価値があった」と発見されることもあれば，「あれはニュース価値がなかった」と取り消されることもある。それ自体も「ニュース価値」に関わる言明として。そういう形で，システムの要素として他の要素からさらに言及され，また他の要素に言及していく。システム論的にいえば，そうやってシステムの基底的自己準拠が作動していく。その意味でマスメディアは自己産出系（autopoietic system）になっている。

それを通じて，マスメディア・システムは不確定な環境に対して持続的に対応しつづけるが，その「ニュース価値」をとりあえず決める基準になるのは，マスメディアのシステム内部で創られた「受け手」像である（→6節）。それゆえ，「ニュース価値」のあり／なしを，マスメディアは自分自身で決めていることになる。

例えば新聞社ならば，「こんな記事，読者が読みたいと思うか？」というデスクの一言で，書きかけた記事は没にされ，「働いていない」ことにされる。デスクは読者の代表ではないし，読みたい記事の標本調査をやったわけでもないが，そうやって，理論的には空白だとしかいえない「ニュース価値」に具体的な中身を代入しながら，マスメディアのシステムは自己準拠的に動いていく。

そして，そういう形で「ニュース価値」にこだわりつづけることで，マスメ

ディアは自分の外部を，すなわち環境を知ることに強烈な関心を寄せつづける。だから，マスメディアのシステムでは，外部＝環境はいわば二重に主題化されている。マスメディアにとっての受け手は取材対象でもある。報道を流す宛先でもあるとともに，取材の情報源（ニュース・ソース）でもある[(8)]。

　受け手を不特定にしつづけることと「ニュース」を生産しつづけることは，最終的にはそこでつながってくる。逆にいえば，もし受け手を確定的なものとすれば，メディアの外部＝環境は既知のものになる。それに関して何かを伝える作業は，報道ではなく広報になる。そこには，本当の意味での新たな何か（ニュース）は存在しなくなる。

8　逆立する「公共性」

　こうしたマスメディアのあり方は，従来のメディア論に慣れた人には，奇異で異様に見えるかもしれない。ルーマンならではの皮肉でうがった見方，あるいはシステム論を振りかざす官僚的社会工学者（テクノクラート）の議論だと受け取る人もいるかもしれない。

　けれども，受け手が不特定だというのは，受け手を限定できないことである。それゆえ，もしそこで「受け手」像を構築しようとすれば，きわめて一般的な存在として考えるしかない。言い換えれば，内容の次元（＝どんな話題をとりあげるか）でも，社会の次元（＝誰に読まれるか）でも，時間の次元（＝いつ読まれるか）でも，受け手に積極的な限定をつけられない。そういう意味で，どの次元でも非限定な形で受け手を考えざるをえない。

　つまり，受け手の不特定さとは，受け手をきわめて普遍的に考えざるをえないことでもある。社会学の専門用語を借りれば，不特定な受け手とは，究極の「一般化された他者」（generalized other）でもあるのだ。

　何がいいたいのか，もう気づいた人もいるだろう。そう，ルーマンのマスメディア論における不特定の受け手は，実は，J.ハーバマスの公共性論における言説や議論（ディスクール）の正当性と裏表になっている。ハーバマスのいう「理想的発話状

況」は，内容の次元（＝何をとりあげるか）でも社会の次元（＝誰か参加するか）でも時間の次元（＝いつ話し合うか）でも，限定をつけない。限定をつけないからこそ，そこで語られることが真理になり，正当性を獲得できるとした。したがって，もしハーバマスがいう意味での，公共的な報道があるとすれば，それは自動的に，ルーマンがいう意味での，不特定な受け手への適切な報道にもなる。

　より正確にいえば，ルーマンのいう受け手の不特定さは，ハーバマスのいう公共性と少なくとも外延的には重なる。したがって，その働き方は実は（そういう意味では）かなり同じになる。それゆえ，もしルーマンのマスメディア論が何らかの理由で奇異で非現実的だというのであれば，同じ理由で，ハーバマスの公共性論も奇異で非現実的になる。例えば，もしハーバマスのいう理想的発話状況での合意の想定が何らかの意味で現実的であれば，ルーマンのいうマスメディアでの不特定な受け手の想定も，同じ意味で現実的になる。そういう関係にある[9]。

　そして，その共通性を確認することで，あらためて二人の議論のちがいが明確になる。ハーバマスの公共性論では何が公共的か，すなわち，マスメディアに引き写せば，どんな報道が公共性をみたすのかを具体的に特定できることが，暗黙の前提になっている。それに対して，ルーマンのマスメディア論では，不特定な受け手に対する報道としてどんなものが適切かを，必ずしも具体的には特定できない。むしろ具体的に特定できないことが，マスメディア・システムの挙動を基本的には決めてしまう。すなわち，7節で述べたような，①システム内部のコミュニケーションのあり方が決まってくる。

　その意味で，ルーマンのマスメディア論はハーバマスの公共性論をいわば逆立させたものである。そう考えれば，ルーマンのマスメディア論がよりリアルに受け取れるし，どんな事態を見ているかもわかりやすくなるだろう。いうまでもなくそれは，ハーバマスのいう「公共性の構造転換」が，実際には，近代社会のどのような制度的変容を背景としているのかを考えることでもある。

第3章　機能分化社会のマスメディア

9　機能分化社会での「新しさ」

では，このようなマスメディア・システムがなぜできてきたのだろうか。この問いに簡潔に答えるのもむずかしいが，少なくともこのシステムは②機能分化という近代的な社会のあり方と構造的に連結している。

　高度に機能分化した現代社会では，それぞれの機能システムは意味的に「強く閉じている」(ausdifferentiert)。高度に専門分化し，自己準拠するようになれば，同じシステム内部からの反応にますます集中しなければならない。それこそ社会学であれば，外の「一般社会」からの評判よりも，審査誌や補助金審査での内部レビューにますます準拠せざるをえない。新聞社でいえば，デスクなどの同じ企業のメンバーに，「ニュース価値」があるとまず認められなければならない。でないと読者の反応もわからない。

　つまり，機能分化した社会では，それぞれの制度はたとえ自らの「環境」像を通した「刺激」の形であれ，外部の情報を受け取ること自体がむずかしくなる。それも専門分化が進めば進むほど，そうなってしまう。そのことは，他の制度に対して「刺激」＝外部の情報を入力する制度を（独自の機能システムとして）専門分化させる圧力として働く。少なくとも，もし一度そうした制度が成立すれば，安定的に維持されやすい。他の制度にとっても，それが便利で効率的だからだ。

　現代社会におけるマスメディアは，そうした形で分化してきた機能システムだと考えられる。つまり，社会全体（「全体社会システム」ではなく国家社会やその連合体）からみても，他の機能システムや法人組織や個人に対して，その外部の情報＝「刺激」を供給する制度的回路になっている。かくして私たちは，メディアが信頼できないことさえも，メディアを通じて知ることになる（→1節）。

　これはさらに大きく2つの意味をもつ。

　第1に，それぞれのシステムは自らにとっての「環境」「外部」として了解

されていることを通じて，つまりその了解のフィルターを通して自らの外を知る。その意味で，システムは自らの「環境」像を通じて外部を解釈する。

　第2に，それゆえマスメディアのシステムもまた，自らの「環境」像を通じて外部を解釈しつづける。先ほど述べたように，このシステムはその性格上自らの外部に特別な関心を寄せており，外で起きている出来事を外に向かって報じつづけるが，その「外」も部分的・断片的な情報から，「外部」像にもとづいて解釈されたものである。そういう意味で，マスメディアの報道はマスメディア自身の「環境＝外部」像，すなわち「受け手」像を何重かにフィルターとしながら，つくられつづける。

　マスメディア以外のシステムは，そのマスメディアの報道を通じて外部の情報を手に入れるが，それもさらに自らの「環境」像をフィルターにして受け取りつづける。すなわち，自らの「環境」像を通じて解釈しつづける。ほとんどの出来事はマスメディアを通じてしか知りえないにもかかわらず，マスメディアを100％信じることもしない。つねに不信と懐疑の視線を向けつづける。他のシステムにとってマスメディアの報道は，その点でも「刺激」でしかありえない。

　まとめていえば，機能分化が進めば進むほど，マスメディアの報道は，その内部で解釈されている「ニュース価値」により強く拘束されていく。それゆえ，マスメディア以外のシステムにとっては，機能分化が進めば進むほど，自らの内部での出来事に関するマスメディアの報道はより不十分で，より偏っていて，より表面的なものになっていく。

　そういう形で，マスメディアはその外部のリアリティを，その内部のリアリティによって創り出しつづけていく。機能分化した社会ではそうであるしかない。マスメディアをふくむ全てのシステムが，自らの「環境」像を通じて外部を解釈しているだけでなく，機能分化が進めば進むほど，マスメディア以外は自らの外部にどんどん関心を払いにくくなっていく。そのことがマスメディアを独自の機能システムとして，よりいっそう「強く分化させていく」（ausdifferentiert）のである。

148

10 マスメディアの循環

だから，マスメディアの報道は，報道される当事者からみれば，つねに浅く，偏った，不十分なものにとどまる。その一方で，それぞれの制度領域では，（機能システムも組織システムも）不特定な環境に対応して自らを更新しつづけていく。だからこそ，なおさら自らの外部で「新しく」何が起きつつあるのかを，自らの既存の知識に対する差分として，できるだけ手軽に知ろうとする。

それが現代社会での「ニュース価値」のもう１つの面である。機能分化した社会では，各制度領域は自らの外部を知る十分な資源も時間もとりにくい。だから，マスメディアという独自のシステムが要請されてくるわけだが，9節で述べたように，このシステムはその外部に特別な関心をもちつづけるが，その外部を知る上で特権的な力や特別な能力があるわけではない。

より具体的にいえば，マスメディアは「報道の自由」という形で知る手段を制度的に保証され，伝えた成果物は著作権で保護されている。それらによって，知りえたことを受け手に提供することで，一定の資源を調達できるようになっているが，何を知ったかの解釈も，どう伝えれば受け手にうまく届くかの予想も，マスメディア自身が構築する「受け手」像に大きく依存する。さらに，そうであること自体も，反省的には自覚せざるをえない。

だからこそ，目新しさに注目が集まる。新しさは「ニュース価値」の十分条件ではなく必要条件にすぎないが，誰も必要十分条件を具体的に定義できない。それゆえ，経験的には，目新しさが唯一の基準になる。「犬が人を噛むのはニュースではないが，人が犬を噛めばニュースになる」という警句は，露悪的な台詞というより，苦い真実なのである。おそらくある程度以上の時間幅で平均的にみれば，「システム合理性」からみても，合理的な判定基準なのだろう。

そういう意味で，マスメディアの報道はつねに不十分で浅い。中身をよく知らないまま，好奇心から表面的な目新しさに飛びつかざるをえない。そして，マスメディアの報道とはそういうものだと知りながら，私たちはマスメディア

を通じて自らの外部を知る。すなわち，メディアが信頼できないことさえも，メディアを通じて知るのである。

　もう一歩踏み込んでいえば，おそらく，その程度でかまわない，と偽悪的に見切ってもいる。いやむしろ，他にやり方はなさそうだ，と諦めながら見極めてもいる。だからこそ，マスメディアを通じて「刺激」を受け取りつづける。そんな循環の上を私たちは走っているのだろう。機能分化社会でのマスメディアは，そういうシステムなのである。

11　ニュースの枠がニュースを造る

　――『マスメディアのリアリティ』の第1章〜第4章は，おおよそ以上のように括められる。「情報」を「ニュース価値」に言い換えるなど，いくつかの点で独自の術語系を使っているが，ルーマン独特の抽象的な言い回しを理解する上では，複数の描き方を並べた方がわかりやすいだろう。それによって，マスメディアが「包摂的な」（encompassing）システムではなく，機能分化社会内の1つのシステムであり，かつ機能分化社会ならではのシステムであることがより明確にできるし，情報というきわめて一般的な概念をより自由に使える（→注(5)，注(8)）。

　例えば，私たちになじみ深いニュースの形式，すなわちTVや新聞を通じて毎日の同じ時間帯に同じ量のニュースが伝えられるという形式を，私たちは日常的に自明視しているが，これもこうしたマスメディアのあり方にもとづく（訳書41〜42頁参照）。機能分化した社会では，外部にわずかな関心しか払えない。それゆえ，定時のニュースという形で，習慣的に差分を知る形態が好まれる。お手軽な，「これさえ見ておけば，世の中のことが大体わかる」的な伝え方が，構造的に求められるわけだ。定時の定量ニュースという，本来，規則正しく起きないはずの出来事や事件群を規則正しく報道する奇妙な形式は，そこから生まれてきたと考えられる。

　このようなニュース枠がいったん成立すると，今度は，ニュース枠に収容さ

れたものだけがニュースになる。事実が報道されるのではなく，報道されることで事実となる。さらにその枠のなかでも，受け手（読者や視聴者）の薄らぎやすい関心を少しでも引き留めるために，さまざまな工夫と加工がこらされる。

例えば，ニュースはつねにショーアップされ，好奇心をかきたてる味つけがされる。その反面，報道される内容は半ば以上定型的な筋書きをなぞる。全く未知の異物は不快で，受けつけにくいからだ。マスメディアが流すドラマも芸術性を必ずどこかで裏切り，新奇性を取り込みながら，最終的には安心して見ておれる娯楽におちつく。その両面で，ニュースと娯楽はつねに境界線が曖昧になる。

こうした一見奇妙で，歪にさえ見えるマスメディアのあり方は，機能分化社会と，マスメディアがそこで独自のシステムとして分化してきたこととによって，支えられているのである。例えば，ニュースと娯楽の境界が曖昧なまま，時間的に隣接して送り出されることで，ニュースでもドラマでもその媒体を通じて，前回からの差分と新展開を知る習慣が維持される。そして，まるで連続ドラマの次回を見たり見なかったりするように，地球の裏側でつづく飢餓や内戦のニュースを見たり見なかったりすることができる。それはしばしば「無関心」として道徳的に非難されるが，「全日制市民」でありえない機能分化社会での，日常的な関心のもち方でもあるのだろう。

第5章「ニュースとルポルタージュ」や第8章「娯楽」では，そんなメディア接触の姿が執拗に抉り出されて，特に面白い章になっているが，その辺は興味をもった人に自分で読んでもらうことにして，以下ではルーマンが直接にはとりあげなかった，別の途を進もう。

12　メディア企業と発言する個人

このようなマスメディア・システム論が妥当だとすれば，「大衆から個人へ」といった図式は成り立たない。旧いマスメディア企業と新しいネットメディアはむしろ同じシステムだと考えられるからだ。

20年前に私は「インターネットのなかで，誰でもマスメディアになりうる世界ができつつある」「みんながマスメディアする」と書いた（佐藤，1997）。ルーマンの『マスメディアのリアリティ』の第1版が刊行されたのは1995年，その原型になった講演は1994年のものだ。当時の私はルーマンの議論を全く知らずに書いたのだが（まぬけにも本の存在すら知らなかった！），「マスからパーソナルへ」みたいな標語に寄りかからずに，ネットの現状を観察すれば，誰もが気づけることだったのだろう。

　その同型性は現在ではもっと明瞭になっている。まず，不特定多数の受け手に発信しつづけるのは，ＴＶや新聞などのマスメディアだけの運命ではない。インターネットを通じて発言する全ての個人も，全く同じ複製と保存の可能性にさらされる。そのような超^{ハイパー}マスメディア社会になっている。

　例えば，気軽に呟いて，気軽に「いいね」をとれた発言が，どこかの誰かにずっと記憶されつづける。そして何かの機会に，それこそ最も都合の悪い時機をねらったかのように，「過去の発言」として引用される。あるいは，そういう発言がなかったかどうかを，どこかの誰かにつねに検索されつづける。

　その裏返しがＳＮＳでの「エゴサーチ」だ。「いいね」の数やフォロワーの数が視聴率や部数だとすれば，エゴサーチは「読者の声」「視聴者の声」である。どんな声がその時点で代表的かは，それこそ計量的な調査でもしなければわからないが，どんな声でも声は声だ。そして，未来の受け手が特定しえないとすれば，それが代表的な声にならないとは誰にもいえない。

　それゆえ，メディア企業が視聴率や部数だけでなく，視聴者や読者のなかの代表的な「声」を何とか知りたがるのと同じように（→5節），ネットで発言しようとする人たちは執拗にエゴサーチをしてしまう。「エゴサーチをしない」という選択をしても同じことになる。それは視聴率に左右されない番組づくりをめざしたり，読者数の増減に神経質になりすぎないと心がけたりするのと等価である。もちろん，現実のネットメディアでもマスメディア企業でも，その方が賢明な場合も少なくない。現時点の「いいね」やＲＴ数や，現時点の読者や視聴者の反応にこだわり過ぎれば，やがて陳腐化し先細りになるからだ。

第3章　機能分化社会のマスメディア

　その点でも，ネットメディアとマスメディア企業は同じ運命をもつ。生き残りたければ，不確定な未来にむかって投資しつづけなければならない。ごく少数ながら，あえて短期的な収益に徹底して生き残る，例外的な企業もありうることまでふくめて。その意味で，従来のマスメディアもネットメディアで発言する個人も，同じメディア・システムとしてふるまわざるをえない。マスメディアとネットメディアはそういう形で相互に近づき，連続的になりつつある。[10]

13　法人であることの意義

　だとすれば，営利企業にせよ社団法人にせよ，現代のマスメディア企業が法人であることにはむしろ独自の，重要な意義がある。メディアは法人であることによって，よりメディアらしくなれる面もあると考えられるからだ。法人の予想寿命は個人よりもかなり長い（清水，2001）。その分，内容的にも時間的にも社会的にも「不特定な宛先」には，より対応しやすい。言い換えれば，より不確定な環境に自律的に対応しつづけ，より不特定な読者に対して発信しつづける。そういう自己を想定しつづけることができる。その点でいえば，法人メディアの方がむしろ「公共的でない」でない報道をしやすい特性をもつ。

　これもかなり意外な結論だと思う。メディアの法人性はこれまで，ジャーナリズムの必要悪だと考えられてきた。会社として経営されることで，あるいは会社に所属することで，ジャーナリストは自由で自律的な個人でいられなくなる。従来のメディア批評はそうした論理を愛用してきた。

　もちろん，このような面も実際にあるだろうが，だからといって，会社を離れれば自由で自律的な個人になれるわけではない。正反対の事例も多い。パーソナル化やネット化することで，公共的でなくなりやすくなる面もある。例えば，個人事業に近いネットメディアの方が，閲覧されるよう誘導するために，きわめて扇情的な見出しをつけたり，極端な誇張や恣意的な選別をしたり，他のメディアの「ニュース」をぱくったりする。

　日本語圏のネットメディアをざっと見ただけでも，このようなふるまいは簡

153

単に発見できるが，ネット環境がある程度以上発達した社会では，こうした"Abusing" はごく一般的に見られる。例えば，通信速度では日本を凌ぐネット社会である韓国では，もっと強烈に現れている。[11]

　その意味でも，ネットメディアはマスメディアなのである。それはネット社会の劣化や堕落ではない。たぶん現代社会の複雑さは，個人の水準ではもはや十分に対処できなくなりつつある。むしろ法人の方が自律的な対応ができる。システム論的にいえば，組織システムである法人組織の方がよりよく対応できる。そういう事態の一環だろう。

　『福祉国家の政治理論』（1981 = 2007）などでルーマンが述べているように，機能分化が進むなかで，どの制度領域も意味的に強く閉じていくだけでなく，その時間地平が次第に短くなっている。例えば地球環境問題にせよ，原発の今後にせよ，社会保障の財源と人手の確保にせよ，中長期的な取り組みが求められる重要な問題の，見通しと解決に必要な時間地平をどのように保つことができるのか。それが切実で緊急性の高い課題になっている（佐藤，2016b）。メディアの法人格はその1つの解決策になる。

14　「公共性」の論証問題

　これはこれで頭の痛い事態である。「個人は悪くない，会社が悪い」で片づけられれば，みんながそれなりに幸せにやっていける。会社は法人であり，誰でもない存在でもあるからだ。けれども，現代のマスメディアの挙動をみるかぎり，そういう「自由で自律的な個人」の理念が果たせる役割は，少しずつ小さくなっているように思う。言い換えれば，法人組織としてのメディアは，従来の必要悪からさらに一歩進んで，マスメディア・システムにとって，より本質的なあり方になりつつある。

　だから，現代のマスメディアに突きつけられている問い，例えば「高度に発達したネット社会という新たな環境のなかで，マスメディアがどうすれば生き延びられるのか」という問いは，むしろこう定式化した方がよい。──メディ

ア・システムとしてはより適合的なはずの法人メディアが，なぜ個人事業に近いネットメディアと同程度の信憑性しか，実際には得られていないのか？　1節で述べた「マスメディアの報道だから信じる」から「マスメディアの報道だから信じない」への転換を読み解く鍵も，そこにあるように思う。

　おそらくこれは「ネット社会とは何か」にも関わる大きな問いで，簡単に一つの正解が出せるわけではないが，先ほど述べたように，ＳＮＳ上の個人もふくめて，全てのメディアはマスメディア・システムになる。つまり，システム独自の利害で外部＝環境を解釈し，自己準拠的にふるまわざるをえない。その点では等価だが，法人は個人よりも単純に規模が大きい。だからこそ，より長期的な利害にも対応できるが，同時に，その利害があくまでもその法人自身の利害であることも，目立ちやすい。

　具体的にいえば，ネット上の匿名の「ｘさん」がどんな利害をもつかは見えにくい。受け手の側には，興味もなければ情報も全くないことが少なくない。それに対して，朝日新聞社や読売新聞社が，フジテレビや日本テレビが，あるいはＮＨＫがどんな利害をもっているかは，具体的に見えやすいし，興味ももたれやすい。ネット上でさまざまな情報を大量に入手するのもたやすい。

　要するに，全てのメディアは原理的には同程度の信頼性をもつが，法人企業や公共機関の形態をとるマスメディアは，規模が大きい分，どうしても目立つ。それゆえ，具体的に疑いやすい。8節で述べたように，「公共的である」ことの積極的論証は誰もできないが，推定された企業利益や政治的立場に事寄せた「私的である」ことの証明であれば，誰でもできる。さらに，大きな法人メディアは発信する報道の量も多い。それゆえ，個々の報道や企業活動で「私的である」部分も見つかりやすく，もし見つかれば，それが今度はその法人メディア全体が「公共的でない」証明だと見なされる。特に官僚制や企業の組織システムの弊害を多く報道するメディアほど，同じ弊害が自分の組織で起きることで信頼を大きく損ねる。典型的な「二重基準」になるからだ。

　実際，ネットメディア上の言説を全数調査すれば，あらゆるマスメディアに関して，こうした形での「公共的でなさ」の告発をかなりの量で見出せるだろ

う。その面ではたしかに，ネット上の匿名の個人の発言よりも，マスメディアの公式の報道の方が信憑性を失いやすい。現在の「ポスト真実」状況はおそらく，そんなしくみで成立している。

匿名であることは，沈黙の多数派であることを意味しない。公平な観察者であることも意味しない。ただたんに匿名だからこそ，目立たないからこそ，具体的な疑いを免れやすい。「私的である」という告発を受けにくい。

それが現在のネット社会の「真実」，というか現実であり，だからこそ実名で語れる立場と機会をもつ人間も，匿名で語りたくなる。もちろん，それによって注目され，目立ってしまえば，法人メディアと同じ事態がくり返されるわけだが。

15 マスメディアの現代的課題

だとすれば，そうした状況にどう対応していくかが，今後のマスメディア，特に大きなメディア企業が考えるべき課題になるだろう。法人メディアは良い意味でも悪い意味でも規模が大きい。大きい分，その独自の利害や「偏り」，システム論的にいえば，その自己準拠性が目立つ。少し反省的に観察すれば，「受け手」像の自己定義や作動的な閉じもすぐに見てとれる。

その一方で，規模の大きさは，不特定で不確定な環境のなかで「ニュース」を生産しつづける上で，大きな利点にもなる。とりわけ時間地平がどんどん短くなる現代のなかで，ある程度の時間地平を保ちたければ，そういう意味で批判的な言論機関でありたければ，規模の大きさはむしろ役に立つ。少なくとも，ネット化やパーソナル化ではこれらの課題は解決しない。

それゆえ，メディア企業が考えるべき主題はむしろ，規模の大きさをいかにうまく活かすか，多くの資金と人的資源を抱えるメディア企業でしかできない報道とは何か，にある。例えば，大きな企業だからこそ実現できる多様性や自由度はどこにあるのか。大きな企業ならではの「私的でなさ」＝「公共的でないでない」ことの示し方は何なのか。そういう形で主題化する必要がある。

156

第 3 章　機能分化社会のマスメディア

　機能分化社会のマスメディアの本当の課題はそこにある。それはネット化やパーソナル化の途ではなく，マスメディア・システムがマスメディア・システムとして解決していくべきものだ。すでに述べたように，機能分化した社会では，マスメディア以外のシステムは，マスメディアの報道に不信と懐疑の視線を向けながらも，その報道を通じて外部の情報を手に入れるしかない。マスメディアを100％信じられないにもかかわらず，外部の出来事のほとんどをマスメディアからしか知りえない。

　だとすれば，マスメディアのシステムがその課題をどう解決できるのかは，他のシステムの挙動にも直接関わってくる。学術（科学）のシステムにとっても，もちろん他人事ではない。

　そう考えていくと，現在のメディア不信のもう1つの面も見えてくる。機能分化社会では，メディアは自分以外の分野に関しては素人であらざるをえない。でなければ，機能分化にならない。それゆえ，その報道はつねに浅く，一面的で，かつ誤りやすい。その意味で，機能分化社会のマスメディアは信頼しがたいわけだが，裏返せば，本当に信頼できるメディアがありうるとすれば，全ての機能システムの上位にあるような「究極システム」であるしかない（→注(8)）。それが現実に可能かどうかも疑問だが，それは機能分化社会を否定することでもある。端的にいえば，メディアによって全ての人間の活動が監視されている状態に等しい。

　だから，メディア不信はむしろ機能分化社会の「正常な」状態なのである。送り手のメディアの側も，受け手の私たちも，それを前提にして，マスメディアと機能分化社会の基本性能をどうすれば十分に引き出せるかを考えるべきだろう。社会科学が最も貢献できる場面も，むしろそこにあるのではないか。

注

(1)　林訳では「不特定な宛先」（unbestimmte Adressante）を「不特定多数の相手」と訳しているので，この点は少しわかりづらい。ただし第1章を読めば，訳書だけからでも，ルーマンの定義がどこに注目したものかは十分に読み取れる。日本語訳

の訳文に全体として大きな問題はない，と私は考えている。むしろ，ルーマンのきわめて抽象的で理論的な表現のそれぞれに，身近で具体的な実例を想定できるかどうかの方が，訳書の理解を大きく左右するのではないか。この論考はその実践の試みでもある。

(2) ラジオによる「親密さ」の創出にはもう1つ，日常に近い発声法も関わっていた（宮本 2017）。こうした身体的な近さの感覚は，印刷技術ではつくりにくい。それが不特定な受け手に共有されるという独特な距離感は，電子メディア以降の重要な特徴であるが，この点はあらためて考えたい。

(3) C.ヴォルフによる訳語で，それをI.カントも採用した（石川，2009：237）。

(4) システム類型論を前提にせずに，経験的にシステムを同定する場合，「システムである／でない」を識別する経験的な基準をより明確にする必要があるが（佐藤，2008），そういう立場から見ても，マスメディア・システム論は成り立つと私は考えている。

(5) こうした種類のマスメディアのシステム論としては大黒（2006），西垣通の Hierarchical Autopoietic Theory などがある。学説研究的な解説としては，林香里「ルーマン理論とマスメディア研究の接点」（Luhmann〔1996＝2005〕の訳者解題）も参考になる。

　「情報」をマスメディアのシステムの境界コードだとすれば，こうした解釈は可能だが，機能分化仮説というルーマンのより中心的な命題と矛盾する。経験的にも，マスメディアは機能分化社会内の1つのシステムと考えた方が妥当である。注(8)および9節参照。

(6) 裏返せば，もし「なし」と見なされれば，無意味なことをやっているとされてしまう。「お前の給料はそんなことのために払われているわけではない」「自分の趣味で会社の金と時間を使うな」といわれる。「ニュース価値」に関する入門的な解説としては，例えば大井・田村・鈴木編著（2018）の第5，6，9章を参照。ジャーナリズムの現状が当事者に近い視点で解説されており，他の章も参考になる。

(7) 「基底的自己準拠」（basal self-reference），「自己産出的」（autopoietic），「機能分化」（functional differentiation），「作動的な閉じ」（operational closure）の簡単な解説は，佐藤（2011）の第10〜12章などを参照。

(8) おそらくその点を考えて，ルーマン自身は「情報」をこのシステムの境界を定義する二値コードだとしたのだろうが，この境界定義は混乱を招きすぎるので，ここでは「ニュース価値」だと言い換えておく。

　ルーマンの術語系では，「情報」はコミュニケーション一般の定義要件にもなっ

ている。それゆえ，もしマスメディアのシステムの境界コードが「情報」だとすれば，マスメディアは，パーソンズ流の「究極システム」（telic system）あるいは「全体社会システム」（the societal system）になりかねない。これは機能分化仮説と決定的に矛盾する。また，「外部から部分的・断片的な情報を入力される」という表現も使えなくなる。

(9) だから，例えば，ハーバマスのいう理想的発話状況の現実的な解として，（社会的には）とりあえず参加できた当事者の間で，（内容的には）とりあえず議論にあがった範囲を考慮して，（時間的には）とりあえずの期限内に，暫定的に合意をするが，3つの次元ともに本来は限定されるべきではないので，暫定的な合意はつねに事後的な変更可能性に開かれているものとする。そういうやり方も考えられるが，これはいうまでもなく，ルーマンの自己産出系論のごく近くにある。

さらに，こうした暫定的な合意と事後的な変更可能性がともに制度的な手続きによって保証されている場合には，ルーマンのいう手続きによる正統化とハーバマスの理想的発話状況による正当化が両立可能になる。そういう意味でもルーマンとハーバマスはむしろ同位対立の関係にあり，ハーバマス－ルーマン論争は引き分けだったと考えられる。佐藤（2008；2011）参照。

(10) これも厳密にいえば，複製と保存の可能性によって全てのメディアが必ずそうなるわけではない。情報サーヴィスの購入者と不特定多数の受け手との間で現代のメディアは引き裂かれつづけるとしたら，現在の消費者への情報提供に徹するという方向もありうる。同じ方向性はネットメディアにも見出される。

(11) 例えばCho ほか（2016＝2017）の特に第8章参照。

参照文献

Cho, Hwa-sun ほか，2016, *Seeing the new trend in Korean politics through big data,* HanulMPlus.（原著は韓国語）（＝2017，木村幹・藤原友代訳『ビッグデータから見える韓国』白桃書房）.

石川文康，2009,『カントはこう考えた』ちくま学芸文庫.

Lippmann, Walter, 1922, *Public Opinion,* Macmillan.（＝1987，掛川トミ子訳『世論上・下』岩波書店）.

Luhmann, Niklas, 1981, *Politische Theorie im Wohlfahrtsstaat,* Günter Olzog.（＝2007，徳安彰訳『福祉国家の政治理論』勁草書房）.

Luhmann, Niklas, 1996, *Die Realität der Massenmedien*（*2 Aufl.*）, VS.（＝2005，林香里訳『マスメディアのリアリティ』木鐸社）.

宮本直美，2017，「嗜好対象としての歌声」『嗜好品文化研究』2号.

大黒岳彦，2006，『〈メディア〉の哲学』NTT出版.

大井眞二・田村紀雄・鈴木雄雅編著，2018，『現代ジャーナリズムを学ぶ人のために［第二版］』世界思想社.

佐藤俊樹，1997，「マスメディアするインターネット」『神奈川大学評論』27号.

佐藤俊樹，2008，『意味とシステム』勁草書房.

佐藤俊樹，2010，『社会は情報化の夢を見る』河出書房.

佐藤俊樹，2011，『社会学の方法』ミネルヴァ書房.

佐藤俊樹，2016a，「世論と世論調査の社会学」『放送メディア研究』13号.

佐藤俊樹，2016b，「制度と技術と民主主義」佐藤卓己編『デジタル情報社会の未来』岩波書店.

佐藤俊樹，2018，「自己産出系のセマンティクス」若林幹夫・立岩真也・佐藤俊樹編著『社会が現れるとき』東京大学出版会.

清水剛，2001，『合併行動と企業の寿命』有斐閣.

第4章

現代日本における階層化の様相

近 藤 博 之

1 不平等に対する関心

「格差社会」論

　バブル経済崩壊後の日本経済の停滞は労働者の雇用環境を大きく変え，失業率の上昇，非正規雇用の増大，所得格差の拡大など，さまざまな社会問題をもたらしてきた。とりわけ若年層の境遇がどの指標でも悪化しているのが目立っている。新卒一括採用に始まり，昇給・昇進をともないながら職業キャリアを積んでいくというかつての日本型雇用のイメージは，この20年余りで大きく崩れてしまったといえるだろう。また，労働市場の変化は家族や学校をとおして生活領域の全般に影響を及ぼしており，近年では〈格差〉や〈貧困〉の語が時代を表わすキーワードとして定着している。

　社会の不平等度をとらえるために，しばしば所得分配のジニ係数が計算される。それによると，当初所得のジニ係数は長期上昇傾向にあるが，税や社会保険料や社会保障給付を考慮した所得再分配後のジニ係数は安定的に推移しているという（厚生労働省「所得再分配調査」）。ただし，その場合でも世帯主の年齢が29歳以下の若年世帯や一人親と未婚の子どもからなる世帯のジニ係数は一貫して高い傾向にある。また，相対的貧困率が取り上げられることも多い。これは，社会の平均的な生活水準を前提にそこからの隔たりによって貧困を評価しようとするもので，世帯所得（等価可処分所得が用いられる）の中央値の半分以下の所得に甘んじている世帯員の割合が，その社会の相対的貧困率を表わすと

定義されている。この指標もまた長期上昇傾向にあり，近年の労働市場の変化が若年の子育て世帯に深刻な影響を与えていると解釈されている。

　さらに，子どもの貧困問題の先に教育格差の問題がある。日本では，2000年代に入ってから子どもの学力低下が大きな話題となり，各種の学力調査の結果がマスコミによって頻繁に報道されるようになったが，その学力調査の結果から親の年収や家庭の文化的環境の違いが子どもの学力差の背景として読み取られている（たとえば，文部科学省，2009：11-16）。また，教育費用も増加の一途をたどっており，家庭の経済力が子の進学を左右していること，地域の経済力の差により大学進学率の地域格差が再び拡大しつつあることなどが指摘されている。これらの報告はいずれも「格差社会」の言葉で，現在の貧困や格差が放置されたなら，子の進学機会や就職機会の不利をとおして親世代の格差が次世代にそのまま伝達されてしまうと警鐘を鳴らしている。

　「階級」のリアリティ

　不平等をめぐる近年のこうした動きは，この間の日本社会の変化を明瞭に映しだしている。実際，1980年代までは，経済発展をとおして社会が豊かになり，都市化や情報化の波が地方にも及んで社会を平準化してきたというのが世間一般の認識だった。「一億総中流」の言葉に象徴されるように，ほとんどの人は自分の暮らしを世間並みと考えてきたのである。しかし，1990年代以降の経済の停滞と，次第に勢いを増してきた新自由主義的な考えが人々の生活不安を高めていくにつれて，勝ち組／負け組，上流社会／下流社会などの「階級」のレトリックが社会の動きを象徴的にとらえるものとして再登場してきた（Ishida and Slater, 2010：7-8）。教育の現場では「カースト」の表現すら用いられているという。少し前までは階級や階層の語が死語になったとする見方が一般的だったので，世間の関心はこの20年余りで大きく変わったといえる。

　しかし，マスコミがつくりだす社会のイメージは時代の傾向を象徴しているものの，必ずしも社会全体を科学の視点で正確にとらえようとしたものではない。実際，世論調査の結果から現在の閉塞したイメージに反する例を拾い上げ

ることはそれほど難しくない。たとえば，「国民生活に関する世論調査」（内閣府）によると，1990年代以降も「中」意識が一貫して高い割合を示しており，「下」の割合はこの間ずっと10％を下回ってきた。また，同じ調査から現在の生活に対する満足度を見てみると，2000年代に入ってから「満足」の割合は上昇を続け，最近では4分の3にも達する勢いであることが分かる。したがって，現在，問題とされていることが「豊かさの中の格差」であることは明らかだろう。

　ＳＳＭ調査を用いた社会学者たちの研究も，社会移動の分析をとおしてこれと同じ傾向を確認している。たとえば，1955～95年の間の趨勢を検討した原は，「日本社会は世代間の階層移動が盛んで流動的な社会であるといえる」が，移動の絶対量ではなく相対的な移動機会を比較した場合は，「日本が特に開放的で機会格差の小さい社会であるとも，逆に閉鎖的で大きい社会であるともいえない」と結論づけている（原，2002：35-36）。社会移動の趨勢が長期に安定しているというこの知見は，「階級」の語が示唆する社会のイメージとはやや異なる。2005年のＳＳＭ調査データを用いた石田・三輪（2011）の分析でも，世代間移動の安定した趨勢が確認されており，現代の日本社会における機会不平等が「流動化のなかの格差」あるいは「流動性と安定性の共存」（佐藤・林，2011）であることが示唆されている。

階層研究の課題

　言うまでもなく，不平等はどんな社会，どんな時代にも存在している。現在，問題となっていることは，単なる不平等の事実ではなく，集団レベルでの社会の分化であり，格差のリアリティであろう。カテゴリーでとらえられるそうした差異が社会を階級や階層の観点から論じる根拠となる。ただし，そのような見方が成り立つためには，当のカテゴリーの間に生活条件や生活様式の違いが明確に存在し，そこに序列的な認知や評価が結びつき，人のカテゴリー所属が世代を超えて安定的に維持されているといった事実が確認されなければならない。

この点に関して，従来の階層研究は必ずしも十分であったとはいえない。というのもほとんどの分析が，近代化や産業化を前提に社会が脱階級化・脱階層化していくとの見通しのもとになされてきたからである。したがって，個人の地位達成が出身の影響からどれだけ自由になされているかという点に関心が集まり，その程度を量的に評価することに重点が置かれてきた。しかし，20世紀後半の社会変動を経ても個人のライフチャンスの不平等が少しも変わらないとしたら，社会学の階層研究はそれを単なる個人の不平等として扱うのではなく，社会の分化や対立を念頭に階層化のメカニズムあるいは階級形成を問う方向へと重心を移していく必要があるだろう。

　だが，そのような関心に応えてくれるデータは少ない。実際，政府はあらゆる領域について基礎的なデータを集めているが，それを階級や階層の観点で吟味することはほとんどなされていない。たとえば，所得に関する統計が整備されていても，その情報は労働者の行動や意識から切り離されており，ましてや親と子の間で所得がどう関連しているかは分からない。同様に，教育調査において生徒の家庭背景が調べられることはほとんどないので，教育格差の問題がクローズアップされても，現在の様子が状況の悪化を意味しているのか，それともそれが学校という制度の常態であるのかが判然としない。このように，社会科学的な疑問に応えられるだけのデータ及びデータ分析の蓄積が少ないのである。したがって，不平等問題を読み解くリテラシーが社会のなかに文化として定着しているということもない。

　こうした現実を踏まえるなら，性急な態度で不平等を操作可能な社会事象であるかのようにみなすことはできない。それよりも，現在の不平等がどのような構造をもち，またどんなメカニズムにしたがっているのかを，時間的，空間的な広がりのなかで理解していくことが重要である。少なくとも社会学の階層研究は，そのような観点を保持しつつ実証可能な命題をつくっていく必要がある。

2 日本の階層状況を可視化する

社会空間アプローチ

本章では，P.ブルデューが『ディスタンクシオン』(1990) で用いた社会空間アプローチにしたがって現代日本の階層状況をとらえてみる。[^2]

ブルデューは，既存の階級カテゴリーを無批判に使用することは，それを実体的に扱う危険性があるとして拒否している (Bourdieu, 1985)。たしかに，集団的差異として成り立つ階級カテゴリーを用いて「階級間の差はない」と主張することは自家撞着を含んでいる。これに対して，ブルデューが真の意味で実在すると考えるのは「社会空間」である。それは，物理的空間と同様に距離と方向をもち，一定の広がりのなかに個人や集団が連続的に配置された状態としてイメージすることができる。そこでの位置を決めるのは，社会のさまざまな領域において財としての価値を認められ，獲得競争の対象となっている多様な資源である。ブルデューは，社会の諸領域において権力の基礎となっているそうした資源を広い意味で「資本」と呼ぶが，現代社会では，経済資本，文化資本，社会資本がその代表的な形態となる。個人や集団は，それらの資本の所有状況によって社会空間のなかに特定の位置を占めているとみるのである。

ブルデューは，この社会空間を構成する原理（差異化原理）として主に3つの次元に注目する。第1の次元は「資本総量」の違いである。経済的資源が教育に投資され，教育の成果が追加所得をもたらすというように，各種の資本は相互に転換可能であり，そこでの交換率を前提に資本総量の考えが成り立つ。第2の次元は，どの形態の資本が優勢であるかを示す「資本構成」の違いである。地位達成の仕組みが個人単位で制度化されている現代社会では，コネや縁故に対応する社会資本が表に現れる機会は少なく（もちろん同窓の組織やクラブ所属などが利益をもたらすことはある），経済資本と文化資本の組み合わせが中心となる。そして，第3の次元は，これらの資本状況の時間的な変化を意味する「軌道」である。

ブルデューが「ハビトゥス」の概念を用いて論じているように，社会空間において同じ位置を占めている人々は，類似の生活条件を共有し，そこからよく似た態度・性向を発達させ，日常の生活様式に特徴的な差異を生みだす傾向を内面化させている。しかし，社会空間の上で区別される集合はどこまでも理論的なものであり，言うなれば「紙上の階級」に過ぎない。ブルデューによれば，実体としての「階級」は，同じ境遇にある人々が自らの同質性を意識して集合し，代弁者をとおして彼らの分類枠組みを世間に押し付け，集団として権力作用を及ぼしていくところに発見されるのである。

　結局，社会空間アプローチとは，ブルデューのこのような議論に即して社会の階層状況を多次元の社会空間としてとらえ（次元に関する仮説），社会空間の客観的構造と個人の日常的な生活様式がいかに重なり合っているかを確認し（相同性に関する仮説），その重なり具合から階級形成の状況を問題にしていく（階級化に関する仮説）試みをさしている。このアプローチの特徴は階層を多次元の量的な観点でとらえるところにあるが，社会空間を分析の基盤に据えることでさまざまなテーマを互いに関連させながら取り扱うことが可能となるメリットがある。ブルデューは，それを「社会学は社会位相学として自らを提示してきた」（Bourdieu, 1985：723）という言い方で表現している。

21世紀初頭の日本の社会空間

　社会空間の構築は，諸々の地位変数に多重対応分析（以下，ＭＣＡと呼ぶ）を適用することで行われる。ここでは，少し古くなるが必要な変数が揃っていることから2005年ＳＳＭ調査データを使用する。分析の対象は25〜64歳の有職の男女3,601名とし，対象者の学歴，父母の学歴，対象者の職業に関する情報，父親の職業，年収と資産，親からの贈与，財項目の所有など，27変数93カテゴリーから社会空間を構築してみる。[3]

　図4-1が，ＭＣＡの結果から，第1成分をy軸に，第2成分をx軸に配して社会空間のマップを作成したものである。すべての変数間関連がつくりだす全分散への寄与は，第1軸で55.4%，第2軸で18.2%となり（修正イナーシャに

第4章　現代日本における階層化の様相

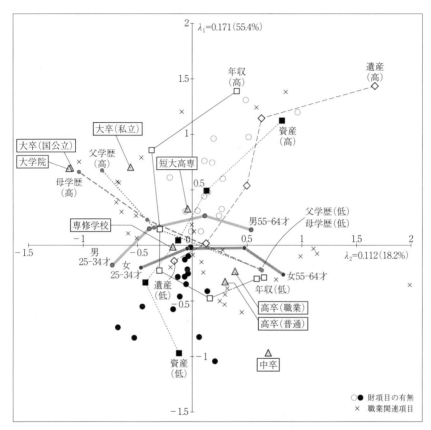

図4-1　社会空間の構築（SSM2005調査から）

（出典）　筆者作成。

よる），全体の4分の3程度がこの座標平面によって表現されている。図4-1では，主だった変数についてのみ成分スコアの位置にラベルを付し，線で結ぶことにより傾向をとらえている（四角で囲んだのは本人の学歴である）。また，男女ごとに4つの年齢カテゴリーの位置を追加情報として上書きしている[4]。

　変数カテゴリーの並びを見ると，右上の第1象限から下方に向けて，年収，資産，遺産の経済的変数が展開し，左上の第2象限から下方に向けて本人学歴と父母学歴の文化的変数が経済的変数と交差する形で展開しているのがわかる。

その他の記号は，本人と父親の職業に関する変数カテゴリー（×），財項目の所有（○）と非所有（●）を省略的に示したものである。ちなみに，○印の内容は上から順に，スポーツ会員権，別荘，美術品・骨董品，株券・債権である。これよりy軸は，ブルデューの場合と同じように資本総量の大小関係をとらえているとみなすことができる。他方，x軸は右へ行くほど経済的変数の値が大きく，文化的変数の値が小さくなるので，概ね資本構成の違いを反映しているとみなすことができる。これもブルデューの場合と同じで，資本総量が多い領域ほど2つの資本タイプの差が明瞭になる。さらに，性と年齢の分布からは，y軸の資本総量に関しては男女の違いが僅かであり，それよりも図に表示した各変数の違いが社会的分化をつくるのに大きく貢献していること，またx軸の資本構成に関しては年齢層の違いが左右の対比と全体的に重なっていることが分かる。

　図4‐2は，既存の職業カテゴリーがこの空間のなかにどう位置づくかを示したものである。ここでは，国勢調査の社会経済分類による17個の職業カテゴリーを当てはめている。MCAでは，同じ構造をもつ空間のなかに変数カテゴリーと対象者個人の位置とが同時に与えられるので，その情報をもとに従事者の平均を求め，社会空間のマップにプロットした。この分類については，収入や学歴などの重要な情報が含まれていないことから，階層的区分としては頼りないという評価が与えられており（岡本，1986；下田平，1992），そのためか半世紀近く前から継続的に作表されているにもかかわらず，政府統計のなかで十分に活用されているとはいえない状況にある。しかし，階層の観点からつくられた唯一の公的カテゴリーであるので，ここではあえて利用することにした。

　17個の職業カテゴリーの差異は，図4‐1の空間的特徴を踏まえて解釈される。たとえば，会社団体役員のカテゴリーに属する人は資本総量が大きい領域に多く集まっているので空間の上方に，労務作業者のカテゴリーに属する人はその逆に資本総量の小さい領域に多く集まっているので空間の下方に，それぞれ位置づけられている。また，商店主や工場主や農林漁業者などの事業主・自営業者は文化資本よりも経済資本において優位であるので右側の領域に，その

第4章　現代日本における階層化の様相

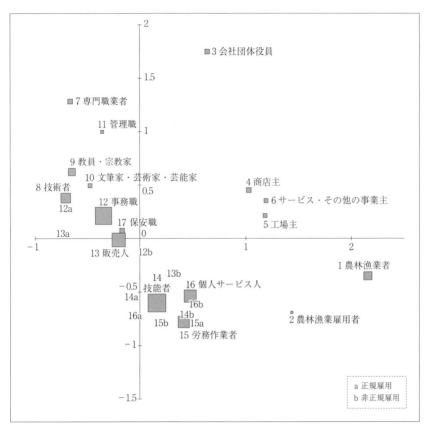

図4-2　社会空間における社会経済分類の布置

(出典)　筆者作成。

反対に専門的・技術的職業に属する人は経済資本よりも文化資本において優位であるので左側に位置している。各々のマークの大きさは表4-1の2005年国勢調査の構成比に対応させている。

　図4-2の空間的配置は，この職業分類が人々の階層的位置をとらえる指標としてかなり有効であることを示唆している。かりに従事者の特徴がどの職業でも似ていれば，すべてのカテゴリーが原点付近に密集する結果になっただろう。だが，実際はそうではない。y 軸に沿った方向には，この空間において資

本として機能する特徴をより多くもつ者とより少なくもつ者との対比がつくられており，x軸に沿った方向には，生産手段を所有する事業主・自営業者と組織に雇用されて働く者との対比が成り立っている。ブルデューは，資本総量の違いに注目して全体を支配階級，中間階級，被支配階級の3つに分けているが，ここでもそのようなおおまかな区分が妥当しそうである。ここでは，便宜的に|3，7，11|，|4，5，6，8，9，10，12，13，17|，|1，2，14，15，16|の3つのグループを区別し，より客観的な表現で社会空間の上位層，中位層，下位層と呼んでおくことにする。

　図4-2では，一部の職業カテゴリー（12～16）について，正規雇用(a)と非正規雇用(b)を区別し，それらの位置を追加的にプロットしている。たとえば，12aは事務職の正規雇用に，12bは事務職の非正規雇用に対応している。両者を区別したのは，日本では職業による階級分類が西欧と同じリアリティをもっておらず，企業の規模や雇用形態の方が区別として重要であると指摘されているからである（岡本，下田平前掲書）。結果をみると，たしかに事務職や販売人の場合は，正規と非正規で位置がだいぶ違っているので一律の扱いには注意が必要だろう。しかし，技能者，労務作業者，個人サービス人については，正規と非正規の別は空間上にさしたる違いをもたらさない。したがって，職業分類が問題になるのは主に中間層においてであり，下位層においてはどんな分類も実際上はそれほど違わないといえる。逆に言うと，下位層ほど「階級」的認識が成立しやすいということである。

社会空間における変化の方向

　他方，この図はクロスセクションの調査データから作成されたものなので，社会空間の時間的変化は反映されていない。これを確認するために，表4-1に各職業カテゴリーの特徴を2005年と1985年[5]で比較した結果を示しておく（農林漁業者は自営者も雇用者も1つのカテゴリーにまとめた）。

　まず，構成比からは拡大カテゴリーと縮小カテゴリーが区別される。この間に規模を拡大してきたのは専門職やホワイトカラー職などの第2象限の職業群

表 4-1 社会経済分類から見た社会空間の変容

		2005年国勢調査[1]			2005年SSM調査[1]				
		構成比	女性割合	平均年齢	大卒割合	平均年収	世襲率[2]	同職率[2]	n
3	会社団体役員	1.8 (−)	13.8 (・)	57.8 (・)	57.9 (+)	807.1 (−)	18.3 (+)	42.6 (+)	50
7	専門職業者	1.7 (+)	26.2 (+)	47.1 (・)	97.4 (−)	835.5 (+)	46.2	14.9	62
11	管理職	0.6 (−)	4.7 (+)	52.4 (・)	59.8 (−)	807.6 (・)	7.3 (・)	7.7 (・)	168
9	教員・宗教家	3.8 (+)	60.8 (・)	42.1 (・)	60.9 (−)	431.1 (+)	31.5 (+)	17.6 (・)	203
10	文筆家・芸術家・芸能家	1.4 (+)	45.9 (+)	42.1 (・)	63.4 (−)	480.2 (+)	36.2	22.2	39
8	技術者	7.0 (+)	45.2 (+)	39.4 (・)	43.6 (−)	453.3 (−)	22.8	8.3	320
4	商店主	1.4 (−)	33.8 (・)	58.1 (・)	28.0 (・)	434.3 (−)	15.3 (−)	44.9 (+)	88
5	工場主	1.3 (・)	7.2 (・)	52.7 (・)	8.1 (−)	606.0 (+)	9.8 (−)	29.7 (・)	77
6	サービス・その他の事業主	1.3 (・)	17.8 (・)	53.1 (・)	17.1 (−)	580.7 (−)	8.8 (−)	26.1 (・)	55
12	事務職	20.0 (+)	61.2 (・)	42.1 (・)	31.7 (−)	364.9 (−)	29.9 (・)	17.5 (・)	769
13	販売人	12.9 (+)	38.4 (・)	41.9 (・)	29.4 (+)	302.6 (+)	9.6 (・)	3.5 (・)	402
17	保安職	1.7 (+)	5.4 (+)	43.5 (・)	18.2 (−)	504.0 (・)	7.6	11.8	38
1・2	農林漁業者	4.6 (−)	42.2 (−)	61.7 (・)	6.7 (+)	436.4 (+)	12.5 (−)	79.8 (・)	104
14	技能者	22.1 (−)	22.9 (−)	43.6 (・)	6.3 (+)	337.3 (・)	32.6 (・)	35.5 (+)	873
15	労務作業者	8.7 (+)	38.2 (+)	45.8 (・)	5.7 (−)	235.6 (−)	5.4 (−)	4.7 (−)	172
16	個人サービス人	9.8 (+)	67.1 (・)	42.4 (・)	7.1 (+)	215.2 (・)	20.3	3.1	262
	全体	100.0	41.7	44.4	26.5	392.4			3,688

(注1) （ ）は1985年との比較で、全体の変化率の±0.05倍を目安に増加（＋）、不変（・）、減少（−）を区別している。
(注2) ±5ポイントを増減の基準とした。1985年の父職のサンプル数が小さいカテゴリーは比較から除外している。
(出典) 筆者作成。

で，それらの職業では女性の進出が盛んであり，平均年齢も相対的に若い。これに対して，事業主・自営業者はいずれも平均年齢が高く，規模も停滞または縮小している。つぎに，大卒割合と平均年収の変化から，各職業カテゴリーが文化資本と経済資本のどちらに比重を移してきたかを見てみると，会社団体役員で学歴が（＋），平均年収が（－），専門職で学歴が（－），平均年収が（＋）というように，上位層では各々相対的に少ない資本を増強してバランスをとる方向に進んできたことが分かる。ブルデューは，小資本所有者における資本転換の戦略に注目していたが，ここでも会社団体役員の動きに教育投資への戦略転換の傾向を読み取ることができる。これに対して，中位層や下位層の場合はどちらも（＋）またはどちらも（－）のパターンが多くなっている。つまり，社会空間のマップを前提とするなら，第1軸に沿って一部の職業カテゴリーは上方に，他のカテゴリーは下方に移行してきたことになる。この間に，どちらの資本も平均以上の伸びをみせて相対的な地位を高めたのは販売人と農林漁業者であり，逆にどちらの資本も減らして相対的な地位を低下させたのは，中位層の技術者，事務職，サービス・その他の事業主，下位層の労務作業者のカテゴリーということになる。

　さらに，世襲率と同職率から各職業の再生産傾向を確認してみよう。世襲率は父親の職業を基準に子の移動先を比較したもの，同職率は子の職業を基準に父親の職業を移動元として比較したものである。世襲率が相対的に高いのは，専門職，事務職，技能者，個人サービス人といった職業カテゴリーで，これらの再生産傾向には教育達成が影響を及ぼしていると推察できる。他方，農林漁業者を含めて事業主・自営業者の世襲率は低い水準にある。これらは，どちらかというと縮小カテゴリーであり，若年者の新規参入が少ないことから高齢化も進んでいる。したがって，それらの同職率は他よりも相対的に大きく内部の純化が進んでいる。

　また，表4-1では1985年ＳＳＭ調査との比較から，各職業カテゴリーで再生産傾向が高まっているかどうかも検討している（ただし，傾向の表示は十分なサンプルがあるカテゴリーに限っている）。会社団体役員の場合は，明らかに再生

第4章　現代日本における階層化の様相

産傾向が高まっている。ただ，空間全体としては世襲率に（−）が多く，同職率に（・）が多いので，再生産傾向は低下している。実際，全体の移動表から安田の開放性係数を計算してみると，1985年が0.745，2005年が0.781となり（事実移動率は0.782と0.797），流動性及び開放性が高まっている。したがって，全体としては流動化しつつ，一部の職業カテゴリーにおいて凝集性が高まったり，世代間の関連が強化されたりしている様子がここにもうかがえる。

3　相同性仮説の検証

　多次元の階層的特徴が重なりを有し，職業を指標にその構造を要約することが可能だとして，つぎにその客観的な構造と日常生活の行動や意識がどの程度対応しているかを見てみよう。つまり，相同性仮説の検証である。この検討もＭＣＡを用いて進められるが，空間どうしの関係が明瞭であればあるほど「階級」の認識が現実味を帯びてくることになる。なお，分析には2005年ＳＳＭ調査のＡ票（日常生活行動）とＢ票（階層意識）を用いた。

日常生活行動のＭＣＡ

　日常生活行動の空間構築に用いた変数は，文化的活動，余暇行動，消費生活などについて行動の有無や頻度を尋ねた35変数91カテゴリーである。[6]個人の嗜好にまで踏み込んだものではなく，行動の外形的な特徴を調べたに過ぎないが，生活条件と行動の相同性を検討するには十分だろう。図4−3がその結果を要約的に示したものである。ここでは，第1軸と第2軸のいずれかに平均以上の寄与がある変数カテゴリーにラベルを付し，それ以外は有無（○，●）または頻度（○，△，●）を区別した記号を付すにとどめている。なお，頻度については項目間でできるだけ等しい割合となるようにカテゴリーを区分した。

　まず，y軸は各々の行動の有無や頻度を区別しており，正の領域が行動への積極的参加，負の領域が消極的参加あるいは不参加の対比となっている。とくに，正領域の上方には学校制度にも関係するいわゆる正統的文化が位置づいて

173

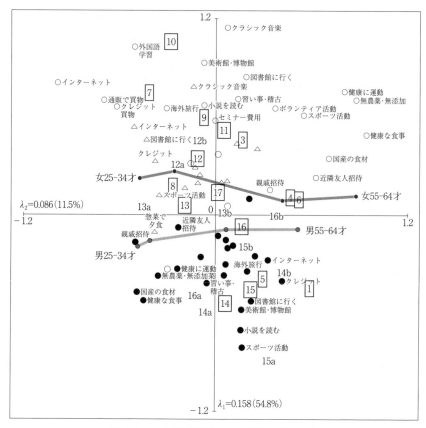

図4-3　日常的生活行動と社会経済的分類の布置

(出典)　筆者作成。

おり，それらが稀な行動であることを示している。それより原点に近づくほど，より大衆的な行動や中程度（△）の頻度が位置づくようになる。他方，x 軸の正の領域には運動や食事についての配慮など健康に対する関心を示す項目が，負の領域にはインターネットの利用やクレジットカードの使用など現代のIT環境を積極的に利用している様子を示す項目が並んでいる。性別と年齢を追加処理によりプロットしてみると，第1軸には男女差が関係し，第2軸には年齢差が関係していることが分かる。学習的意味合いの強い文化的行動は女性にお

第4章　現代日本における階層化の様相

いてより活発に追求され，IT 環境に見合う新しい消費行動は若年層が中心であるといえる。しかし，図4-2と同じように，ここでもy軸については男女差を超えた社会的分化がつくられている。ブルデューはその対比を「必要性からの距離」によって説明したが，そうした時間的及び金銭的なゆとりが行動の根底に横たわっている。重要なのは類似の行動が空間の上でクラスターをなしていることである。それらが象徴的な意味をまとっていれば，人の行動は彼らの生活様式を区別し，客観的な生活条件を類推させる目印として機能するものとなる。

　図4-3には，社会経済分類による職業カテゴリーの位置を追加処理によりプロットしているが（煩雑にならないように囲みつきの番号で示している），それらは概ね予想された位置関係を示しているといえるだろう。y軸の位置について比較するなら，専門職や組織のホワイトカラーなど一定の学歴を必要とする職業で学習的活動への参加が高く，事業主・自営業者を含む現場のマニュアル職業群でそれらへの参加が一様に低い。多少とも費用を伴うこれらの文化的行動が彼らの仕事に直接的な関連をもつことはあまりない。y軸の違いをつくっているものが女性割合の差だけではないこと，x軸の違いも年齢差だけではないことは，表4-1の情報を比較してみれば明らかである。たとえば，事務職と個人サービスはどちらも同じような性・年齢構成となっているが，この空間での位置関係はだいぶ異なる。同じことは会社団体役員と商店主の間にも言える。したがって，性と年齢によって規定されているかに見える日常的行動も，その違いを階層的差異として読み取ることが可能である。

　図4-3には，一部の職業について正規と非正規を区別した結果もプロットしている。全体に正規雇用の方が左側に位置し，若者の消費行動に近いことが示されているが，上下の位置を比較すると，意外なことに販売人を除いては正規雇用よりも非正規雇用の方が活動参加に積極的であることが分かる。しかし，そのような違いはあるものの，ここでも中位層の違いは中位層の領域に，下位層の違いは下位層の領域にとどまっている。それが意味しているのは，行動という目に見える形での集合的差異にほかならない。

175

不平等意識・政治意識のＭＣＡ

つづいて，行動よりも目に見えにくい意識についてとりあげよう。分析に用いたのは18変数48カテゴリーで，不平等について尋ねた質問項目からなる。[7]

図4-4が，これまでと同様にＭＣＡの結果を平面図で表わしたものである。図に表示があるのはy軸またはx軸において平均以上の寄与をもつカテゴリーで，〇はそれぞれの意見に対して「そう思う」，●は「そう思わない」，△は「どちらともいえない」に対応している。y軸の上方にあるのは，現実の地位配分の仕組みに問題はなく，格差が大き過ぎるとは思わない，したがってその是正が急務とは言えず，とくに政府がそのことに積極的に関与する必要はないといった意見群である。これに対して，下方にあるのは現実の地位配分の仕組みが妥当ではなく，競争の結果は受け入れがたく，格差を是正することに政府が積極的に介入すべきだとする意見群である。現実の階層構造を肯定する利益層とそれより疎外された不利益層の対比が明瞭に読み取れる。社会的強者の意識と社会的弱者の意識といってもよいだろう。

他方，x軸は右側の正の方向に「どちらともいえない」の態度不明の意見群が位置し，左側の負の方向に「そう思う」または「そう思わない」の態度の明確な意見群が位置している。この対比は，ブルデューのいう「意見生産能力」の違いに対応しているようにみえる。これは留置き調査の結果なので調査員が面接する場合とは状況がやや異なるが，それでも質問紙の選択肢をとおして自分の意見を表現したいと考える人たちと，そうした意見はとくにはなく，またあえて表現するつもりもないという人たちに分かれるのは確かである。

図4-4では，これまでと同様に16個の職業カテゴリーの位置を追加処理により番号でプロットしている。たとえば，この空間の一番上に位置づけられている職業は3の会社団体役員である。正規と非正規の違いは，下位層ではきわめて小さく，事務職と販売人においてのみ明瞭な違いが認められるので，12と13についてのみ正規(a)と非正規(b)の別を書き込んでいる。また，性別と年齢の組み合わせを線で結んでいるのも，これまでと同じである。さらに追加変数として，支持政党，階層帰属意識，学歴を付け加え，いずれも記号を用いて図に

第4章　現代日本における階層化の様相

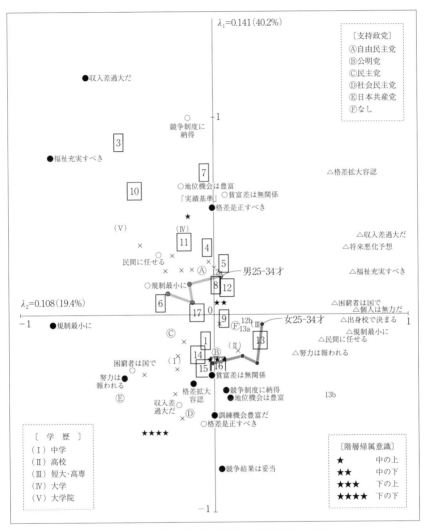

図4-4　不平等に関する意識と社会経済的分類の布置
（出典）　筆者作成。

上書きしている。これらの追加変数のカテゴリーは，この空間マップを構築するのに関与しておらず，事後的に意見分布の重心として個人の位置から求めたものである。

177

まず，男女差は y 軸の対比に関連し，年齢差は x 軸の対比に関連しているようにみえる。つまり，現実の不平等を肯定的に評価する意見は男性に多く，それに否定的な意見は女性に多いということである。また，若い人の方が不平等に対する態度が意外にも曖昧で，高齢者になるほど肯定・否定のはっきりした意見を持っていることが分かる。では，16個の職業カテゴリーの布置はどうか。ブルデューは『ディスタンクシオン』において，資本総量の豊かな人々が現実肯定の意見をもち，それが同じなら文化資本の高い人ほど明確な態度をもつと論じている（ブルデュー，1990（II）：295-316）。その観点から職業カテゴリーの並びをみると，y 軸に関しては，上位層，中位層，下位層の３つのグループが図４−２の社会空間の場合とほぼ同じ位置関係で再現されており，ブルデューの分析がここでも概ね妥当している。階層帰属意識の各カテゴリーも期待通りの位置を示しており，資本総量の差異が不平等に関する意識を規定している様子がうかがえる。なお，教員・宗教家の位置が例外的に低い位置にあるのは，彼らの場合は専門職のなかでも不平等に対してとくに批判的な評価を下しがちな環境にいるからであろう。

　他方，x 軸における意見生産能力については，ブルデューの仮説が部分的にしか当てはまっていない。というのも，経済資本が優位な会社団体役員が専門職や管理職よりも左側に位置しているからである。中位層においても，サービス・その他の事業主が技術職や事務職よりも左側に位置している。表４−１に示すように，サービス・その他の事業主の学歴はそれほど高いわけではない。したがって，資本構成の差異との関連はここではあまり現われておらず，それよりは性別や年齢の方が意見との関連が強そうにみえる。

　つぎに，支持政党（2005年当時の政党）の位置を確認してみよう。それぞれの位置は原点からさほど離れておらず，政治的に対立した状況にあるようにはみえない。もちろん，各政党の特徴はこの空間のなかにある程度は反映されている。自由民主党（Ａ）は格差の現状を肯定的に評価する人々によってより多く支持されており，公明党（Ｂ），社会民主党（Ｄ），日本共産党（Ｅ）は格差に否定的な反対側の領域に位置している。また，態度が曖昧な x 軸の右側の領域

に位置するのは支持政党なし（F）であり，日本共産党や民主党（C）はその反対側にある。とはいえ，上下の位置の違いは自公連立政権によって吸収されており，見かけほどの対立的関係が現実世界に存在しているわけではない。何よりも，それぞれの位置の重みが著しく異なっている。人数が一番多いのは「支持政党なし」であり，その半分程度が「自由民主党」，さらにその半分程度が「民主党」となる。したがって，2005年の政治的状況は原点付近の小さな三角形によってつくられ，その大半が「どちらでもない」意見によって占められていたといえる。そのように，不平等についての意識が政治的対立としてほとんど現れてこないという意味で，「階級政治」はもちろん「地位政治」（今田，1989：140-147）からも程遠い状況にあるといえる。

　以上，日常生活行動と不平等に関する意識をとおして，社会空間との相同性について吟味してきた。その結果，y 軸に関しては資本総量の差異が行動にも，意識にも明瞭に反映されており，その範囲で上位層，中位層，下位層のグループ分けが成り立つことが確認された。ただし，支持政党の分布からうかがえるように，人々がその差異を自他の違いとして対立的に認識し，表明している様子はない。他方，x 軸に関しては資本構成の違いよりも，性別や年齢が主たる差異化要因になっていた。このように行動や意識に多様な差が観察されながら，それが必ずしも階級的な様相を呈していないのは，社会空間における移動率の高さに基本的な原因があるのかもしれない。日本の場合は，階級形成がより多く制度的文脈に依存している点に特徴があるとされるが（Ishida and Slater, 2010：10），戦後の教育，職業，所得における共通の流動経験が文化的異質性の成長を抑えてきたと考えられるのである。

4　学校化社会と階層

地位の非一貫性

　社会全体の階層状況を多次元の社会空間としてとらえてみると，たいてい一次元性の強い空間が現れる（近藤，2011）。そのことも，社会空間アプローチに

おける重要な論点の1つとなる。

　たとえば，「地位の非一貫性」という考え方がある（今田・原，1979）。そこでは，社会の効率性から資源配分の不平等が避けられないとしても，学歴が低くとも所得の高い人がいるというように，各種資源の重なりを小さくすることで個々の不平等を相殺する効果が生まれ，階級社会のような極端な不平等が回避できると説明される。そのような観点から，今田は高度成長期後の日本社会を振り返り，「日本では，《地位の非一貫性規範》が制度化されており，これが政治的な安全弁の機能を果たしてきた」と論じている（今田，1989：169）。社会空間のマップで表現するなら，その傾向はx軸における経済資本と文化資本の分離として表わされる。他方，古くからあるメリトクラシーの議論は，それとは逆の動きを予想する。というのも，メリトクラティックな分配原理が徹底されれば，教育と職業と所得の結びつきは強くなり，それだけ階層構造の一次元性が強まっていくからである。現在，この見方は「学校化社会」という言葉で表現されている（Baker, 2014）。それは，「すべての子どもや若者が長期にわたり学校教育を受け，その結果として成人としての地位も学業達成によってほとんど決まるのみならず，すべての制度がますますもって社会的制度としての教育に起源をもつ考え方，価値，規範に影響を受けるようになっている社会」と定義される。したがって，社会の学校化が進むほど経済資本と文化資本の重なりが大きくなり，社会空間はより一次元的なものになると予想される。

　2015年ＳＳＭ調査がすでに実施されているので，いずれ同じ方法を用いてどちらの見方が現実的であるかが検討されるだろう。ここでは，「過剰教育」に関する最近の議論をとおして，1990年代以降の日本社会が後者に傾いていることを指摘しておきたい。

過剰教育をめぐる議論

　現代の階層化メカニズムの中心は社会空間の第2象限に求められる。この領域は，公務，教育，医療・福祉，金融，情報・通信，等の第3次産業によって牽引され，専門職や事務職を中心に高学歴化が進んできた領域である。しかし，

1990年代の後半になると，高等教育がこれまで以上のペースで拡大を続ける一方，専門職や管理職の伸びが絶対的にも相対的にも停滞し，次第にこれまでの教育と職業の対応関係に齟齬が生じるようになってきた。また，近年では途上国でも急速な高学歴化が進んでおり，高学歴者たちはグローバル経済のなかで国際的な競争圧力にさらされるようになったとも指摘されている（Brown et al., 2011：6-11）。こうしたことから，教育界では学歴インフレあるいは過剰教育が再び注目されるようになっている。実際，大学生の増加とともに卒業後の就職状況は厳しさを増しており，「従来のようにタテの学歴ではなく入試偏差値に象徴されるヨコの学歴が重要である」，あるいは「学歴は雇用選抜の最低基準に過ぎず，大卒者たちはいかにすぐれた行動能力や人格特性をもつかを企業に対してアピールしなければならない」などと論じられている。

　しかし，卒業後に専門職に就いたり大企業に就職したりする大卒の割合が低下しているとしても，それがただちに過剰教育となるわけではない。というのも，すぐに仕事の定義が見直され，大卒が数多く進出している領域に新たな名称をもつ専門的な仕事がつくりだされていくからである。したがって，労働者全体を大卒と非大卒に分け，職業の方も大卒の多い職業を上から順に並べて，従業員の累積度数が大卒者全体の度数に等しくなるところまでを仮に大卒向きの仕事とみなしてみると，そのようにしてつくられた学歴と職業の 2 × 2 表の関連の強さは1970年代以降，ほとんど変化していないことが確認される（近藤, 2017）。同様に，2000年代の教育投資の収益率を推計した島（2017）は，偏差値ランクの低い大学の卒業生でも3.7％〜5.0％のプラスの収益率が得られていると報告している。つまり，学歴による棲み分けが基本的には変わっていないのである。

　諸外国の計量分析の結果をみても，高学歴化によって学歴の効用が単純に低下しているわけではないようである（Kreidl et al., 2014）。これは，大卒の地位が低下する以上に，非大卒の地位が低下しているからにほかならない。全体に高学歴化が進むと，低学歴者に対する負の選抜（スティグマ）が強く働くようになるが，そうした傾向は社会空間の第 2 象限と第 3 象限の職業群の距離が截

然と保たれるところに観察できる。そうして，教育と職業の対応関係が変化しているにもかかわらず，社会空間の一次元性が維持されるのである。

学歴の象徴的効用

では，なぜ相対的な学歴差が保たれるのか。現代のように学校化が進んでくると，教育と地位が関連するのは当たり前のように思われるが，その問いには第2象限の発達にも関係する重要な意味が含まれている。

教育と地位の結びつきの根拠を実体的（技術的）な平面でとらえるか，象徴的（社会的）な平面でとらえるかによって大きく2つの立場が分かれる。産業社会における専門的な知識やスキルの有用性を重視する社会学の機能主義理論，あるいは教育を将来の利益を高めるためになされる投資とみなす経済学の人的資本理論は，高学歴者のもつ技術的能力こそが彼らの地位の根拠であると説明する。現在，それは問題解決のために抽象的シンボルを操作したり，高度のコミュニケーションを遂行したりする能力として定義され，知識基盤社会においてますます重要度が高まっていると説明される。大卒が高卒に取って代わったのは，彼らのもつ専門的な知識やスキルが必要だからということになる。

これに対して，教育と地位の関連を技術的能力ではなく社会的能力から説明する理論がある。ブルデューの文化資本はそのような見方の1つといえる。実際，高学歴者が高い知識やスキルを持っているとしても，それは無媒介に個人の生産能力として発現するわけではない。能力に関する規範（能力の文化）を媒介にして，そのような関係が成り立っている。個人の能力は，本来，複合的でかつ連続的なものであるが，学校制度をとおしてそれが比較可能な段階的なものとして表象され，タテ・ヨコの学歴や資格からその違いが読み取られる。教育システムが長い年月をかけてつくり上げてきたそうした結晶のような分類と，職業の世界に成立している仕事や地位の分類とが労働市場をとおして結びつけられるのである。したがって，この規範的な関係システムのもとでは，低学歴者が同じ仕事をなしたとしても高学歴者と同等の評価が与えられることはない。そもそも，そのような能力を証明する機会が低学歴者に対してはほとん

ど閉ざされているのである。

　社会の学校化が進むと，個人の能力はますます学校制度をとおして定義されるようになり，制度に対する信頼のもとに学歴別の処遇がその合理性を問われることなく適用されていく。人を雇う側も，雇われる側も，社会の行動規範に従うことが現実的な選択となるのである。そうした社会の有様を，先に紹介した学校化社会論は，教育は経済の要求に従うだけの二次的制度ではなく，いまや教育の方が一次的制度となって経済側の要求に形を与えていると表現している（Baker, 2014：8-13）。

社会空間と利害

　第２象限に位置する人々は，いわば学校制度の利用者である。彼らは，近代的な組織の一員として自らを第１象限の事業主・自営業層から区別し，また教育システムの成功者として第３・第４象限の下位層から距離をとろうとする。現在の日本では教育改革に関してさまざまな提案がなされているが，そこには彼らが得たのと同じ教育経験を世代的に確保し，その機会をできるだけ広げたいとする願望が含まれている。実際，教育格差の是正をより強く求めているのは下位層ではなく，教育依存に比して経済資源に乏しい中位層であるに違いない。たとえば，図４-４と同じ質問紙のなかの「子どもには高い教育を受けさせるのがよい」という意見で比較してみると，肯定の割合は上位層69％，中位層63％，下位層48％，同じく「子どもには塾・家庭教師も必要だ」という意見では，肯定の割合が上位層37％，中位層36％，下位層26％となる。

　そのように，社会空間の位置によって教育に対する要求が異なることは明らかだろう。実際，奨学金の拡充は大学の入口に到達した人でなければ無意味であるし，英語教育の導入や選抜は，将来，それを道具として使う可能性をもつ人にとってのみ有益であるに過ぎない。しかし，問題はそれだけではない。日常生活を超越する内容によって教育システムが構築されることは，ブルデューが洞察したように，学校的知識を日常世界での不定形な習得から区別し，体系的知識の優位性をとおして高学歴者の地位を正当化するのに貢献するのである

（ブルデュー，1991：66-81）。教育システムが専門職者と同時にクライアントを
つくりだすことは，これまでにも多くの者が指摘してきたところである。ブル
デューと同様に文化資本の概念を用いて現代社会の階層構造を読み解くグール
ドナーも，「生産性は何よりもまず科学とテクノロジーに依存し，社会問題は
テクノロジカルな基礎のうえに立って，また教育によって得られた技術的能力
を用いることによって解決しうる」とするイデオロギーを産出し，所得分配を
そのような特殊な言説空間への参加度に基づかせる仕組みを制度化していくと
ころに，第2象限をリードする知識人の社会的役割を認めている（グールドナ
ー，1988：41-60）。

　現実の階層構造がもつこのような象徴的側面を一切考慮せず，技術的説明に
与するだけだと，不平等の原因は個人の能力差またはその発達を阻害する環境
の不備とのみとらえられてしまう。つまり，家庭や学校における各種要因の剝
奪論である。それは，経済的不平等の原因を経済の問題としてではなく，教育
体制の不備に求める教育還元主義でもある。その説明にどんな因果的理解が繰
りだされていようと，そこには教育利用層がライフチャンスの平等を名目に自
分たちの地位を確認し，その安定性を世代的に確保していこうとする意図が滲
みだしている。そのように，現代社会の階層は学校制度の働きと密接不離に関
係している。われわれは，格差社会の現実とともにそこに潜む階層化のメカニ
ズムを多様な角度と水準で明らかにしていく必要がある。その課題において，
社会空間は効果的な道案内のマップとなるだろう。

付　記　2005年ＳＳＭ調査データの利用について，2005年ＳＳＭ研究会の許可を得た。

　注
⑴　社会学者が中心となって1955年から10年ごとに行われている「社会階層と社会移
　　動に関する全国調査」の略称。
⑵　ブルデューの量的分析を解説したものに，Robson and Sanders（2009），Grenfell
　　and Lebaron（2014）がある。また，ノルウェーの Rosenlund（2009）と英国の

第4章　現代日本における階層化の様相

Atkinson（2017）は，本章と同様の分析をより体系的に行っている。

(3)　使用した変数はつぎに示すとおり。分析は，変数ごとに度数の小さなカテゴリーを空間構築の条件から除外する特殊的ＭＣＡを用いた（Le Roux and Rouanet, 2004）。なお，分析にはサンプリング・ウェイトを使用している。

　　　{対象者の学歴［中学／高校（普通科）／高校（職業科）／専修学校／短大・高専／大学（国公立）／大学（私立）／大学院］，就業上の地位［経営者・役員／正規雇用従業員／非正規雇用従業員／自営業主・家族従業者］，従業先の規模［官公庁を区別した6段階］，仕事の内容［国勢調査大分類による8区分］，役職［役職なし／係長・課長／部長・役員］，年収［7段階に分類］，資産［5段階に分類］，贈与及び遺産の額［5段階に分類］，財項目の有無［持ち家，子供部屋，ピアノ，食器洗い機，温水洗浄便座，クーラー・エアコン，衛星放送・ケーブルテレビ，ＤＶＤレコーダー，パソコン・ワープロ，高速インターネット回線，スポーツ会員権，文学全集・図鑑，美術品・骨董品，株券または債権，乗用車，別荘］，父学歴［義務卒，中等卒，高等卒］，母親の学歴［父学歴に同じ］，15歳時の父職［国勢調査大分類による8区分］}

(4)　性別及び年齢変数の位置は，個人の成分スコアをもとに対応するカテゴリーの平均を求めたもの。事後的になされるこうした操作は，一般に「追加処理」と呼ばれる。

(5)　1985年ＳＳＭ調査の男性Ａ票と女性Ｆ票を合併し，2005年の場合に準じたウェイトを適用した。

(6)　使用した変数はつぎのとおり（カッコ内はカテゴリー数）。分析対象は1,833名。

　　　{文化的行動［クラシック音楽のコンサート（3），美術館・博物館（3），カラオケ（3），スポーツ（3），図書館（3），スポーツ新聞・女性週刊誌（3），小説や歴史本（3），趣味の習い事・稽古ごと（2），外国語の学習（2），海外旅行（2），ボランティア活動（2）］，消費行動［クレジットカードで買い物（3），インターネットで買い物やチケット予約（3），通信販売で買い物（3），国産の牛肉や野菜を選ぶ（3），無農薬・無添加食品を購入（3），クリーニング店を利用（3），惣菜で夕食を済ます（3）］，費用節約行動［食料品費（2），衣服費（2），クリーニング費（3），新聞・雑誌・書籍（3），インターネットや携帯電話（2），交際費（2），外食費（2），スポーツ費用（3），旅行費用（3），講演・セミナー費用（3），映画・コンサート費（3）］，過去1年間の自宅への招待［親戚（2），職場友人（2），近隣友人（2），学校友人（2）］，健康に関する意識［健康に気をつけた食事（2），健康のために運動（3）］}

(7) 使用した質問項目を概略的に示す（カッコ内はカテゴリー数）。分析対象は1,768名。

｛「地位や収入の機会は豊富にある」（2），「地位や収入を得る競争のしかたに納得」（2），「大学教育機会は貧富差に関係なく平等だ」（2）「学校以外にも教育訓練機会が豊富にある」（2），「地位や経済的豊かさにふさわしい分配基準は」（4），「チャンスが平等なら競争による貧富差はしかたない」（2），「競争の自由より格差をなくすことが大切」（2），「社会よりも個人の自由がずっと重要」（2），「頑張っても社会はよくならない」（3），「今後，格差が広がってもよい」（3），「出身校で人生が決まる」（3），「収入の格差が大きすぎる」，「10年後の格差は今より大きいだろう」（3），「富者に増税して恵まれない人の福祉に」（3），「経済に対する政府規制は少ないのがよい」（3），「公的サービスは民間企業に任す」（3），「理由によらず生活困窮者は国が面倒」（3），「努力していれば必ず成果が得られる」（3）｝

参照文献

Atkinson, W., 2017, *Class in the New Millennium : The Structure, Homologies and Experience of the British Social Space,* Routledge.

Baker, D. P., 2014, *The Schooled Society : The Educational Transformation of Global Culture,* Stanford University Press.

P. ブルデュー，石井洋二郎訳，1990，『ディスタンクシオン』Ⅰ・Ⅱ，藤原書店.

P. ブルデュー，宮島喬訳，1991，『再生産──教育・社会・文化』藤原書店.

Bourdieu, P., 1985, "The Social Space and the Genesis of Groups," *Theory and Society,* 14, November.

Brown, P., H. Lauder, and D. Ashton, 2011, *The Global Auction : The Broken Promises of Education, Jobs and Incomes,* Oxford University Press.

A. W. グールドナー，原田達訳，1988，『知の資本論──知識人の未来と新しい階級』新曜社.

Grenfell, M. and F. Lebaron, 2014, *Bourdieu and Data Analysis : Methodological Principles and Practice,* Peter Lang.

原純輔，2002，「産業化と階層流動性」原純輔編著『流動化と社会格差』ミネルヴァ書房.

今田高俊，1989，『社会階層と政治』東京大学出版会.

今田高俊・原純輔，1979，「社会的地位の一貫性と非一貫性」富永健一編『日本の階層構造』東京大学出版会.

第4章　現代日本における階層化の様相

石田浩・三輪哲, 2011, 「社会移動の趨勢と比較」石田浩ほか編『現代の階層社会2　階層と移動の構造』東京大学出版会.

Ishida, H. and D. Slater, 2010, "Social Class in Japan," in Ishida, H. and D. H. Slater (eds.), *Social Class in Contemporary Japan : Structures, Sorting and Strategies*, Routledge.

近藤博之, 2011, 「社会空間の構造と相同性仮説——日本のデータによるブルデュー理論の検証」『理論と方法』26-1.

近藤博之, 2017, 「ジニ分離指数を用いた学歴‐職業関連の分析」『大阪大学大学院人間科学研究科紀要』43.

Kreidl, M., H. B. G. Ganzeboom, and D. J. Treiman, 2014, "How did Occupational Returns to Education Change over Time ?" PWP-CCPR-2014-017, California Center for Population Research, University of California.

Le Roux, B. and H. Rouanet, 2004, *Geometric Data Analysis : From Correspondence Analysis to Structured Data Analysis*, Kluwer Academic Publishers.

文部科学省, 2009, 『平成21年度文部科学白書』.

岡本英雄, 1986, 「社会経済分類の再検討」『上智大学社会学論集』10.

Robson, K. and C. Sanders, (eds.), 2009, *Quantifying Theory : Pierre Bourdieu*, Springer.

Rosenlund, L., 2009, *Exploring the City with Bourdieu : Applying Pierre Bourdieu's Theories and Methods to Study the Community*, VDM.

佐藤嘉倫・林雄亮, 2011, 「現代日本の格差の諸相」佐藤嘉倫・尾嶋史章編『現代の階層社会1　格差と多様性』東京大学出版会.

島一則, 2017, 「国立・私立大学別の教育投資収益率の計測」『大学経営政策研究』7.

下田平裕身, 1992, 「『社会政策』視点からの『社会階層』認識——基礎的統計における社会集団分類法の吟味から」『季刊　社会保障研究』27-4.

第5章

情報社会と社会システム
——文化変容とネットワーク——

正 村 俊 之

1 現代社会のターニングポイント

目立たぬ変化

社会の変化は，時に目立たないところから始まるものである。1970年代に福祉国家を基礎にした戦後体制が行き詰まり，80年代から新自由主義的な政策が世界に浸透していったが，この変化もそうした変化の1つといえる。

20世紀の歴史を振り返ってみると，重大な変化と誰もが認めるような出来事は他にもあった。20世紀初頭には社会主義政権の誕生によって，世界が資本主義体制と社会主義体制に二分されたし，日本では第2次世界大戦後に憲法改正をつうじて社会の枠組みが大きく変化した。これらの出来事と比較すると，70年代に生じた出来事は些細な変化に映る。しかし，その後の歴史を辿ってみると，この変化が「福祉国家の行き詰まり」といった言葉では語り尽くせない影響を及ぼしていることがわかる。

「福祉国家」の概念は，第2次世界大戦中のイギリスのベヴァリッジ報告のなかに登場したが，国家による公共的機能の集中は，国家が軍事・警察機能を一手に引き受けるようになった17世紀に始まる。そして，絶対主義国家から国民国家へ移行した19世紀後半には，近代国家は，教育・電信・社会保障といった公共的機能の遂行にも着手した。その末に福祉国家が誕生したのであり，福祉国家は国民国家のいわば完成形態であった。

そして，20世紀における社会主義国家の誕生も戦後日本の憲法改正も，同じ

流れのなかにあった。社会主義国は，自らの体制こそ国民主権を実現した真の民主主義国家であることを標榜し，また国民主権と国民の文化的生活の保障を謳った戦後の日本国憲法も，近代的な国民国家の実現を目指した。要するに，社会主義国家の誕生，福祉国家の建設，日本国憲法の改正は，いずれも近代国家の発展の延長線上に位置していたのである。

新自由主義の台頭

ところが，1970・80年代は，公的部門の成長という，過去数世紀にわたって続いてきた流れが変化するターニングポイントとなった。戦後，資本主義国も社会主義国も高度経済成長を遂げたが，70・80年代を境に失速した。多くの社会主義国が90年代に入って崩壊したのに対して，資本主義国は，規制緩和と民営化を柱にした新自由主義的な改革をつうじて再生をはかったが，この時期は資本主義にとっても大きな転換点となった（正村，2014；2017）。

まず，金融の規制緩和が行われ，金融経済が肥大化した結果，資本主義は，生産活動をつうじて利潤を追求する産業資本主義から，金融取引によって価値増殖をはかる金融資本主義へと変貌していった。また実体経済の面でも，資本の自由化によって多国籍企業が急速な発展をとげ，経済のグローバル化が本格化した。[1]

そして19世紀の国際化と違って，グローバル化が進んだ現代では，国家だけでなく，多国籍企業，ＮＧＯ，テロ組織，反グローバリズム運動組織など，多種多様な非国家的主体が重要なアクターに含まれるようになった。国際政治学では，1990年代に「私的権威の台頭」が指摘され，業界団体をはじめとする私的な組織によって「プライベート・グローバル・レジーム」が形成された。その結果，国民国家の集合としての国際レジームは，国家と非国家的主体によって構成されたグローバル・レジームへと変化してきた。ナショナルなレベルとグローバルなレベルのいずれにおいても，公的部門に対して私的部門の力が増大してきたのである。

このように1970・80年代を境に，公的部門の成長という，それまで数世紀に

わたって続いてきた近代社会の流れが反転し始めた。新自由主義的な政策に依拠したグローバル化がその後の変化を導く主導的な要因となったが、そこにはもう1つの要因が関与している。それが情報化である。

ネットワーク社会としての情報社会

情報化は1960年代から始まるとはいえ、真の意味で情報化の影響が現れるのは、コンピュータがネットワーク化され、新しいコミュニケーション・メディアとして機能するようになってからである。80年代以降、特にインターネットが一般に開放された90年代以降、コンピュータ・ネットワークは、社会のインフラ的基盤として作用するようになった。

コンピュータ・ネットワークであれ、社会的ネットワークであれ、ネットワークの特徴は、要素間の関係が柔軟かつ流動的に再編されていく点にある。社会的ネットワークは、友人関係のように古くから存在していたが、20世紀の組織や社会の支配的な形態ではなかった。官僚制組織が20世紀の代表的な組織形態であったのは、その明確な規則と階層的な意思決定構造によって大規模な組織を創り上げることができたからである。

ところが、情報化の進展に伴って組織の情報処理能力が高まると、階層的な意思決定構造と厳格な規則は、組織編成の不可欠な条件ではなくなった。そのため、官僚制組織は、そのすべてではないが、ネットワーク組織へ移行していった。ネットワーク組織では、組織内・組織間の関係がネットワークという緩やかな関係によって編成され、状況に応じて流動的に組み替えられていく。こうした流動的な社会関係や柔軟な分業構造のインフラ的基盤となったのが、コンピュータ・ネットワークである。人的資源や物的資源に関する膨大な情報を蓄積・処理しうるインターネットは、それ自身が無数のコンピュータ・ネットワークを自在に結合した「ネットワークのネットワーク」である。

先に述べた70・80年代以後の現象は、いずれもインターネットに代表されるコンピュータ・ネットワークを基礎にしている。多国籍企業は、国境を越えた社内ネットワークや社外ネットワークをつうじて、世界的に分散している生産

拠点を統合した。現代の金融資本主義は，世界中に張り巡らされた金融ネットワーク・システムのうえに成り立っている。そして，政治に関与する宗教的なテロ組織も，インターネットを利用してグローバルな活動を展開している。

　今では，コンピュータ・ネットワークをインフラ的基盤にして，ローカルなレベルからグローバルなレベルに至る重層的な社会的ネットワークが構築されている。インフラといっても，インターネットは道路や橋と違って，電子メディアというコミュニケーション・メディアである。パーソナル・メディア（話し言葉）やマス・メディアに，電子メディアが重層的に付け加わるなかで，社会的コミュニケーション様式が変化し，社会関係のネットワーク化が進行してきた。

　現代社会に対しては「グローバル社会」「リスク社会」「高齢化社会」等，さまざまな形容が可能だが，情報的視点に立つならば，現代社会は，コンピュータ・ネットワークという基盤のうえに，社会的ネットワークが重層的に構築された「ネットワーク社会」である。情報社会というのはネットワーク社会でもある。

　インターネットが一般に開放されてから約20年が経過した今，情報化のブームは過ぎ去った。しかし，情報化は再び新たな段階を迎えようとしている。新しい情報技術の誕生に伴って，情報技術と社会の関係が改めて問われなければならない。ただその議論に入る前に，技術と社会の関係をめぐる過去の論争に一瞥を与えておこう。

2　技術と社会の関係

技術決定論とその批判

　情報社会論が隆盛を迎えた際，情報社会論は技術決定論であるという批判を浴びた。たしかに，多くの情報社会論は，技術の発明によって社会の変化を説明した。情報技術の革新によってもたらされる情報革命を，農業革命，産業革命に続く第三の革命として位置づける見方はその典型である。このような議論

が技術決定論的な傾向を帯びていたことは否めない。そして，社会のあり方が技術によって一義的に確定されるわけではないことを指摘した点で，技術決定論批判は正しい（Slack & Fejes, 1987 = 1990）。実際，ネットワーク社会の形成も，新自由主義的な政策に基づくグローバル化という現代社会の大きな流れのなかに組み込まれている。

　しかしその一方で，技術の影響が使い方次第で決まると考えるならば，人間中心主義の陥穽にはまることになる。技術を単なる道具とみなす考え方は，暗黙裡に「主体（主観）と客体（客観）」を二分法的に捉える近代的世界観を前提にしている。近代的世界観を代表するデカルトによれば，精神をもつ人間だけが主体として存在し，人間以外の存在はすべて客体すなわち物質的対象に還元される。したがって，技術も，人間が目的を達成するための手段にすぎない。しかし，人間と技術，社会と技術は，そうした「主体／客体」図式には収まりきれない面をもっている。

　アクター・ネットワーク理論を提唱したB. ラトゥール（1999 = 2007）は，銃規制の問題を取り上げ，「銃が人を殺す」と主張する銃規制派と，「銃が人を殺すのではない。人が人を殺すのだ」と主張する銃規制反対派がともに同じ誤りを犯していることを指摘している。どちらも「手にした銃によってあなたが変わるように，銃もあなたにもたれることによって変わる」ということを認識していない。人間と銃は，主体と客体という本質をもたない相互浸透的な関係にあり，両者の結合した複合体のあり方に目を向けなければならないという。

技術の媒介性

　技術を語る際，認識すべきは，技術が主体と客体の境界線上に位置しているということである。技術は，操作の対象＝客体でありつつも，主体としての人間の能力を変化させている。メディアを身体の拡張として捉えたM. マクルーハン（1988 = 2002）は，晩年にメディアが身体に及ぼす作用を「強化・回復・反転・衰退」といった4つの次元で把握しようとした。メディアは，身体の能力を単に拡張するのではなく，4つの作用を同時的・共鳴的な仕方で身体に及

ぼすのである。

　身体は，「人間と世界の関係」「人間と人間の関係」を媒介する原基的メディアである。人間は，自らの身体を介して世界や他者と認識的・実践的な関係を取り結ぶことができる。そして，身体と人工的メディア（技術）が結合すると，その複合体は，主体としての人間を変容させる。特に情報技術のように，社会的コミュニケーションに係わる技術であれば，その影響は，社会的コミュニケーションによって成り立つ社会にも及ぶ。そうだとすれば，コンピュータ・ネットワークとしての電子メディアがコミュニケーション様式の変化をつうじて現代社会の変容をもたらしたとしても不思議ではない。

　技術決定論と技術決定論批判は正反対な主張をしているようにみえるが，情報技術と社会を相互に外在的な変数とみなしている点で共通の前提に立っている。共通の前提のもとで，情報技術の影響と社会の影響の優位性を争っているにすぎない。しかし，情報技術は，社会から独立した外在的な変数ではなく，社会内在的な変数である。情報技術は，社会のなかで産出されつつ社会に影響を及ぼしているのであり，その変化は，社会が情報技術を介して自らを変革していく過程をなしている。

　その際，情報技術の社会的影響は，社会のあり方を一義的に決定するような仕方で現れるのではない。情報技術が変化させているのは，社会の可能性である。情報技術は，それが存在しなければ成立しない社会の可能性を生み出している。その可能性のなかからいかなる形態の社会が現実化されるのかは，他の社会的・文化的な要因との係わりのなかで決定される。したがって，社会に深甚な影響を及ぼすことと社会のあり方を一義的に決定することは，明確に区別されなければならない。これから述べる情報技術も，非決定的な仕方で現代社会の変容に関与しているのである。

3　21世紀の情報技術

　今日，情報化は新たな段階を迎えつつあるが，その萌芽はこれまでの流れの

第5章　情報社会と社会システム

なかにある。ここで取り上げるのは、ビッグデータ、人工知能、IoT（モノのインターネット）の3つである。

ビッグデータ

ビッグデータというのは、一般に「大量」（Volume）「多様さ」（Variety）「速度」（Velocity）という3つの特徴をもったデータを指している。インターネットが普及した現在、ネット上では時々刻々と大量のデータが生成・蓄積されている。それらのなかには、内容や形式の異なるデータ——例えば、Excel ファイルのような構造化データや YouTube の動画や Twitter 上の呟きのような非構造化データ——が含まれている。そうした多様で大量のデータを統合し、しかも時々刻々と更新するのがビッグデータである。

ビッグデータの新しさは一見、取り立てて強調するまでもないようにみえる。コンピュータの情報処理能力は、その誕生以来、飛躍的に増大してきた。数字・文字・音声・映像の統合的な処理も、デジタル技術が発達した1980年代に実現された。しかし、ビッグデータは、情報処理に関して質的な変化をもたらしている。その1つが未来予測である。

ただし、ビッグデータによる未来予測は、人間が行ってきた未来予測の方法とは異なっている。これまで未来予測は、因果関係の把握に基づいていた。現在の出来事は、過去の出来事を原因とする結果であり、その因果関係を延長すれば、現在の出来事を原因とする結果として未来の出来事を予測することができる。自然科学は、自然法則という、原因と結果の間に働く必然的な関係を解明し、それを踏まえて未来を予測しようとしてきた。

ところが、ビッグデータによる予測はそうした時間的な因果関係ではなく、2つのデータ群の相関関係を基にしている。例えば、グーグルは米国の公衆衛生当局に先駆けてインフルエンザの流行を予測したが、このときグーグルは、検索キイワードの使用頻度とインフルエンザの時空的な広がりの相関関係を分析した。ネット上に集積された膨大なデータと複雑な方程式を解くことによって、キイワードの検索状況からインフルエンザの発生地域の予測に成功したの

195

である。

　この例からもわかるように，ビッグデータは，事象の成立過程を内在的に解き明かす「説明原理」にはなりえない。相関分析という一種の便宜的な方法によって未来を予測する「発見的原理」にすぎない。とはいえ，ビッグデータは今や，各消費者の購買履歴を踏まえて「おすすめの商品」を提示する販売戦略から，事件の起こる日時や地域を予測して犯罪に備える犯罪防止策に至るまで，さまざまなかたちで活用されている。ビッグデータの技術は，現代のリスク社会（U.ベック）や監視社会（D.ライアン）を構成する不可欠の要素となりつつある。

　現代社会は，多種多様なリスクを発生させているだけでなく，社会や自然に内在する諸問題をリスクとして定義し，リスク管理をつうじて未来の不確実性に対処しようとしている。リスク管理を行うためには，世界のなかで起こっている無数の出来事を監視し，それを踏まえて未来を予測しなければならない。現代社会が監視社会でもあるのは，街中に無数のカメラが据え付けられているからではなく，データ監視というかたちでリスク管理に要する膨大なデータが収集・蓄積されているからである。ビッグデータは，そうした膨大なデータからリスク管理に必要な情報を引き出す技術となっている。

　そうした情報のなかには，過去，現在，そして未来を把握するための多種多様な情報が含まれている。例えば，東日本大震災後，津波被災地の人々がどのような避難行動を取ったのかがケイタイの位置情報から割り出された。ケイタイは常に位置情報を発信しているため，ケイタイの位置情報からケイタイ所有者の避難行動の軌跡を追うことができる。また，インターネットにアクセスすれば，世界中のどこからでもロンドンの地下鉄の運行状況をリアルタイムで把握することもできる。どの列車が今どこを走っているのかが地下鉄の地図上で表示され，時々刻々と更新されている。そして，米国の刑務所のなかには，ビッグデータを使って囚人の再犯率を予測し，それを踏まえて囚人を釈放するか否かを判断するところもある。

　さらに，ビッグデータは，それ自体が社会的目的のために利用されるだけで

第5章　情報社会と社会システム

なく，人工知能やIoTの基礎技術にもなっている。

人工知能

　近年の人工知能ブームは3度目のブームにあたり，特に人工知能が人間の知能を凌駕する可能性に注目が集まっている。人工知能が人間の知能を凌駕する技術的特異点（シンギュラリティ）を2045年に設定したR. カーツワイルの主張に対しては，もちろん多くの批判がある。というのも，すでに1980年代の第2次ブームの際に似たような問題が起こっていたからである。このとき中心的な論点となったのが「フレーム問題」であり，フレーム問題をとおして人間の知能と人工知能の質的な違いが明らかにされた[2]（西垣，2016）。

　ただ第3次ブームには，第2次ブームと質的に異なる点もある。それは，コンピュータが自分で学習する能力を獲得したことである。これまでは，人間が問題解決の方法をプログラム化していたが，今日の人工知能は，コンピュータが自分自身で問題解決の方法を発見しながら問題を解決している。それを可能にしたのが，ディープ・ラーニングとビッグデータである。

　人間の脳は，多数の神経細胞を多層的な神経回路で結びつけたニューラル・ネットワークを形成しているが，これに類する仕組みを創り出して機械学習させる方法がディープ・ラーニングである。この方法は，アイデアとしては古くから知られていたが，それを実現可能にしたのがビッグデータである（松尾豊，2015）。例えば，2012年にグーグルの研究者が人工知能による猫認識に成功した際，ユーチューブの1000万もの動画が使われた。1000台のコンピュータが3日間作動して，猫と猫以外のモノを識別できるようになったのである。

IoT（モノのインターネット）

　ビッグデータと人工知能の発達を背景にして登場してきたのがIoT（モノのインターネット）である[3]。IoTは，インターネット上であらゆる「人とモノ」，あらゆる「モノとモノ」を結びつけるグローバル・ネットワークとして構想されている。「RFID」（radio frequency identifier）と呼ばれる電子タグ（センサー）

197

がモノに埋め込まれると，現在のモノの状態だけでなく，モノの来歴——食品や薬品であれば，それがいつ，どこで，誰が作り，どのような過程を経てきたのか——をも把握することができる。無数のモノから発せられた膨大な情報は，インターネットを介して収集・蓄積され，時々刻々と更新されていくのである。

　例えば，米国の大手物流会社は，自社の車両6万台にセンサーを埋め込んで，アメリカ国内を走る車両の状況をリアルタイムで常時監視し，故障や劣化の兆候を捉えて事故のリスクを回避しようとしている（Rifkin, 2014＝2015）。ボーイング社のような航空会社も，飛行機に含まれる400〜600万の部品すべてに電子タグをつけ，飛行機が世界中のどこを飛んでいようと，飛行機の全部品の状態を監視している。また，いわゆる「スマートシティ」の建設として，電子タグを建物，橋梁，道路等に組み込んでインフラの状態を計測し，いつ必要な修理を行うべきかを判断する試みも世界的に広がっている。

　いずれのケースも，日々更新されるデータと過去の故障事例のデータをつきあわせて，故障の予兆を発見し，それを事故の予防策に役立てている。個々の人工物から都市のインフラに至るまで，ビッグデータは，リスク管理のための監視技術として活用されてきているのである。

　さらにIoTは，情報でモノと人を結びつけるだけではない。モノとモノを，インターネットを介して結びつけ，情報のやりとりをとおして物的・社会的環境の制御を行うことを目指している。坂村健は，そうした「機械同士のコミュニケーション」の応用の代表的な事例として，高度にオートメーション化された工場を挙げている。「そこでは，多くの製造機械がネットワークに繋がれ，人間に制御されなくても秩序だって連携して動いている。製造される側のモノもバーコードや電子タグで自ら情報を持ち，製造機械とやり取りする。工場全体がまるでひとつの有機体のように，どこかが故障すれば対応し，材料や部品が足りなくなるとそれを感知して補充する。工場全体が1つのロボットのようだともいえるだろう」（坂村，2016：59）。

　そして，IoTの究極の姿として構想されているのは，実世界を構成するすべての「モノ，場所，概念」に個体識別番号が付与され，それらが仮想的な情報

空間のなかで再現されることである。坂村によれば，その鍵となるのが場所概念の標準化である。人間が実生活を送る際，時計が表示する「時・分・秒」を基にしてモノの時間的位置を同定するのに不都合はないが，空間的位置を同定するのに緯度・経度の表示は有効ではない。人間にとって場所は，モノの布置関係や空間的な意味を表している。仮想的な情報空間のなかで実世界が表現されるためには，抽象的な概念によって表現される存在も含め，すべてのモノの時間的・空間的な位置を同定し，「モノとモノ」「場所と場所」を関係づけることが必要になる。

　現代の情報化は，このような情報空間の構築を目指している。すでにインターネットの普及は，マスメディアが創り出したのとは異なるコミュニケーション様式を切り開いたが，ビッグデータ，人工知能，IoT は，そのうえに新たな変化をもたらしつつある。現実世界を構成しているあらゆるヒトやモノが，その時間的・空間的位置を含め，情報としてネット上に移し替えられ，現実世界に照応する電子的な情報空間が構築されようとしているのである。

　近年，人工知能の発達によって，人間の労働がロボットに奪われるのではないかといった議論や，IoT が新しい産業革命を引き起こすのではないかといった議論が盛んである。しかし，以下ではそうした議論をひとまず脇に置いて，ビッグデータ，人工知能，IoT が生み出す社会的変化の可能性を「時空的秩序」「リアリティ」「社会構造」という 3 つの次元で検討してみたい。

4　時空的秩序の再編

メディアによる時空的距離の克服

　メディアが社会のあり方に対して非決定的な仕方で，それでいて深甚な影響を及ぼす理由の 1 つは，社会的な出来事の時空的可能性を変革することにある。

　物理的な出来事と同様に，社会的な出来事もすべて時空的世界のなかで生起している。送り手が情報を送ったり，受け手が情報を受け取って意味内容を理解したりすることも，それぞれ時間的・空間的な出来事である。社会的コミュ

ニケーションは，出来事の時空的な結びつきによって生ずる創発的な現象である。そして，いかなる社会秩序も，社会的コミュニケーションの時間的・空間的な連鎖のうえに成り立っている。

社会的コミュニケーションを成立させる際，マス・メディアや電子メディアのようなメディアは，コミュニケーションの具体的な内容を規定しているのではなく，情報の時間的・空間的な流れ方を規定している。例えば，話し言葉によるコミュニケーションが送り手と受け手の対面的な関係のなかでしか成立しないのは，話し言葉を担う音声の届く範囲が対面的な関係に限定されているからである。その場合でも，話し言葉は，送り手と受け手の間に横たわる僅かな空間的な距離を克服している。

また，最初のマス・メディアである印刷物が国民国家を「想像の共同体」として成立させたのも，印刷物がナショナルなレベルで流通したからである。人々は，共通の書き言葉で書かれた印刷物を読み書きすることによって，同一の言語共同体に対する帰属意識をもつようになった。また時間的には，音声（話し言葉）が現れては消えてしまうのに対して，活字（印刷物）は，長期にわたって情報の保存を可能にした。情報の保存は，人間でいえば記憶に相当する。記憶は過去の単なる再現ではないが，人間は，記憶をもつことによって過去を現在化してきた。時間の流れとともに現在は過去化していくが，記憶は，その過去を現在において蘇らせる。その意味で，記憶は時間的距離を克服している。印刷物は，情報の長期的な保存をとおして，過去と現在の間に横たわる時間的距離を克服した。

電子メディア（インターネット）は，こうした時空的距離を克服するメディアの働きを一層拡張した。グローバルなコンピュータ・ネットワークの形成は，空間的距離をグローバルなレベルで克服し，また文字・音声・映像に関する各種のデータベースの構築は，過去と現在の間に横たわる時間的距離を克服した。そして，現代の情報化はその先を行こうとしている。

まず，時間的距離の克服には，過去と現在の時間的距離だけではなく，未来と現在の時間的距離の克服も含まれる。未来の予測というのは，現在において

第5章　情報社会と社会システム

未来を先取りすることなので，未来と現在の時間的距離の克服を意味している。
人間は，人工的なメディアが登場する以前から，言語というシンボルを使って
未来を予測してきたが，ビッグデータによる未来予測は，予測が正しいかどう
かは別にして，未来予測の能力を高めた。

　そして，より重要なことは，さまざまなヒトやモノの時空的位置が電子的な
情報空間のなかで把捉されるようになるということである。インターネットが
これまでグローバルな空間的距離，過去と現在の時間的距離を克服する際，ヒ
トやモノの時空的位置はいわば捨象されていた。ヒトやモノはすべて特定の時
空的位置を占めているが，電子的な情報空間内ではその時空的位置が剝ぎ取ら
れている。

　ところが，新しい情報技術は，ヒトやモノに内在する時空的位置をも情報と
して表現することを可能にした。電子タグをつけられた対象は，現在の状態だ
けでなく，過去から現在に至る来歴まで把握されうる。究極的には，リアルな
世界を構成しているすべての存在がその時空的位置とともに電子的な情報空間
内で表現されるようになるだろう。

　しかも，電子的な情報空間内では，地球上のあらゆる空間的位置，そして過
去・現在・未来にまたがるあらゆる時間的位置を表現する際，その位置を表現
する情報自体は，それが指し示している時空的位置から遊離している。電子的
な情報空間の内部は，デジタル情報の集合として脱場所的・脱時制的な空間で
ある。そのため，ヒトやモノを表現する情報は，それが指し示す対象の時空的
位置の違いを乗り越えて自在に結びつけられる。あらゆる存在の時空的位置が
保持されたまま，時空的位置を異にする存在や出来事が情報として任意に関係
づけられるのである。

「同時性・同所性の原理」「領域的支配」からの離反

　このような仕方で時空的距離が克服されると，社会的な出来事を生成する時
空的秩序が変容する可能性が生じてくる。

　近代社会では，直線時間と均質空間として特徴づけられる時空観が成立し，

201

その理論的モデルを提供したのがニュートンの古典物理学であった。そこでは，時間は一切の出来事と無関係に過去から未来に向かって均一に流れ，空間も一切の出来事から独立した空虚な容器として捉えられている。時間と空間は，出来事の位置を表す絶対的な座標軸であり，「絶対時間」「絶対空間」として認識された。

　ニュートン的な時空観が物理学の理論を越えて近代社会の時空観となったのは，19世紀に地球全体に通用する時空的な尺度が確立されたからである。イギリスのグリニッジ天文台の地方時を基準とするグリニッジ標準時や，北極点から赤道までの距離の1000万分の1を1メートルとするメートル法の導入によって，出来事の時空的位置を一義的に確定する世界共通の尺度が誕生した。その結果，人間にとって時間と空間は，あらゆる存在の位置を測る客観的な座標軸として表象されたのである（正村，2000）。

　このような時空観は，同時性や同所性をグローバルなレベルで樹立することによって近代社会の形成に役立った。時空的位置を一義的に確定し，同一の時間，同一の場所を共有するための方法を編み出すことは，社会的協働を実現するための基本的な条件である。時空的な枠組みを客観化・普遍化すれば，それだけ社会的な協働・調整が働く領域も拡大される。近代の時空観は，世界全体に通用する時空的な枠組みを構築したことによって，グローバルな広がりを有する人間の社会的活動を可能にしたのである。

　直線時間や均質空間という時空的枠組みは，地球上に拡散している人々が特定の時間，特定の場所を共有する可能性を高めただけでなく，同一の空間領域を社会統治の単位にした「領域的支配」を確立する基礎にもなった。

　西欧社会では，すでに中世の時代に封建的な主従関係に基づく人的支配から，領主権力による領域的支配への転換が始まっていたが，近代に至って，国民国家による領域的支配が確立された。国民国家の特徴の1つは，国家が明確な領土を有し，領土と結びつけて国家の構成員を規定している点にある。諸国家の領土を相互排他的に分割するためには，グローバルなレベルで場所の同一性，すなわち同所性を確定する必要がある。同時性が秒単位の同時性から時代的な

第5章　情報社会と社会システム

同時性にまで拡張されるように，同所性も，個人が立っている場所から国民が包摂される場所にまで拡張されうる。近代社会の領域的支配は，直線時間と均質空間のもとで「同一時間・同一場所」を共有するなかで実現されたのである。

　これに対して，時空的距離を克服する電子的な情報空間は，時空の共有とは逆の効果を及ぼしている。時空的距離の克服は，時空的位置の共有を促すよりも，むしろ時空的位置の差異を許容する方向に作用している。どれほど時間的・空間的に離れていても，それらを情報的に結びつけられるからこそ，同一の時間，同一の場所を共有する必要性が緩和されるのである。

　こうした効果はすでに前から現れている。近代社会では国家だけでなく，労働も「同一時間・同一場所」を共有することに依拠しているが，インターネットは，例えば在宅勤務のように，別々の場所で労働する可能性を切り開いた。離れた場所にいても相手の顔を見ながらコミュニケーションを行える。現代の情報技術は，距離を埋める遠隔機能を発達させてきたが，遠隔機能には，遠くのものを近づける効果と近くのものを遠ざける効果がある。両者は表裏一体をなしており，遠くのものを近づけられるからこそ，近くのものを遠ざけられるのである。

　もちろん，現実世界と電子的な情報空間内でのモノやヒトの繋がり方は同じではない以上，同一の時間，同一の場所を共有する意義が失われることはない。そのことは，現代社会においてグローバル化とローカル化が同時並行的に進行していることからもわかる。今日，時空的距離の克服をつうじてグローバル化が進む一方で，地域の産業集積のように，同一の場所を共有するローカル化も進んだ。とはいえ，情報化の進展が領域的支配の前提をなす同時性や同所性の意義を相対的に低下させつつあることは間違いない。

　こうして電子的な情報空間がリアルな世界の時空性を反映する空間へ変貌してくると，その影響は，現実世界のなかで成立している時空的秩序のあり方に反作用を及ぼすことになる。電子的な情報空間内では，出来事は情報として存在している以上，出来事間の時空的関係は如何様にも再編されうる。「ここ」と「あそこ」，過去と現在と未来の存在論的な区別はなくなる。このことが，

203

直線時間（絶対時間）と均質空間（絶対空間）という枠組みのもとで特定の時空的な共有をもたらす「同時性・同所性の原理」やそれに依拠していた「領域的支配」を相対化させるのである[4]。

5　リアルとバーチャルの融合

リアリティの歴史的変容

　新しい情報技術がもたらす影響は，そこから現実世界と電子的な情報空間の関係の変化を介して，近代的世界観を構成している近代的二元論——「精神／物質」「主観／客観」「主体／客体」の二元論——のあり方にまで波及している。

　インターネットが普及し始めた1990年代には，現実世界と電子的な情報空間は「リアルな世界」と「バーチャルな世界」として対比された。ただし，我々が「現実世界」「リアルな世界」と呼んでいる世界も，正確にいえば，知覚された世界であり，広い意味での情報空間である。現実世界と電子的情報空間の違いは，情報に媒介されているか否かにあるのではなく，どのような情報に媒介されているかにある。後者が人間の処理する情報をすべて「0／1」の2進法で表現したデジタル情報によって構成されているのに対して，前者は知覚情報を介して成り立っている。

　人間の認識には知覚と言語という2つの水準があり，歴史的には，リアリティの捉え方は言語優位のリアリティ観から知覚優位のリアリティ観へ移行してきた。古代ギリシャのプラトンは，言語的な認識対象としての「イデア」を実在的なものとみなした。というのも，知覚像が時間の流れとともに現れては消えてしまうのに対して，言語的な観念は，時間の流れに抗し，場所の違いを超えて存在するからである。

　しかし中世から近代に至る過程で，知覚優位のリアリティ観が言語優位のリアリティ観に取って代わった。このような転換が起こったのは，それまで潜在化していた，現実的なものと可能的なものの違いが顕在化してきたからである。「リアル」の反対語は，正確には「バーチャル」ではなく，「ポッシブル」であ

る。ラテン語の「virtualiter」は，「仮想的」「非現実的」という意味ではなく，「習慣や能力のように現実化されてはいないが，いつでも現実化されうる潜在的状態」を指していた。ラテン語のバーチャルは，リアルとポッシブルの中間的な様相を示していた（正村, 2008）。

近代的リアリティ

近代に至る過程で現実的なものと可能的なものの違いが顕在化した背景には，時間意識の変化があった。直線時間の観念は中世後期に芽生えてくるが，それ以前の円環的な時間のもとでは，未来は過去や現在の反復として成立した。未来が過去や現在の反復である限り，未来に孕まれる可能性は最初から限定されている。この出来事の可能性を絞り込む円環的な時間構造のもとで，現実的なものと可能的なものの違いは潜在化していたのである（正村, 2000）。

ところが，直線時間が支配的になると，未来は過去や現在の反復という性格を脱し，可能性の領野が大幅に拡張された。そうなると，現実的なものと可能的なものの両方を指し示す言語は，もはやリアリティを保証しえなくなる。一方，知覚像は移ろいやすいとはいえ，知覚されたものはすべて現実的なものである。こうして知覚優位のリアリティが確立され，知覚可能性がリアリティの根拠となった。近代人が中世人と違って，死後の世界の実在性を信じないのは，死後の世界を知覚することができないからである。また，理論の妥当性を事実との整合性に求める近代科学は，同一の条件さえ整えば，誰もがその事実を知覚的に確認できることを理論の妥当性を判定する基準にしている。

この知覚された世界というのは，端的いえば，物質的世界のことである。知覚された世界が広い意味での情報空間であるといっても，この情報空間は，情報のみによって構成されているのではなく，物質的世界として存在している。近代においては，知覚的に把握された物質的世界が実在的な世界とみなされたのである。

このことは，もちろん現実世界を構成する言語の重要性が失われたことを意味しない。むしろ逆である。知覚像とは対照的に，高い抽象性・普遍性を備え

ている言語は，リアリティの成立根拠から外される一方で，現実世界（自然的・社会的世界）の認識的・実践的な構築に役立った。近代社会では，実定法のように，抽象的・普遍的な規範が人為的に，すなわち人間の自由意志に基づいて形成されるようになった。未来の可能性が拡張されるなかで，社会的な出来事の可能性を絞り込む役割を果たしたのが，実定法のような規範である。そして，このような抽象的・普遍的な規範の創造を可能にしたのが言語にほかならない。

　こうして直線時間と均質空間が確立された近代的世界では，知覚と言語の役割分化をとおして，一方の側に物質的・自然的世界，他方の側に精神的・社会的世界が配備された。この世界の二極的な構成を支えていたのが，「精神と物質」「主観と客観」「主体と客体」という近代的な二元論である。自然的世界を構成する物質は，すべて客観的・客体的な存在である。そして，身体的存在である人間も，物質的・客観的・客体的な側面をもつとはいえ，他の存在と違って精神的機能を営む主観・主体として存在する。先に言及した近代の人間中心主義は，このような近代的な世界観に立脚していたのである。

電子的な情報空間のリアル化と現実世界のバーチャル化

　近代的世界観は，思想史的には20世紀初頭から変容し始めているが，それに拍車をかけたのが，1980年代以降の情報化である。デジタル技術は，数字・文字・音声・映像をすべてデジタル情報に変換して処理するので，電子的情報空間内では，言語情報と知覚情報の本質的な区別はない。コンピュータ・グラフィックスを使えば，知覚しえない架空の存在を，あたかも現に存在しているかのような知覚的な形態で表現しうる。またそれとは逆に，現実世界のなかで体験するような知覚的形態をとっていないからといって，その実在性を否定しえないケースもある。例えば，1990年代に注目された「バーチャル・カンパニー」は幽霊企業のことではなく，ネット上の関係をとおして成立した実在的な企業を表している。

　いずれにしても，電子的情報空間が誕生するなかで，「可能的なものを表現

しうるのは言語，知覚は現実的なものだけを指す」という前提のうえに成り立っていた知覚優位のリアリティ観が揺らぎ始めている。そして，現代の情報化は，現実世界（物質的世界）のなかに無数の情報機能を埋め込むことによって，現実世界により近い電子的情報空間を構築しつつあるが，そのことは，現実世界（物質的世界）が電子的情報空間としての性質を帯びることを意味している。

　その結果，リアリティを構成するうえでの知覚の優位性が崩れる一方で，抽象的・普遍的な規範を形成してきた言語の意義も低下してきた。情報機能が物質的世界に埋め込まれ，物質的世界が精神的世界の働きを担うようになったために，言語的に構成された規範だけでなく，物質的世界も人間の社会的行動を規制する要因として作用するようになったのである。その例として近年，主に法学者が関心を寄せているコンピュータ・アーキテクチャの問題がある。コンピュータ・アーキテクチャというのは，コンピュータのハードやソフトの設計方法や設計思想のことで，その設計如何によって人々の選択行動が大きく変えられることになる（松尾陽編，2017）。コンピュータ・アーキテクチャは，法に代わる新たな統治技術になる可能性を秘めている。

　ただし，統治といっても法のように禁止や義務を課すのではない。その規制作用は，個人の自由な選択を前提にしつつ，人々の選択を特定の方向に誘導していく点にある。例えば，ビッグデータを使えば，購買履歴から消費者のプロファイリングを行い，消費者の選択行動を予測したうえで商品やサービスを提供しうる。各消費者に対して，これまでの消費行動を踏まえた商品の選択肢が提示される。また，情報検索を行った際，かつてはアクセス数の多い順にホームページが表示されたが，今では各個人の閲覧履歴を考慮に入れた表示方法が開発されている。同じ検索語を入力しても，表示されるホームページが個人の閲覧履歴によって異なってくる。政治的問題であれば，どのホームページを閲覧するかは閲覧者の政治的な価値観に左右されるので，検索結果は，閲覧者の政治的傾向を反映するようになる。

　こうして人は，自分の知りたい情報を容易に入手しうる反面，知りたい情報だけを知るようになる。E. パリサー（2012＝2016）は，このような状況を「フ

ィルター・バブル」と呼び，個人が「過去の自分」から脱却できなくなる危険性を指摘している。過去の選択に沿った選択肢だけが提示されると，別の自分になる可能性が奪われる。つまり，現代の情報技術は，各個人の自由な選択を支援する一方で，確率論的な未来予測に基づいて将来の選択を方向づけ，各個人に対して既成の選択を強化するのである。その結果，インターネットを基盤にした社会的世界は，予言の自己成就的なメカニズムに基づいて過去から未来が創造される世界，そして人類に共有された電子的な情報空間の内部で無数の個人的情報空間に分裂した世界へと変貌しようとしている。

　もちろん，コンピュータ・アーキテクチャの設計を行うのは人間である。しかし，どのような設計を行うにせよ，コンピュータ・アーキテクチャは，近代社会のなかで創りあげられた規範とは違う仕方で人々の選択的行動を規制する。直線時間によって未来の可能性を拡張した近代社会は，抽象的・普遍的な規範をつうじて多様な出来事，多様な人々を結びつけたが，コンピュータ・アーキテクチャは，抽象化・普遍化作用を介することなく社会的行為を調整しうる。それによって，抽象化・普遍化作用を担っていた言語や言語を操る人間理性の意義を低下させるのである。

　無数の人工知能が組み込まれた現実世界は物質的でありながら，規範形成と等価な働きをする点で精神的な作用を帯びている。物質的世界は，もはや人間にとって単なる客体的・客観的な存在ではない。現代の情報化が破壊的な影響を及ぼそうとしているのは，技術決定論批判が依って立つところの「主体（主観）と客体（客観）」の近代的二元論なのである。

　このようにビッグデータ，人工知能，IoT の発達は，現実的世界をより反映した電子的情報空間を立ち上げるが，それは，現実世界そのものが電子的な情報空間として構築されることを意味している。そうなると，リアリティを構成する知覚と言語の有意差が失われ，現実世界をリアル，電子的情報空間をバーチャルとして区別することが一層困難になるのである。

6 政治・経済・文化の交差——文化産業としての観光

近代社会の機能分化とその変容

これまで現代の情報技術が，近代社会の時空的秩序やリアリティ構成に対して逆説的な影響を及ぼしていることを述べた。すなわち，異なる時点，異なる地点の距離を埋める働きが，時間や場所を共有する必要性を緩和し，「同時性・同所性の原理」や「領域的支配」からの解放を促していること，そしてバーチャルな電子的な情報空間がリアルな現実世界に近づくことによって，現実世界がバーチャルな性格を帯びることを説明した。そこで次に，このような情報化の影響がさらに社会構造のあり方にも及んでいることを見てみよう。

近代社会は，N. ルーマン（1997＝2009）が分析したように，政治・経済・教育といった社会的諸機能が分化した社会である。全体社会としての社会システムは，政治システム，経済システム，教育システムといった複数の機能システムに分化している。機能分化を遂げた各システムは，他のシステムに対して「構造的カップリング」という特異な仕方で結合しつつも，それぞれ一定の自律性を有している。

歴史的には，機能分化が実現されたのは19世紀であり（正村，2014；2018），文化領域に属する宗教や芸術がそれぞれ社会のサブシステムとして機能分化したのもその頃である。それまでは，宗教と政治，芸術と宗教，芸術と政治は不可分な関係にあった。17世紀の絶対主義国家は，近代国家であるといっても王権神授説に依拠しており，政治と宗教が完全には分離されていなかった。絶対主義国家から国民国家へ移行する過程で，政治が宗教から切り離され，神に対する人間の自律が成し遂げられた。同時に，政治から切り離された宗教は，基本的に個人の信仰問題となった。米国のように，20世紀に入っても宗教が社会統合に少なからぬ役割を果たした国もあるが，それでも政治と宗教の分離が進んだのである。

しかし，70年代に入ると，これまでの世俗化の流れが反転し始めた。キリス

ト教，ユダヤ教，イスラーム教，仏教，シク教など，世界の主要な宗教におい
て，宗教を個人的・私的な領域に押しとどめる近代的な宗教観を拒否する動き
が顕在化してきた。ナショナリズムは世俗化した社会の宗教ともいえるが，ナ
ショナリズムを基礎にした国民国家の揺らぎに呼応して，宗教が再び公的・社
会的領域に姿を現してきた。

　同様なことは芸術にもいえる。古代ギリシャに開花した古典的芸術は，神に
対する最高の表現として宗教と一体化しており，中世の芸術も政治的機能の一
翼を担っていた。例えば，画家は，自らのパトロンとなっていた王や貴族の肖
像画を描くことによって，彼らの政治的権威を表現した。このような芸術と宗
教・政治の関係が大きく変化したのが近代である。芸術家や芸術作品の自律性
の観念が確立されるなかで，芸術は宗教や政治から自律した。「近代的芸術観
が十八世紀末から十九世紀初頭にかけて成立したのは，『自律性』の理念によ
って特徴づけられる近代的人間観の成立と軌を一にしている」（小田部，2006：
234）。近代芸術は，芸術家という個人の独創性を特徴としており，既存のもの
に対する否定としての創造性を原動力に発展してきた。

　ところが，20世紀後半以降，芸術を取り巻く関係は再び変化した。70年代に
O. パズ（1976）は，近代芸術の否定が慣習的な繰り返しとなり，否定に内在し
ていた反抗が「技巧，修辞的批判，違反の儀式」と化したと評した。また，80
年代に入って A. ダントー（1997＝2017）は，「芸術の終焉」を語った。「芸術の
終焉」は，ヘーゲルが古典的芸術を論ずる際に使った言葉であるが，ダントー
は，それを近代芸術に適用したのである。

　近代芸術の変容は，正確にいえば，文化産業が台頭した20世紀前半に始まっ
ていた。20世紀における複製技術や文化産業の発達は，近代芸術の誕生ととも
に生じた「ハイ・カルチャー」（高尚な芸術）と「ポピュラー・カルチャー」
（大衆芸術）の境界を取り払っていった。芸術作品の大量複製は，ハイ・カルチ
ャーのポピュラー化を推し進め，文化産業の発達は，芸術と経済の融合をとお
してそれまで文化の範疇に入らないものをも文化のなかに取り込んだ。

　さらに1990年代に入ると，文化産業は「創造産業」として認識され，国家戦

第 5 章　情報社会と社会システム

略に組み込まれた。イギリスが文化産業を成長産業として位置づけて以来，各
国は文化産業の育成につとめてきた。文化の創造は，もはや芸術家という個人
の独創性に基づくものではなく，商業的な動機に促され，政策的な後押しを受
けるようになった。文化は，再び経済や政治から切り離せなくなったのである。

古い観光から新しい観光へ

　今日の文化産業は，D. スロスビー（2010 = 2014）が指摘したように，同心円
的な構造を有している。音楽・絵画・舞台芸術などの創造的芸術が円の中心に
位置づけられ，その周りに，映画，博物館，ギャラリーなどの他の中核的な産
業，さらにその周りにメディアや出版産業という広い意味での文化産業，そし
て最後にファッション，広告，デザインといった商業的要素の最も強い文化産
業が配されている。文化産業は今や，政治と経済と文化の結節点をなしている。

　こうした現代の代表的な文化産業の 1 つとして観光産業がある。J. アーリと
J. ラーセンによれば，近代社会において労働と余暇が分離され，余暇の一環と
して誕生したのが観光である。労働が「一定の場で行われ，またある一定の時
間内に生じる行為」であるのに対して，観光は「空間的移動をともない」「新
規の場所（一カ所とは限らない）での一定期間の滞在をもともなう」（Urry &
Larsen, 2011 = 2014 : 6-7）。もちろん，近代以前にも旅行は存在したし，宗教的
な信仰心と教養と娯楽が入り交じった巡礼も行われたが，大衆観光が生まれた
のは近代に入ってからである。

　そして，「観光のまなざし」は，日常的体験と切り離された風景や町並みの
様相に向けられた。労働が，同一の時間，同一の場所を人々が共有し，物質的
世界にリアリティを見いだすのに対して，観光は，労働の空間から一時的に離
脱し，日常生活とは異なる側面にまなざしを向けるのである。その点で，観光
は，最初から領域支配からの解放と，脱近代的リアリティへの志向性を内包し
ていた。

　とはいえ，こうした観光の本質が際立ってくるのは80年代以降，特に今世紀
に入ってからである。この時期に，観光文化は古い観光から新しい観光へと脱

211

皮していった。古い観光は、基本的にパッケージ化されている。観光者は、観光地を目指して日常空間から離脱するとはいえ、旅の最初から最後まで旅行会社が企画したツアーの一員として行動を共にしている。つまり、観光者同士が同一の時間、同一の空間を共有しており、「同時性・同所性の論理」のうえに成り立っていたのである。

　しかし近年では、各人の好みに応じたオーダーメイド的な観光が増えている。海外旅行であっても脱パッケージ化が進んでいる。そうした新しい観光の普及に影響を与えたのが、Web2.0以降のインターネットである。これまでは観光産業が情報の流れを全面的に支配していたが、インターネットは観光者に情報の門戸を開いた。インターネット上の予約サイトを利用すれば、さまざまな商品やサービスを比較できる。そのため、以前よりも多様なパック・プランが提供されるだけでなく、多様なニーズを持った個人旅行も容易になった。

　しかも、インターネットの影響はそれだけではない。インターネットが「同時性・同所性の論理」からの解放を促したのは、異なる時点、異なる場所を自在に結びつけられるからである。ネットに接続した観光者は、ホームページに自らの体験を書き込んだり、ブログを執筆したり、インスタグラムで写真や動画を投稿したり、ＬＩＮＥで情報を共有したりする。観光の脱パッケージ化が進む一方で、観光者は、観光体験を基にさまざまな場所にいる他者と繋がる機会を獲得した。個人が時空的位置を共有する集団から解放される「個人化」と、時空的位置を異にする諸個人が自在に結びつけられる「ネットワーク化」は、同時並行的に進行しているのである。

聖地巡礼・テーマパーク・モール

　このことは、昨今の聖地巡礼ブームにもいえる。「聖地」といっても、歴史的な聖地からアニメの舞台に至るまで多様な場所が含まれるが、聖地巡礼は世界的な現象になっている。先に述べたように、現代の宗教は再び政治との係わりを持ち始めているが、その一方で観光とも融合している。岡本亮輔（2015）が指摘するように、宗教の領域に属する聖地巡礼と、世俗の領域に属する観光

が結びついたのが現代の聖地巡礼である。西欧でも日本でも伝統的な宗教が衰退してきたが，教会や神社仏閣を訪れる人の数は，逆に増加している。もちろん，聖地を訪れる人は，信者とは限らない。聖地巡礼を支えているのは，むしろ「信仰なき巡礼者」であり，信者とも観光客ともつかない人々である。

　そして，教会や神社仏閣が聖地であるのは，建物や土地の宗教的特質に由来するが，聖なる性格がそのまま引き継がれているわけではない。聖地の意味は，過去との繋がりをもちつつも再編集されている。例えば，キリスト教の三大巡礼の1つであるサンティアゴ巡礼は，映画や書籍の影響で広く知られるようになり，1990年代以降，カトリックの信者でない多くの巡礼者がサンティアゴを訪れるようになった。そうした巡礼者にとって巡礼の意義は，長い巡礼の過程で新たな人との出会いや巡礼者同士の絆を創り出すことにある。

　現代の聖地は，「信仰なき巡礼者」が紡ぎ出す物語をとおして新たな意味づけを与えられている。その際，聖地に関する情報を生産・拡散するうえで少なからぬ役割を果たしているのがSNSである。メディアは，過去と現在を自在に結びつけるだけでなく，これまで別々の場所に存在していた人々の出会いを生み出す媒介的機能を担っている。しかも，現代の聖地は，伝統的な宗教色を弱めつつも，日常生活のなかでは見いだせない意味やリアリティを帯びている。

　この点について，アーリとJ.ラーセンはD.マッカネルに仮託しながら次のように述べている。「マッカネルからみると，どの観光者にも本物志向があり，この志向は聖なるものにたいする人類普遍の関心事の現代版である。観光者は，一種の現代の巡礼で，自分の日常生活とは別の「時」と「場」に本物を求めているのである。観光者は他人の「生の生活」のなかにも独特の魅惑を感じ，それにどういうわけか自分自身の経験のなかでは見いだせないような現実味を感じるのだ」（Urry & Larsen, 2011 = 2014：15）。

　現実世界のなかに，知覚的リアリティを越えたリアリティを見いだす傾向は，聖地巡礼に限った現象ではない。アーリとラーセンは，観光的な発現力をとおして生産・再生産される場としてテーマパークやモールを挙げている。これらの場こそ，現実世界の仮想空間化を物語っている。ディズニーランドに象徴さ

れるテーマパークは，現実世界のなかに埋め込まれた仮想空間である。テーマパークに入れば，「いま，ここ」に居ながらにして世界のさまざまな場所や時代の雰囲気を体験しうる。

　そして，ショッピングモールも観光施設化する傾向にあり，機能的な買い物施設から実体験型の環境に変貌してきている。例えば，イギリスのマンチェスター市近郊の「トラフォード・センター」の来訪者は，いともたやすく中国，イタリア，ニューヨーク，ニューオリンズといった別の世界に移動することができる。

　こうして日常空間に観光的要素が浸透するにつれて，「こことあそこ」「現在と過去（未来）」は自在に結びつけられ，「実在性と虚構性」「リアルとバーチャル」の境界線は容易に越境されていく。観光産業の発達，聖地巡礼ブーム，テーマパークやショッピングセンターのモール化は，こうした変化がバーチャルな電子的情報空間だけでなく，リアルな現実世界の内部で進行していることを物語っている。

観光を越えて

　観光ブームの背景には，観光的な営みをつうじて新たな物語を生み出し，新たな他者との出会いを経験する観光者はもとより，文化領域に商業的な活路を見いだす企業，文化産業の育成を国家政策として掲げる国家，そして世界遺産や歴史遺産を設ける国際機関といったさまざまな主体が関与している。そうした多様な主体の政治的・経済的・文化的な営みを媒介しているのがメディアである。時空的秩序の再編，リアリティの変容，政治・経済・文化の融合は，古い観光から新しい観光への移行が起こった1980年代に始まっているが，情報技術はそうした変化を加速している。

　そして，ビッグデータ，人工知能，IoT が社会に及ぼす影響は，観光産業の発達を促しているだけではない。近代社会において労働は，特定の時間・特定の場所に集合して行う「同時性・同所性の論理」に依拠し，統治は，国内に定住する国民を対象にした「領域的支配」の形態をとり，リアリティは，知覚可

能な物質的世界を実在的とみなす知覚優位のリアリティが支配的位置を占めていたが，最新の情報技術は，観光に内在する潜在的な論理を，観光という特殊な領域から解き放ち，社会の全領域で開花させようとしている。

　情報機能が埋め込まれ，情報空間化した現実世界の内部では，世界のなかで生起した無数の出来事，しかも過去・現在・未来に生起した（生起しうる）出来事が任意に結びつけられる。こうしたプロセスのなかで，領域的な支配に基礎をおき，機能分化を実現した近代社会は変容をとげつつある。最新の情報技術は，こうした社会の構造変容を推し進める触媒的な作用を果たしているのである。

注
(1)　第二次世界大戦後の世界は，1970年代までは国民国家の経済的な自律性が経済のグローバル化よりも優先されていた。戦後，貿易の自由化が実現されたのに対して，資本の移動が自由化されていなかったのは，固定相場制を採用していた当時の国際経済体制のもとで資本が自由に移動すると，国家の自律的な経済政策が困難になるからであった（正村，2009）。
(2)　人間は，変化する状況のなかで対象の適切性を判断したり，コンテクストに応じて多義的な意味を一義的に確定したりするような文脈的思考を行っているが，それを支えているのがフレーム認識である。人間はフレーム認識を行うことによって，曖昧さを含んだ情報処理を難なくこなすことができる。ところが，コンピュータにとっては，高度な数学的計算はたやすいが，フレーム認識を行うことが難しい。例えば，コンピュータは「冷蔵庫のなかに水ある？」という簡単な質問に対して，「製氷機の下に水分がたまっています」といったトンチンカンな答えをしてしまう（西垣，2016）。
(3)　ただし，IoTも突如誕生したものではない。コンピュータの機能は，古くは「マイコン」「組み込みコンピュータ」というかたちでモノに埋め込まれてきた。こうしたコンピュータの開発は，近年では「どこでもコンピュータ」（坂村健），「ユビキタス・コンピューティング」（マーク・ワイザー）として推し進められてきた（坂村，2016）。
(4)　物理学の世界では，アインシュタインの相対性理論によって時間と空間の絶対性が否定され，光の速度を除くすべてのものが相対化された。

参照文献

Danto, A., 1997, *After the End of Art : Contemporary Art and the Pale of History*, Princeton University Press.（＝2017，山田忠彰ほか訳『芸術の終焉のあと──現代芸術と歴史の境界』三元社）.

Latour, B., 1999, *Pandora's hope : essays on the reality of science studies*, Harvard University Press.（＝2007，川崎勝・平川秀幸訳『科学論の実在──パンドラの希望』産業図書）.

Luhmann, N., 1997, *Die Gesellschaft der Gesellschaft*, Suhrkamp Verlag.（＝2009，馬場靖雄・赤堀三郎・菅原謙・高橋徹訳『社会の社会』1・2，法政大学出版局）.

正村俊之，2000，『情報空間論』勁草書房.

正村俊之，2008，『グローバル社会と情報的世界観──現代社会の構造変容』東京大学出版会.

正村俊之，2009，『グローバリゼーション──現代はいかなる時代なのか』有斐閣.

正村俊之，2014，『変貌する資本主義と現代社会──貨幣・神・情報』有斐閣.

正村俊之編著，2017，『ガバナンスとリスクの社会理論──機能分化論の視座から』勁草書房.

正村俊之，2018，『主権の二千年史』講談社選書メチエ.

松尾陽編，2017，『アーキテクチャと法──法学のアーキテクチュアルな転回？』弘文堂.

松尾豊，2015，『人工知能は人間を超えるか──ディープラーニングの先にあるもの』角川ＥＰＵＢ選書.

McLuhan, M., and E., McLuhan, 1988, *Laws of media : the new science*, University of Toronto Press.（＝2002，高山宏監修・中澤豊訳『メディアの法則』NTT 出版）.

西垣通，2016，『ビックデータと人工知能──可能性と罠を見極める』中公新書.

岡本亮輔，2015，『聖地巡礼』中公新書.

小田部胤久，2006，『芸術の条件──近代美学の境界』東京大学出版会.

Pariser, E., 2012, *The Filter Bubble : What the Internet is Hiding from You*, Penguin.（＝2016，井口耕二訳『閉じこもるインターネット──グーグル・パーソナライズ・民主主義』早川書房）.

Paz, O., 1976, *Point de convergence : du romantisme à l'avant-garde*, Gallimard.

Rifkin, J., 2014, *The Zero Marginal Cost Society*, St Martins Pr.（＝2015，柴田裕之訳『限界費用ゼロ社会──〈モノのインターネット〉と共有型経済の台頭』

NHK 出版).

坂村健，2016，『IoT とは何か──技術革新から社会革新へ』角川新書.

Slack, J. D., and F., Fejes, 1987, *The Ideology of the Information Age,* Ablex Pub. Corp.（＝1990，岩倉誠一・岡山隆監訳『神話としての情報社会』日本評論社）.

Throsby, D., 2010, *The Economics of Cultural Policy,* Cambridge University Press.（＝2014，後藤和子・阪本崇監訳『文化政策の経済学』ミネルヴァ書房）.

Urry, J., and J., Larsen, 2011, *The tourist gaze 3.0,* Sage.（＝2014，加太宏邦訳『観光のまなざし』法政大学出版局）.

第 6 章

日本社会の「国際化」と国際社会学
―― 方法論的ナショナリズムを超えて ――

小ヶ谷千穂

1 「国際社会学」の問いは変わったのか

「国際化」という言葉が社会学の分野でも用いられるようになったのは，おそらく1980年代ではないかと考えられる。2018年の今，「グローバル化」という言葉が，ほとんど枕詞のように日常語においても，あるいは社会学においても頻繁に使われるのと同じように，「国際化」と言う言葉が，――ある意味で無批判な側面も持ち合わせながら――使われていた，と言っても過言ではないだろう。文字通り21世紀に突入したと同時に刊行された講座・社会変動第7巻『国際化とアイデンティティ』(梶田孝道編著，2001) は，「国際化からグローバル化へ――社会学はどう対応すべきか」という，今となっても色褪せない問いを投げかけている。

『国際化とアイデンティティ』の最年少の執筆者であり当時まだ大学院博士後期課程の院生であった筆者にとって，この梶田の問いに，15年あまりたった今日において十全に応えられる自信はない。しかし，この15年を振り返ると，梶田らが90年代初頭に提唱し筆者らが初期の学生として学び始めた「国際社会学」の分野での，議論の射程が大きく変化していることは間違いないだろう。同時に，引き継がれている課題も多いと考える。本章では，20世紀から21世紀をまたいで日本社会にもたらされた，「国際化」そして「グローバル化」の影響について，特に人の移動の観点から着目する。そのなかから「国際社会学」における議論の射程の変化を追ってみたい。

219

後半では，方法論も含めた国際社会学の方向性の変化と，既存の社会学的研究分野との関係性における課題についても触れたい。

結論をやや先取りするならば，2001年から現在までの間の大きな変化としては，まず1つには，欧米特にヨーロッパの経験の参照から始まった「国際社会学」の，日本を含むアジアおよびラテンアメリカの移民送出国などを含む対象領域の地理的な拡張と調査手法の変化がある。そして，男性労働者を暗黙に前提としてきた「外国人労働者」研究に対して，ジェンダー視点の導入や，「外国につながる子ども」といったイシューを含めた，国際社会学の新たな視座の拡大があった。その背景には，のちに振り返るように，日本社会における移住者の存在，あるいは日本的な表現で言えば「外国人」をめぐる状況の変化が大きくかかわっていると考える。

同時に，研究方法やアプローチの変化は見られながらも，依然として理論的，あるいは政策との関連において残されている課題についても，あらためて指摘したい。

過去15年の日本社会において，とりわけ国際社会学の射程のなかで，何が変化し，何が変化していない課題としてあるのか——「国際社会学」という比較的新しい社会学の領域のこれまでの歩みを振り返る，契機としたい。

2　「国際社会学」の誕生と，『国際化とアイデンティティ』が示唆したこと

「国際社会学」の誕生と視座

「国際社会学」は，国際政治学者の馬場伸也の発案から，梶田らが体系化していった，社会学の一分野として位置付けられる。「国際社会学」は，「国際・社会学」と「国際社会・学」の2つの意味を持つ，とされている（梶田，2005）。前者は，しばしば社会を1つの「国民社会」として無条件に前提視してきた社会学に対して，国民国家を超える「社会」を想定し，それを分析対象とする「社会学の国際化」を意味する。後者は，国際社会を1つの（あるいは複数の）アクターとしてとらえ，そのものを分析する「国際社会」の学，とされる。上

述の『国際化とアイデンティティ』が取り上げた多文化教育や市民権をめぐる議論，移住労働や外国人政策，エスニック・ネットワークの研究のほかにも，地域統合やトランスナショナルなメディア，国境を越える社会運動や環境問題なども，「国際社会学」の射程に含まれる（梶田，1996）。まとめれば，国民国家内部の多様な社会集団と，国民国家を超える社会のつながりと変動とを社会学的に分析しようとする学問的試みが，「国際社会学」であると言えるだろう（小ヶ谷，2009）[(1)]。こうした国際社会学のアプローチは，社会科学における「ナショナル」な枠組み，言い換えれば「方法論的ナショナリズム」（ベック）を相対化し乗り越えるというものである。その意味で国際社会学は，伊豫谷が提唱してきた，社会科学の相対化，「近代」の相対化，としてのグローバリゼーション論との親和性を持っている（伊豫谷，2002）。

　ただし，ここで１つ指摘しておきたいことがある。それは，馬場がカナダ研究，梶田そして同じく国際社会学の先駆的存在である宮島喬がともにフランス社会学やヨーロッパ研究から「移民」や「トランスナショナルな社会現象」という国際社会学の主要なテーマに接近し，その欧米社会の経験や理論を日本の状況に反映させる形で研究を展開していった，という点である。これは「欧米発」の理論に常に依るという，ある意味では日本の社会科学の宿命である手法とも言える。『国際化とアイデンティティ』の中で，日本以外で取り上げられている海外の事例が，筆者の執筆した香港およびシンガポールの移住家事労働者を事例とした「国際移動とジェンダー」の章を除いては，すべて欧米の例や議論であることは，それを如実に表してもいると言えるだろう。

　しかしながら，15年を経た今日の「国際社会学」分野においては足元の日本や，近隣のアジア諸国を含めた，欧米とは異なる社会的文脈の中で越境する社会事象をとらえようとする「国際社会学」の体系化の試みが出てきている（宮島・佐藤・小ヶ谷，2015；西原・樽本，2016）。

　またさらに言えば，理論的ないしは抽象的な「外国人」（foreigner）や「外国人労働者」（foreign labor）ではなく，より個別具体的な現実を生きる「移住者」（migrant）「移住労働者」（migrant workers）を，研究者とのより直接的な

関係の中で，社会学的に把握しようという研究が増えてきているるる。こうした，「国際社会学」自体のアプローチの変化を念頭に置きつつ，議論を進めていきたい。

『国際化とアイデンティティ』を振り返る

ではここで，2001年に刊行された梶田孝道編『国際化とアイデンティティ』の構成を確認しておきたい。（　）内は執筆者。

序　章　国際化からグローバル化へ──社会学はどう対応すべきか（梶田孝道）

第1部　国際化の論理とアイデンティティの多様化

第1章　情報化社会と組織およびコミュニティネットワーク──日本とアメリカの比較（矢澤修次郎）

第2章　教育の国際化と多様な「多文化教育」──日米の教室から（恒吉僚子）

　　　　コラム　隣接領域との対話［比較・国際教育学］中等教育に見る外国語教育を通した国際化──フランスの場合（園山大祐）

第3章　ポストナショナルな市民権は可能か？──「アイデンティティの先験的選択」からの批判的検討（樽本英樹）

第4章　国際労働移動とジェンダー──アジアにおける移住家事労働者の組織活動をめぐって（小ヶ谷千穂）

　　　　コラム　隣接領域との対話［法学］国際人権レジームと外国人の権利（近藤敦）

第5章　マイノリティの言説戦略とポスト・アイデンティティ・ポリティクス（石川准）

第2部　現代日本における外国人とその諸相

第6章　現代日本の外国人労働者政策・再考──西欧諸国との比較を通して（梶田孝道）

　　　　コラム　隣接領域との対話［外国人支援運動　日本における外国人支

第6章　日本社会の「国際化」と国際社会学

援運動の現状と課題（渡辺英俊）

第7章　雇用構造の変動と外国人労働者――労働市場と生活様式の相補性の視点から（丹野清人）

第8章　「エスニック・ネットワーク」の展開と地域社会変容――「共存」の新たな位相と提起される課題（広田康生）

第9章　戦後日本の外国人政策と在日コリアンの社会運動――1970年代を中心に（山脇啓造）

　第1部は情報化とネットワーク，多文化教育，ポストナショナル市民権，国際移動とジェンダー，ポスト・アイデンティティ，といった主に理論的関心から実証へと議論が進展するように論考が編まれている。対照的に第2部は舞台を日本社会に限定しながら，外国人政策，雇用変動と外国人労働者，エスニック・ネットワーク，そしてオールドカマーである在日コリアンの社会運動，と日本における「外国人」の状況を総合的にかつ理論的に把握しようとする試みと読むことができる。

　こうして見てみると，『国際化とアイデンティティ』は，1990年代はじめに馬場や梶田らが提唱した「国際社会学」分野の，2001年の時点での到達点を示していたとも言える。国際社会学の誕生から約10年を経て結実したのが，『国際化とアイデンティティ』で取り上げられた一連の諸問題群であり，その中で提示された理論的な課題であったと言える。

『国際化とアイデンティティ』の問題意識

　『国際化とアイデンティティ』の冒頭で梶田は，Friedman のエッセイ『レクサスとオリーブの木――グローバリゼーションの正体』を引きながら，グローバル化をめぐる議論における「社会」そして「社会学」の不在を批判している。

　文化の分析でもってグローバル化への対応に代えることは可能であろうか。

223

（中略）世界は，経済によるグローバル化とそれに対する文化というアイデンティティしか存在しないかのごとくである。いずれにしても，経済と文化の間での『社会』の影は薄い。(梶田，2001：23)

また，日本の社会学者のグローバル化への反応は鈍い，と述べる梶田は，日本の都市社会学におけるグローバル化をめぐる議論に触れながら，以下のようにも指摘する。

社会学は，『グローバル化はローカルな場であらわれる』という『グローカリゼーション』の議論にとどまるだけではなく，もっと多面的な帰結，意図せざる帰結に対して，より敏感であるべきであろう。(同上)

これはすなわち，「目に見える」ローカルな現状を追うだけでなく，「中範囲理論」としての社会学的な「グローバル化」の分析の必要性を説く指摘，として読むことができる。

「グローバル化を『外部化』するのではなく，従来からの社会学の基礎概念であり分析対象である個人化，労働，家族，階級，教育，環境，社会運動等の根本的な変化と結びつけて，本格的に議論する必要があろう」(同上)とする梶田の指摘には，グローバル化を外的条件とするのではなく，むしろ社会学的現実の「変動」の帰結としてとらえようとする思考があるようにも思われる。「グローバル化との関係は，広い地域，国家，都市や自治体といったさまざまな水準で，そして，その他の様々な分野で分析されなければならないであろう。とりわけ社会学の重要テーマ群との関連での分析の必要性を喚起したい」(27頁)との端的な表現の中にも，『国際化とアイデンティティ』が意図した，「中範囲理論」的な指向が読み取れる。

第6章　日本社会の「国際化」と国際社会学

3　日本社会と「外国人」──過去15年を振り返る

それでは，『国際化とアイデンティティ』が刊行された後，国際社会学が主要な分析の対象としてきた，「人の移動」の観点から見た時に，日本社会はどのように変化してきたのであろうか。

『国際化とアイデンティティ』が刊行された2001年末の「外国人登録者数」（当時）は，177万8462人で，「33年連続過去最高を更新」している状態であった（法務省入国管理局「平成13年末現在における外国人登録者統計について（概要）」）。2017年 6 月末現在の「在留外国人数」は，247万1458人。この数字は前年末に比べ3.7％増加である（法務省「平成29年 6 月末現在における在留外国人数について（確定値）」）。人数だけでもこの15年で約70万人増加していることになる。

この間2012年には「外国人登録制度」から「在留管理制度」への一元化，という国家による「移動する人」の管理システムの大きな変化が起こった。また，1993年に実質的に制度化された「外国人研修・技能実習制度」も，何度かの制度変更を経ながら，ますます「実質的な単純労働力受け入れ」制度として日本社会に定着・拡大している。

主としてフィリピンからの若年女性を接客業に受け入れるために用いられてきた在留資格「興行」が，米国務省から「人身売買の温床」として指摘され実質的な「ビザの厳格化」が起こったのは2005年である。2008年にはＥＰＡ（経済連携協定）での看護師・介護福祉士「候補生」の来日がインドネシア，フィリピン，その後はベトナムから開始され，2017年からは「国家戦略特区」の下での「女性の活躍推進」の一環として「外国人家事支援人材」の受け入れが限定的にではあるが開始されるようになった。「技能実習」は大きな批判を受けながらも，制度が「整備」される中で，対象分野が，「介護」にまで拡大されるなど，確実に「再生産労働の国際分業」が日本にも近づいていることがわかる。

2008年のリーマンショック前後には，いわゆる「日本人」労働者の非正規雇

225

用が問題視された裏側で，多くの南米日系人たちが帰国を余儀なくされ，政府による「帰国促進」政策が実施されたこともいまだ記憶に新しい。

いわゆる非正規滞在者（超過滞在者）は，ゼノフォビアにもとづく国家的「摘発・撲滅」キャンペーンの中で激減したが，外国人の増加を治安の悪化と結びつける議論は後を絶たず，最近ではオールドカマーを主なターゲットとしたヘイトスピーチが展開され，法的措置が講じられるまでになっている。

他方で地域レベルでは，「多文化共生」という行政用語が広く流布するところとなり，耳に心地よいキャッチフレーズとして無批判に使われている傾向もある。[2]しかしながら，日本には依然として包括的な「外国人政策」は存在しない。さらには，「いわゆる『単純労働力』は受け入れない」という政府のスタンスは1990年の入管法改正から30年が経とうとする今日においても一切揺らいでいない。しかしながら，少子高齢化は進行し，労働人口および，介護の担い手の不足が叫ばれる中で，長期的な視点に立った有効な策は出されていないのが現実である。

以下では，政策上は「移民政策」をかたくなに拒否し続ける国家でありながら，「実質的な移民国」（宮島，2014）になっている日本社会における，人の移動や入管政策の変化，それに伴う日本における「外国人」の構成と課題の変化について，概観していきたい。

「定住者」資格創設の「意図せざる結果」

1990年に改正された「出入国管理および難民認定法」は，新たに就労に制限のない「定住者」の在留資格を新設し，それによって，南米をはじめとする日系人の来日が増加した。

これについては，『国際化とアイデンティティ』の中でも梶田（6章），丹野（7章）が詳細に論じている。「定住者」としての日系ブラジル人，ペルー人などの来日は，家族を帯同する形での「外国人」の大規模な流入と就労をはじめて可能にしたと言ってもいいだろう。同時に，後述するように，日本語をほとんど話さないまま日本の公立学校に外国人の子ども，あるいは「外国につなが

る子ども」が増えていく，という「意図せざる」帰結としての日本の学校現場や地域社会への新たな変化をもたらした。たとえば，梶田・丹野・樋口（2005）は，「顔の見えない定住化」という概念で，こうした日系人の日本への滞在の長期化が，労働市場の構造や移民システムの性質の面から，決して日本社会への「統合」にはなっていないことを明らかにした。

「新しい在留管理制度」とリスク管理の言説

　一方で，「管理」政策としての出入国管理政策は，「外国人登録制度」によって支えられていた。これは，「外国人」と「日本人」の管理をそれぞれ別々に行い，かつ具体的な登録業務を地方自治体にゆだねるものだった。言うまでもなく，外国人登録制度は，指紋押捺制度と一体となって，戦前の大日本帝国の植民地政策における「植民地臣民」の管理体制との連続性を持っていた（高野，2016）。また，外国人登録制度といわゆる「日本人」の住民登録制度は別々になっていたため，たとえば国際結婚で配偶者の片方が「外国人」である場合などは，同一家族でありながら「住民票」に外国籍の家族が表記されない，といった問題もあった。制度が社会的実態に追いついていけない現実と，さらには，1980年代からの「指紋押捺拒否」問題などの社会運動の影響もあり，まず1987年には，特別永住者の指紋押捺が廃止となり，1999年にはすべての外国人に対して外国人登録における指紋押捺の義務が撤廃された。

　しかしながら2001年の9.11事件以降，入国者の顔写真と電子データでの指紋管理を導入する，いわゆる「日本版 US-VISIT」が，「リスク管理」の建前のもと導入された。特別永住者や16歳以下の子ども，「外交」ビザの保有者は対象外であるが，21世紀に入って，日本の入国管理がテロ対策や組織犯罪取り締まり，というグローバルな「危機管理」言説に乗る形で変化していったことは間違いない。

　このことは，1980年代以降から主としてフィリピンからの女性を中心にエンターティナーとして来日し，実際には接客業に従事していた女性たちが持っていた「興行」ビザが，2005年に米国国務省の人身売買報告書の指摘によって

「厳格化」されたことともつながっている。興行ビザでのフィリピンからの若年女性たちの入国は，かねてよりその労働環境の悪さや立場の弱さ，中間搾取の横行や人権侵害の頻発が問題視され，また日本人男性との間に国際婚外子（いわゆる Japanese Filipino Children: JFC）が数多く生まれて日本人の父親から養育放棄されたことなどが国内外の NGO から問題として指摘されていた（DAWN, 2005）。にもかかわらず，日本政府は労働者保護的な施策を一切取ることはなかった。しかし2004年に米国務省の「人身売買報告書」の中で「人身売買に対する取り組みの改善に確証が得られない」として第2階層の監視対象国とされ，在留資格「興行」がその温床として指摘されたことを受けて，日本政府は「興行」の資格条件を厳格化した。アメリカによる「人身売買」の国際的な監視は，人道的な観点というよりも，9.11以降の国際的組織犯罪取り締まり，という「リスク管理」の観点によるものであること指摘するまでもないだろう。

　なお，外国人登録制度は2010年から「新しい在留管理制度」に変わり，「在留カード」の下で，すべて入国管理局の一元管理となり，地方自治体での登録制度はなくなった。それによって，再入国の手続きの簡素化なども図られたが，同時にこれまで地方自治体においては「在留資格なし」という形で外国人登録が可能であった非正規滞在者（いわゆる超過滞在者や，その人たちの日本生まれの子どもたちなど）が，まったく登録のチャネルがなくなり，実質的に不可視化されるという，新たな問題が生じている。

「サイド・ドア」の拡大——在留資格「興行」，技能実習生から留学生へ

　梶田（1994）は，日本の出入国管理政策を，「フロント・ドア」「サイド・ドア」「バック・ドア」の3つの「ドア」がある，と論じた。この「3つのドア」理論は，今日においても，「いわゆる単純労働者は受け入れない」という建前を堅持するために，さまざまな「サイド・ドア」からの受け入れ，すなわち在留資格の表向き「名目」と，就労実態との乖離，という形での実質的な外国人労働力の受け入れを行う，という日本政府のこの20年でほとんど変化していないスタンスを考える上で有効であろう。「サイド・ドア」政策は，むしろます

第6章　日本社会の「国際化」と国際社会学

ます巧妙化し，一種の「開き直り」ともとれるような，「名目と実態の乖離」の社会的黙認，といった現状が深化していると考えられる。

「サイド・ドア」の最初は，上述した在留資格「興行」であろう。プロの芸能人としての在留資格によって，実際には接客を主とするサービス業に従事している女性たちが大半であることは日本社会における周知の事実であったにもかかわらず，外国人タレントたちの「接客」業務への従事は「資格外就労」であるとされ，入管の摘発の対象になる，という皮肉な現実が生まれていた。現実には「接客」部門での労働が期待されているにもかかわらず，制度的にはその労働を「禁じ」，また表向きの在留資格と整合性をとるために出身国での「芸能人」資格取得の仕組みが作られ，そこに結果として労働者に多額の借金を負わせる仕組みを内包した中間搾取構造が作られていった。制度の矛盾のつけを，実際の移住労働者自身にすべて負わせるのが，「サイド・ドア」政策の特質と言える。

1993年に創設され，さらに2009年，2016年とさらなる制度変更が加えられた技能実習生制度も，「サイド・ドア」として今日の日本の労働力不足を支えてきた仕組みである。「国際協力」の建前のもと，1990年の入管法の下で原型が出来上がった「外国人研修生・技能実習生制度」は，すぐに製造業や建設，農業・漁業などの第一次産業の中小・零細企業にとっての安価な労働力源として瞬く間に日本社会に定着していった。「研修」「技能実習」という「名目」は，たとえ，のちに労働基準法の範囲内であると認められたとしても，最低賃金を実質的に切る賃金や過酷な労働条件，セクハラやパワハラを含む人権侵害を横行させるような技能実習制度内における労働慣行を生み出していった。逃亡を防ぐために事前に巨額の借金を背負わせる「人身売買」的要素を構造化した技能実習制度は，2017年には新たに介護やコンビニ・スーパーでの生鮮食品処理などにも分野が拡大されるなど，ますます「人手不足」を補う制度として運用されている。「国際協力」という建前が，移住労働者の「労働者性」を希薄化させる，という構造が強固なものになっている。

同じ構造は，サービス業・飲食業の労働力として留学生の存在に実質的に依

229

存するという現状において，新たに見られている。このように，「サイド・ド
ア」政策は依然として日本の出入国管理政策を特徴づけており，今後ますます
拡大していく方向にあると言える。[3]

「再生産労働の国際分業」の日本的展開

「サイド・ドア」を中心にした日本の実質的な外国人労働力の受け入れの中
で，近年やや異なる様相を見せているのが，介護や家事など，いわゆるケア・
再生産労働分野での外国人受け入れである。

1980年代から，アジアを中心とした人の移動においては，移動する女性が男
性を上回る「移動の女性化」(feminization of migration) という現象が広く見ら
れるようになった。その原因の1つは，先進国や新興国において，「再生産労
働」と呼ばれる，いわゆる家事・育児・介護，および性・情愛サービスまでを
含む，これまで伝統的に「女の仕事」とされてきた領域における担い手の不足
が生じ，それがより低賃金や悪条件での就労をいとわない「移住女性」に外部
化される，という構造の登場である。これは，「再生産労働の国際分業」と呼
ばれ，具体的には住み込みでの女性移住家事労働者や介護労働者の増加という
形で，世界中で見られるようになった。また，「移動の女性化」は，欧米の移
民研究においても，「移動する人は男性であり，女性はその家族である」とい
う暗黙の前提に変更をせまる，という理論的含意も持っていた（小ヶ谷，2007）。

しかしながら，いわゆる「専業主婦モデル」による経済成長を遂げてきた日
本においては，他の先進諸国や新興国とは違い，こうした再生産労働部門への
人手不足は，1980年代に見られた農村での「花嫁不足」問題という形で注目さ
れたのちは，必ずしも問題視されてこなかったと言える。しかしながら，2000
年代に入ってからの高齢化と，介護労働力不足の問題が現実化する中で，2000
年代前半には経済連携協定という自由貿易拡大の枠組みの中での看護師・介護
福祉士のインドネシア，フィリピン，そしてベトナムからの受け入れが議論さ
れるようになった。実際には2007年からスタートした，2国間政府協定の下で
の受け入れは，とりわけ3年間の「候補生」としての実習期間中あるいは終了

後に日本の国家試験に合格し，日本人と同一資格を持つことによって「日本人と同じ条件」を担保する，という発想に基づくものであった。これは，人手不足の現場の労働力としては，いわば，その「候補生」期間を労働力として期待するという，上述の「サイド・ドア」的な性質と，厳しいハードルを課すが，それをクリアできれば「日本人と同等」に扱う，という「フロント・ドア」的な性質を併せ持っているといえる。しかし，日本語（その後ルビや試験時間の延長が認められた）による日本の国家試験合格というハードな条件は，依然として日本の「フロント・ドア」を開けることが厳しいことを示したと同時に，条件は厳しいものの，日本政府が介護の分野については，「フロント・ドア」を開ける仕組みを作った，という点では画期的であったと言える。

　ＥＰＡによる国家試験合格者は確実に増えているものの，合格して「フロント・ドア」から入る資格を得た人たちがむしろ帰国を望む，という皮肉な現象も起こっており（ヌルハニファー・小ヶ谷，2016），2010年代に入って，日本が必ずしも移住者にとって絶対的な行き先，「憧れの国」ではなくなっている，という現実を突きつけている。帰国者の多くが，当初懸念されていた日本の高齢者とのかかわりの面ではむしろうまくいっており，逆に日本の職場環境の悪さや労働時間の長さ，人間関係の難しさなどがストレスになったことを，帰国の理由として挙げていることから考えると，むしろ日本社会における労働慣行そのものが，十分な技能や資格を備えた外国人を遠ざける要因になっている，という深刻な理由が見て取れる。

　また，2017年には「国家戦略特区」の枠組みで，「入管法の規制緩和」の一環として，これまで日本人家庭での就労が認められてこなかった「家事」の分野における外国人（現時点ではフィリピン人のみ）の就労が，限定的に認められるようになった。（小ヶ谷，2016）そこでも「日本人と同等」という条件が定められ，そのために，家事代行の企業が「家事支援人材」を雇用し，そこから個人家庭に派遣する，という世界的にみても珍しい仕組みが作られた。これは，『国際化とアイデンティティ』の中で筆者が紹介した香港・シンガポールにおける移住家事労働者が個人家庭に住み込みで直接雇用されることによって，そ

の労働者性を希薄化させられる，という構図とはやや異なる形である。もちろん，家事代行で働く人たちの労働条件そのものが必ずしもよいものではないことや，国家戦略特区での指定業者制度，というきわめて限定的な仕組みを考慮すると，この枠組みが新たな「フロント・ドア」であるとは必ずしもいえないであろう。しかし，ＥＰＡでの介護・看護労働力の受け入れと合わせて，ケア・再生産労働分野に関しては，少なくとも過去にはない新たなスキームが作られ，「日本人と同等の条件」ということが強調される，という点は過去の「サイド・ドア」とは異なっていると考えられる。それだけ，再生産労働部門が，そのニーズにおいて，そしてその労働特性において，これまでの生産労働部門とは異なる需要を日本社会において生み出している，ということになるだろう。しかしながら，2017年には技能実習の業種に「介護」が新設され，そこでは国家資格取得は求められない。2018年6月には「外国人労働者の受け入れ拡大」の分野に「介護」が含まれ新たな在留資格の設置が表明され，今後の推移が注目される。

社会統合政策不在の中での現実社会の変化

　これまで，フローの管理としての出入国管理，外国人労働者「受け入れ」の論理を考察してきたが，他の先進国と比較して日本に不在なのは，「外国人・移住者の社会統合」政策である。しかしながら，宮島の指摘を待つまでもなく，2017年現在の在留外国人の半数は「永住」の在留資格を持つ人たちである。前項でみたように，「サイド・ドア」的な施策で，政府が社会的な定着を防ぎたい単純労働力の受け入れは拡大すると同時に，足元では確実に「外国人の永住化」は日本において拡大しているのだ。

　たとえば「興行」で来日したフィリピン人女性の多くが日本人男性と結婚して，日本社会に永住化したり，あるいは離婚後も日本人との間の子どもを育てながら日本社会で暮らしている場合も多い。「定住者」として来日した南米およびフィリピン出身の日系人は，家族単位での来日が可能であり，その子どもたちが，母国との往還を繰り返しながらも確実に日本社会で次世代として育っ

第6章　日本社会の「国際化」と国際社会学

ている。また，フロント・ドアで入国した専門職者の中に日本での永住資格を取得する人たちも増えており，多くの課題を抱えてはいるものの，「家族滞在」なども含めると，日本に定住・永住する目的で暮らしている外国籍者や，外国出身の日本国籍取得者は増加している。また，国際結婚も，その増加率は鈍化傾向にあるものの，「ハーフ」「ダブル」「ミックス」と呼ばれる多文化の子どもたちが日本社会で活躍する時代になっている（高畑，2015）。日本の公立学校での外国籍保護者のプレゼンスなど，変化は大きく，たとえば横浜市南区のある小学校は，現在在籍者の半分以上が外国につながる子どもたちである。こうした子どもたちの学習支援や母語支援といった新たな「地域課題」が生まれ，文部科学省も「日本語指導が必要な子ども」の統計を2001年から取り始めるなど，「日本語能力の有無」が基準になっているという限界は大きいものの，国レベルでも課題として視野に入れる必要性がようやく認識されはじめている。そもそも外国人を「義務教育」の対象とはしない現行のあり方が，「教育権」という観点から見直されるべき時期に来ているとも言える。

　『国際化とアイデンティティ』以降に広く日本社会において流布するようになり，国際社会学分野でも近年枕詞のように使われる言葉として「多文化共生」という概念がある。移民国であるカナダやオーストラリアが国家として標榜する「多文化主義」とは異なり，日本における「多文化共生」はもともと在日コリアンの社会運動に端を発した「ともに生きる」「共生」という発想であった（崔・加藤，2008）。その後主として地方自治体の単位でのいわゆる外国人や外国につながる人々・子どもたちの社会統合のニュアンスを含んだ，「文化的に寛容でよりよい社会」のイメージを内包しながら多用されるようになった。なお，2006年には総務省により「地域における多文化共生推進プラン」が出されている。

　たとえば『国際化とアイデンティティ』第8章で広田が取り上げた横浜市鶴見区は「多文化のまち・鶴見」とのキャッチフレーズを掲げている。しかしそこにあるのは，「文化」という一見ソフトな水準での議論であり，あくまでも「マジョリティとマイノリティの共存」といった構図に支えられていると言え

る（塩原，2012）。『国際化とアイデンティティ』第3章で樽本が論じたような市民権・シティズンシップ，という議論は，「多文化共生」言説の中では，深まりを見せていない。1996年に日本で初めて創設された外国人による参加制度（樋口，2000）である川崎市の外国籍市民代表者会議に続いて，多くの自治体で外国籍市民代表者会議は設置されているが，外国人参政権の議論は，地方選挙レベルであってもいまだに活発な議論を呼ぶにはいたっていない。それどころか，ヘイトスピーチの台頭によって，「外国人の政治参加」よりも，むしろ「外国人排斥」の議論のほうが，力を増している印象すらある。

社会統合政策の不在と排外主義の関係

　こうした制度的対策の不在と，社会的現実の変化の中で生まれてきているのが，ヘイトスピーチに代表される日本型の外国人排斥運動である。在留特別許可を求めたフィリピン出身のカルデロン一家への攻撃に端を発し，その後在日コリアンの集住地である新大久保や川崎市桜本，京都の朝鮮初級学校などをターゲットとした「在特会」に代表されるような一連のヘイトスピーチや運動は，本格的な社会統合政策や包括的な外国人政策を欠いた日本において，社会的現実が多様化していく中で，政権の東アジア政策の影響が在日コリアンに直接的に降りかかる，というひずみを表しているといえる（師岡，2013）。在日コリアンを代表とするオールドカマーに対する社会統合政策・包摂施策を欠いてきたことが，今日の，ニューカマーを含めた社会統合政策の不在に連結し，それによって日本社会のオフィシャルな外国人との向き合い方を不明瞭にしているために，対朝鮮半島政策などの外交政策と移民政策（不在だが）がいっしょくたにされてしまう，という不幸を招いていると考えられる。この意味において，排外主義のターゲットがオールドカマーのみならず，ニューカマーにいつでも転換されうる，という点については留意しておく必要があるだろう。

　以上，日本社会と「人の移動」をめぐる過去15年ほどの変化を概観してみた。こうした社会変動に対して，国際社会学は学問的にどのように向き合い，そして今日どのような課題に新たに直面していると言えるのだろうか。

第6章　日本社会の「国際化」と国際社会学

4　方法論的ナショナリズムをいかに超えていけるか
——ジェンダー視角からの国際社会学の課題

『国際化とアイデンティティ』以降の国際社会学の分野を考えると，多様な研究蓄積の中で，筆者の問題関心に引き付けて，国際移動とジェンダー分析の進展について取り上げたい。

国際移動とジェンダー領域をめぐっては，上述した「再生産労働の国際分業」といった概念を用いて，移住女性の労働や，結婚移民女性のアイデンティティやネットワークなど，日本やアジアの移住女性の状況が，数多く報告・分析されるようになっている。たとえば筆者も参加している伊藤るりらの「国際移動とジェンダー」研究会は，日本を含むアジアの移住女性の労働や組織化に注目し，「再生産領域のグローバル化」という観点から，変動するアジアの現実をジェンダー視点からとらえようとしてきた。（伊藤・足立，2008）。また必ずしも国際社会学，というスタンスをとってはいないものの，落合恵美子らの「親密圏のグローバル化」（落合・赤枝，2012）という分析視角や，女性移住者が先駆的に移住した在日フィリピン人コミュニティについての高畑らの実証研究の成果も大きい（高畑，2012）。

最近ではNPO移住者と連帯する全国ネットワーク（移住連）の貧困対策プロジェクトが「移住者と貧困」や移住女性とDVとの関係についてアクション・リサーチを積み重ねており，日本におけるジェンダー不平等と移住者，とりわけ移住女性の生活・労働環境が密接に結びついていることが明らかにされている（カラカサン，2006；髙谷・稲葉，2011）。

しかしながら，いわゆる「日本女性」を議論の中心に据えたジェンダー研究やフェミニズムと，「方法論的ナショナリズム」を乗り越えようとする国際社会学におけるジェンダー研究の距離は依然として大きいと言わざるを得ない。このことは，2017年2月に展開された，日本を代表するフェミニスト社会学者，上野千鶴子と移住連・貧困プロジェクトとの論争に見て取ることができる。

2017年2月11日に中日新聞（東京新聞）に上野千鶴子のインタビュー記事

235

「平等に貧しくなろう」が掲載された。建国記念日特集として「この国のかたち」とされたインタビュー特集の中で上野は人口減少社会の中で「移民は日本社会にとってツケが大きすぎる」「日本人は多文化共生に耐えられない」との主張を述べた。上野の主要な論点は、「移民受け入れよりも、人口減少社会を「平和に衰退していく社会のモデル」として、民の力に期待しながら受入れよう、というものであった（中日新聞，2017.2.11）。この記事に対して、国際社会学・移民研究を専門とする社会学者である稲葉奈々子・樋口直人・高谷幸を代表とする「移住連・貧困対策プロジェクト」が公開質問状を出した。公開質問状は、上野の議論が「排外主義に取り込まれてしまう」可能性を警告し、上野発言が今現在日本社会で暮らす「マイノリティの存在を否定している」ものである、としている。これに対して上野の応答は「ジェンダーやセクシュアリティと移民の問題が同じにできないのは、前者が選択できないのに対して、後者は政治的に選択可能だから」として、移民の大量導入に反対であるとの自論にもとづく応答をし、その後、岡野八代や清水晶子から上野の論点へフェミニズムからの批判が提出された。

　ここでは、議論の詳細について論じることはしないが、この論争で明らかになったことは日本のフェミニストの中に、移民／移住者など「国境を越えて移動する人々」についてはジェンダー・レスな態度をとり、かつ「他者化する」、というスタンスがある、ということであろう。この点について、稲葉らは「移住女性は女性ではないのですか」という問いを上野に投げかけている。

　上野が事例として挙げた「ケアワーク」が、上述したように「再生産労働の国際分業」の日本的進展の中でより多くの移住女性たちに担われていく可能性は非常に大きい。その中で、労働力不足の解決という根本的な問題を、移住者も、いわゆる「日本人」にあたる人々も、そして、次節で述べるような、そのどちらにも二分されないような存在である「外国につながる」人たちを含めた、日本社会の構成員全員が連帯して、よりよい労働条件を求めながら解決していく方向性こそが、模索されるべき論点であろう。国際社会学におけるジェンダー視点は、「移住者」そのものの状況に目を向け、その中から国際社会学的な

ジェンダー視角，すなわち「方法論的ナショナリズム」を乗り越えられるようなジェンダー視点や，トランスナショナルなジェンダー視角の獲得を目指して実証研究を積み重ねてきた。ジェンダーとエスニシティ，階級といった複数の差別・社会構造の交差（intersectionality）については，すでに多くの議論がなされているものの，具体的に「日本社会」の将来を考える際にはやはり，「日本女性」と「ジェンダーレスな外国人」という図式が容易に立ち上がってしまう，という今回の上野らの論争は，ジェンダー視点からの国際社会学が，既存の「ナショナルな」ジェンダー研究の中にエスニシティや国際移動の視点をどう入れ込んでいけるか，という課題に引き続き取り組んでいかなければならないことを痛感させるものである。日本において「国際社会学」的な発想が，社会科学全般において一種の「ゲットー化」してしまわないための，より広い社会学的な議論との接触や融合が重要であることが，あらためて確認される。

5 「日本人」「外国人」の二項対立の限界
——「国際化とアイデンティティ」を真に問う次元

『国際化とアイデンティティ』以降から現在にいたるまでの社会学的な課題として忘れてはならないのは，最近では「外国にルーツを持つ子ども」あるいは「外国につながる子ども」などと称される，子どもや若者，さらには「ハーフ」「ダブル」「ミックスレイス」などと称される人々をめぐる諸課題であろう（岩淵，2014；荒牧ほか，2017）ここでも論者によっては「外国人の子ども」「移民2世」「移民1.5世」といった呼称も用いられるが，こうしたカテゴリー化を拒むほど，従来考えられてきた「外国人労働者」や，あるいは「移住女性」といった「成人」カテゴリーにあてはまらない若年層や子どもたちが，日本社会において多くの課題を抱え，同時に日本社会あるいは地域社会に変革をもたらす存在としての存在感を高めている。なおこの点は，日本に限らず世界的に見ても，「移民研究の大人中心主義を批判する」，理論的な刷新としても近年研究が進んでいる分野である（Nagasaka & Fresnoza-Flot, 2015）。

「外国人の子ども」をめぐっては，教育社会学の分野を中心に1990年代半ば

から研究が積み重ねられているが（太田，2000；宮島・太田，2005），そこでの主要な論点は「日本への適応」に視点が固定されている傾向は否めない。早くから「外国人の子どもたちの不就学」の問題に取り組んできた，宮島や佐久間（2006）などの研究も，広い目で見れば，外国人の子どもたちの教育の権利が，日本へのスムーズな統合と相まって実現されることを目指していると考えられる。

　『国際化とアイデンティティ』では，第2章で恒吉が「多文化教育」と「国際理解教育」との微妙な関係について，きわめて刺激的な議論を展開しているが，今日においては，学校内の具体的な状況はさらに複雑化・重層化している。たとえば言語と国籍の関係だけとってみても，上述したように文科省は「日本語指導が必要な児童・生徒」についての調査を行っているが，その中には「外国籍児童・生徒」だけでなく，「日本籍児童・生徒」も含まれている。そして後者の「使用言語」を見ると，1位がフィリピノ語（28.5%），次いで日本語（22.3%），中国語（19%）となっている（荒牧ほか，2017）。このことからも，言語と国籍が必ずしも一致せず，もっといえば「日本国籍」を持つ「外国につながる子ども」たち，というこれまで日本の学校では，いわゆる海外からの帰国生をのぞいては想定されてこなかった子どもたちが一定数存在している，ということは明らかである。加えて，いわゆる「ハーフ」や「ダブル」，「ミックス・ルーツ」と呼ばれる日本育ちの若者たちの存在，特にそのトランスナショナルな成育経験やアイデンティティについても社会学的関心が向けられるようになっており（原，2011；田口，2016；三浦，2015），「日本社会に，移民（あるいはその子ども世代）がどううまく統合できるのか」という教育社会学的な問いから，移動する若者自身，あるいは外国につながる子ども・若者自身の経験やアイデンティティに着目する視点へと，研究のスタンスが変わりつつあると考える。

　たとえば，前出の移住連は，現在「ここに，いる」というキャンペーンの中で，「移民2世からの発信」という，外国ルーツの若手研究者たちの研究発信に熱心に取り組んでいる（移住連ウェブサイト〔http://migrants.jp/news/180623/〕）。

第6章　日本社会の「国際化」と国際社会学

これは、「移民」や「外国につながる子ども・若者」が、「研究される対象」から、「研究し発信する主体」に移り変わってきていることを明確に打ち出すプロジェクトである。『サバルタンは語ることができるか』でスピヴァクが提示した、人文・社会科学（あるいは近代的な「知」すべて）におけるポジショナリティをめぐる問い——すなわち、誰が誰にどういうポジションから語るのか、そして「知」の権力性——、は国際社会学分野においても有効であり、かつ問われ続けられるべきであろう。この点についておそらく、『国際化とアイデンティティ』は、石川の論考を除いては無自覚であったのではないだろうか。国際社会学分野での方法論的議論については、『国際化とアイデンティティ』の第8章において広田が、人々のミクロな生活経験や実践、アイデンティティに接近していく必要性を論じているが、そうしたアプローチの先には、研究者のポジショナリティも含めた「国際社会学」の深化が目指されていたように思う。2000年代以降、国際社会学の分野においても「語り」やライフストーリーへの関心が見られていることは、こうしたミクロなレベルでのアイデンティティの複数性への関心、ひいては「研究する側とされる側」との間の関係性への自覚、といった問題意識が背景にあるのではないかと考える。

　ポジショナリティをめぐる問いを踏まえ、さらに「外国につながる子どもたち」に代表されるような日本社会の多様化、トランスナショナル化の進展、という現実を目の当たりにした時、そこで立ち上がってくる論点は、「日本人：外国人」あるいは、「マジョリティ：マイノリティ」という二項対立的な図式の限界であろう。「方法論的ナショナリズム」を超える、としながらも、「多文化共生」をめぐる一連の議論にも通底する、「日本社会と外国人」という問題構制そのものの相対化こそが求められている、と言えるのかもしれない。

6　国際社会学のこれまでと、これから

　「国際社会学」の問いは変わったのか——これが本章の冒頭で掲げた問いであった。結論としては、「国際社会学」の持つ「方法論的ナショナリズム」を

超える，という視座の有効性は，グローバル化の中での日本社会の変化を考える上でも引き続き重要であり続けている，と言えるだろう。同時に4節で論じたように，（あえて言えば）「ナショナルな」研究領域の中に，どのように国際社会学的な視点を打ち込んでいけるのか，という理論的な課題はまだまだ大きいと言える。おそらく梶田が『国際化とアイデンティティ』の冒頭で指摘したように，国際社会学をその「対象」のトランスナショナルな性質や今日的な変化を記述し，「方法論的ナショナリズム」を超える視座で分析していく，という活動にとどめることなく，「理論」的にも既存の社会学理論を相対化していけるような，本当の意味での「トランスナショナルな理論」にまで推し進めていく必要があるのだろう。

　しかしながら，国際社会学がその誕生時には必ずしも重視してこなかった，ジェンダー視点や，人々のミクロな生活実践やアイデンティティの複数性，さらにはポジショナリティの問題など，その後の社会科学の進展の中で，新たに国際社会学の中にもたらされた視点も多いと考える。こうしたあらたなアプローチが，国際社会学が本来持っていた「方法論的ナショナリズム」を超える視座を深め進展させていく，という理論的挑戦にどのように具体的に貢献していけるのか。これについて，筆者はまだ明確な答えを持っていない。

　しかし，繰り返し言うように，国際社会学が誕生した理由が，既存の社会学の限界を乗り越え，多様化する現実に真摯に向き合っていくためであったのであれば，もしかすると，これからの国際社会学が目指すべきところは，理論化や政策科学としての「エスタブリッシュメント化」ではなく，もっと違うところにあるのではないか，とも思われるのである。

注
(1)　梶田（1996）は国際社会学の「国際」の示す意味を，「インターナショナル」「トランスナショナル」「グローバル」「国家間比較」の4つに分類している。
(2)　「共生」概念についての批判については，梶田・丹野・樋口（2005）を参照されたい。

第6章　日本社会の「国際化」と国際社会学

(3)　なお，本稿の脱稿後，2018年6月に政府は少子化や人手不足への対応として，新たに農業，建設，宿泊，介護の5分野で新たな在留資格（最長5年）を設けると発表した。実質的には，技能実習制度の「延長」と考えられ，原則として在留資格の延長や家族帯同が認められておらず，「移民政策とは異なる」と強調されていることからも，根本的な変化にはつながらないのではないかと筆者は考えている。

(4)　なお本稿では，日本のエスニシティ研究における都市社会学の研究成果については触れることができなかった。

(5)　樋口（2006），駒井（2015）は，それぞれの立場から批判的に移民研究・国際社会学分野のレヴューを行っている。

(6)　移住連貧困対策プロジェクト『中日新聞』『東京新聞』（2017年2月11日）「考える広場　この国のかたち　3人の論者に聞く」における上野千鶴子氏の発言にかんする公開質問状（2017年2月13日）（http://migrants.jp/news/170213openletter/）

(7)　岡野八代「移民問題は，「選択の問題」か？——上野さんの回答を読んで」2017年2月18日，清水晶子「共生の責任は誰にあるのか——上野千鶴子さんの「回答」に寄せて」2017年2月19日。いずれもWAN——女性と女性をつなぐポータルサイト（https://wan.or.jp/article/show/7073, https://wan.or.jp/article/show/7074）で全文を読むことができる。

(8)　稲葉奈々子・髙谷幸・樋口直人「排外主義に陥らない現実主義の方へ——上野千鶴子さんの回答について」2017年2月22日，WAN（https://wan.or.jp/article/show/7085）。

参照文献

荒牧重人・榎井縁・江原裕美・小島祥美・志水宏吉・南野奈津子・宮島喬・山野良一編，2017，『外国人の子ども白書——権利・貧困・教育・文化・国籍と共生の視点から』明石書店.

崔勝久・加藤千香子編，2008，『日本における多文化共生とは何か——在日の経験から』新曜社.

DAWN (Development Action for Women Network), DAWN-Japan 訳，2005，『フィリピン女性エンターティナーの夢と現実——マニラ，そして東京に生きる』明石書店.

原めぐみ，2011，「越境する若者たち，望郷する若者たち——新日系フィリピン人の生活史からの考察」『グローバル人間学紀要』Vol. 4：5-25.

樋口直人，2000，「対抗と協力——市政決定メカニズムの中で」宮島喬編『外国人市

民と政治参加』有信堂.

樋口直人, 2006, 「分野別研究動向（移民・エスニシティ・ナショナリズム）——国際社会学の第2ラウンドにむけて」『社会学評論』57巻3号：634-649.

移民政策学会設立10周年記念論集刊行委員会編, 2018, 『移民政策のフロンティア——日本の歩みと課題を問い直す』明石書店.

伊藤るり, 1992, 「『ジャパゆきさん』現象再考——80年代日本へのアジア女性流入」梶田孝道・伊豫谷登士翁編著『外国人労働者論——現状から理論へ』弘文堂.

伊藤るり, 1995, 「もう一つの国際労働力移動——再生産労働の超国境的移転と日本の女性移住者」伊豫谷登士翁・杉原達編『日本社会と移民』明石書店.

伊藤るり・足立眞理子編著, 2008, 『国際移動と〈連鎖するジェンダー〉——移動・再生産・グローバリゼーション』ジェンダー研究のフロンティア2, 作品社.

岩淵功一編, 2014, 『ハーフとは誰か——人種混淆・メディア表象・交渉実践』青弓社.

伊豫谷登士翁, 2002, 『グローバリゼーションとは何か——液状化する世界を読み解く』平凡社新書.

梶田孝道, 1994, 『外国人労働者と日本』NHK出版.

梶田孝道編著, 1996, 『国際社会学』第2版, 名古屋大学出版会.

梶田孝道編著, 2001, 『国際化とアイデンティティ』ミネルヴァ書房.

梶田孝道編, 2005, 『新・国際社会学』名古屋大学出版会.

梶田孝道・丹野清人・樋口直人, 2005, 『顔の見えない定住化——日系ブラジル人と国家・市場・移民ネットワーク』名古屋大学出版会.

カラカサン移住女性のためのエンパワメントセンター・反差別国際運動日本委員会編, 2006, 『移住女性が切り拓くエンパワメントの道——DVを受けたフィリピン女性が語る』反差別国際運動日本委員会.

駒井洋, 2015, 「日本における『移民社会学』の移民政策に対する貢献度」『社会学評論』Vol. 66 No. 2：188-203.

三浦綾希子, 2015, 『ニューカマーの子どもと移民コミュニティ——第二世代のエスニックアイデンティティ』勁草書房.

宮島喬・太田晴雄編, 2005, 『外国人の子どもと日本の教育——不就学問題と多文化共生の課題』東京大学出版会.

宮島喬・佐藤成基・小ヶ谷千穂編著, 2015, 『国際社会学』有斐閣.

宮島喬, 2014, 『多文化であることとは——新しい市民社会の条件』岩波書店.

師岡康子, 2013, 『ヘイトスピーチとは何か』岩波新書.

第6章　日本社会の「国際化」と国際社会学

Nagasaka Itaru and Asuncion Fresnoza-Flot (eds.), 2015, *Mobile Childhoods in Filipino Transnational Families : Migrant Children with Similar Roots in Different Routes*, Palgrave Macmillan.

西原和久・樽本英樹編，2016，『現代人の国際社会学・入門──トランスナショナリズムという視点』有斐閣．

ヌルハニファー・小ヶ谷千穂，2016，「資格取得したインドネシア出身看護師の帰国をめぐる考察──彼女たちが日本で得たものとは〜」『ジャーナル日本語』8巻：77-89．

落合恵美子・赤枝香奈子，2012，『アジア女性と親密性の労働』京都大学出版会．

小ヶ谷千穂，2007，「国際労働移動とジェンダー──フィリピンの事例から」宇田川妙子・中谷文美編『ジェンダー人類学を読む』世界思想社．

小ヶ谷千穂，2009，「『外国籍住民』から見る日本──国際社会学からのアプローチ」横浜国立大学留学生センター編『国際日本学入門──トランスナショナルへの12章』成分社．

小ヶ谷千穂，2013，「批判的移民研究に向けて──フィリピン女性移民を通して」伊豫谷登士翁編『移動という経験──日本における「移民」研究の課題』有信堂．

小ヶ谷千穂，2016，「〈移住家事労働者〉という存在を考える──「個人的なことはグローバルである」時代において」『理論と動態』Vol. 9：2-19．

太田晴雄，2000，『ニューカマーの子どもと日本の学校』国際書院．

佐久間孝正，2006，『外国人の子どもの不就学──異文化に開かれた教育とは』勁草書房．

塩原良和，2012，『共に生きる──多民族・多文化社会における対話』弘文堂．

スピヴァク，G. C.，上村忠男訳，1998，『サバルタンは語ることができるか』みすず書房．

田口ローレンス吉孝，2016，「現代日本社会の「ハーフ」をめぐるライフストーリー分析──コンネルの制度論による家族・学校・職場・街頭に関する考察」『一橋社会科学』Vol. 8：57-66．

高畑幸，2012，「在日フィリピン人研究の課題──結婚移民の高齢化を控えて」『理論と動態』Vol. 5：60-78．

高畑幸，2015，「グローバル化と家族の変容」宮島喬・佐藤成基・小ヶ谷千穂編著『国際社会学』有斐閣．

高野麻子，2016，『指紋と近代──移動する身体の管理と統治の技法』みすず書房．

髙谷幸・稲葉奈々子，2011，「フィリピン人女性にとっての貧困──国際結婚女性と

243

シングルマザー」移住連貧困プロジェクト編『日本で暮らす移住者の貧困』現代人文社.

樽本英樹，2009，『よくわかる国際社会学』ミネルヴァ書房.

第7章
「少子化する高齢社会」の構造と課題

金子　勇

1　新しい高齢社会対策大綱

全世代型の社会保障

2018年2月16日に新しい高齢社会対策大綱が閣議決定された。その基本的考え方は，高齢化率が30％に届く高齢社会では，年齢による画一化を見直し，すべての年代の人々が希望に応じて意欲・能力を活して活躍できるエイジレス社会を目指すというところにある。

この立場は，従来の年齢区分でライフステージを固定することを相対化して，老若男女すべてが安心できる「全世代型の社会保障」を視野に収める。そこから，日本全国の過疎自治体でも政令指定都市でもそこでの生活基盤を整備し，人生のどの段階でも高齢期の暮らしを具体的に描ける地域コミュニティの創造が最優先される。さらにそのためには，多世代間の協力拡大を推し進め，単身の高齢者に顕著な社会的孤立を防止して，とりわけ高齢者が安全・安心かつ豊かに暮らせるコミュニティづくりを継続する。加えて，全世代の一員として高齢者の潜在能力や顕在能力発揮を手助けできるように，介護ロボットなどの新しい技術を応用して，高齢者が活動する際の支障となる問題（身体・認知能力等）への解決策をもたらす可能性に留意することが謳われている。

この通りに「少子化する高齢社会」が進むならば，日本社会は世界的な高齢社会のモデルケースになる。しかし今のままではその道はかなり険しい。予算の制約だけではなく，高齢社会対策の理念や学術的成果をどのように取り入れ

245

るか。新しい高齢社会対策大綱への大目標に向かうためにも，社会学の成果の活用だけでは不十分であることは承知の上で，学術的な成果を政策に取り込むことが求められる。なぜなら，表7-1の目次に見られるように，社会学の領域からの貢献が可能な項目が並んでいるからである。

社会学でも貢献できる分野が多い

まず「就業・所得」では，高齢者の就業と雇用の問題がある。定年制の問題にも関連するが，いずれも社会学では長い歴史をもつ研究領域の1つであるから，「対策大綱」の実施にも活用可能な成果が出されている。今回実行された数値目標では，たとえば「60歳〜64歳の就業率」でいえば，2016年現在で63.6％の数値を目標年次の2020年には67％に上昇させることが掲げられている。

「健康・福祉」でも自立型の高齢者の生きがい・健康の研究は，ソーシャルキャピタル論の応用や，高齢者医療費の社会的要因論の研究など多くの社会学的研究の蓄積がなされてきた。数値目標としては「健康寿命」があり，2013年の男性のそれが71.19歳，女性では74.21歳であるが，いずれも2020年には1歳の延伸，2025年には2歳の延伸が打ち出されている。検診の受診率も数値目標化されて，2016年の「40歳〜74歳の検診受診率」71％が2020年には80％に上方修正されている。

また介護の問題も，介護する側とされる側の双方の研究成果が膨大にある。実際に介護職員数は現在でも不足気味であり，2015年度では183.1万人であったが，それを2020年度には231万人まで増員を目指すと記された。ロボット介護機器にも期待が寄せられており，2015年で24.7億円の市場が2020年に500億円の市場に成長するとみなされている。

その他，生涯学習や居住地での安全と安心の確保の問題も，孤立化対応を軸として，実証的な成果が生み出されてきた。まちづくりや地方創生に果たす高齢者の社会参加も，地域社会研究の側からの有力な研究テーマを構成してきた。いずれも社会学でも貢献が可能な分野が存在する。

もちろんこれらすべてが国際貢献できるレベルにあるわけではないが，介護

第7章 「少子化する高齢社会」の構造と課題

表7-1 高齢社会対策大綱分野別の基本的施策（一部省略）

1　就業・所得
　(1)　エイジレスに働ける社会の実現に向けた環境整備
　　　ア　多様な形態による就業機会・勤務形態の確保
　　　イ　高齢者等の再就職の支援・促進
　　　ウ　高齢期の起業の支援
　　　エ　知識，経験を活用した高齢期の雇用の確保
　　　オ　勤労者の職業生活の全期間を通じた能力の開発
　(2)　公的年金制度の安定的運営
　　　ア　持続可能で安定的な公的年金制度の運営
　　　イ　高齢期における職業生活の多様性に対応した年金制度の構築
　　　ウ　働き方に中立的な年金制度の構築
　(3)　資産形成等の支援

2　健康・福祉
　(1)　健康づくりの総合的推進
　　　ア　生涯にわたる健康づくりの推進
　　　イ　介護予防の推進
　(2)　持続可能な介護保険制度の運営
　(3)　介護サービスの充実（介護離職ゼロの実現）
　　　ア　必要な介護サービスの確保
　　　イ　介護サービスの質の向上
　　　ウ　地域における包括的かつ持続的な在宅医療・介護の提供
　　　エ　介護と仕事の両立支援
　(4)　持続可能な高齢者医療制度の運営

3　学習・社会参加
　(1)　学習活動の促進
　　　ア　学校における多様な学習機会の提供
　　　イ　社会における多様な学習機会の提供
　　　ウ　ライフステージに応じた消費者教育の取組の促進
　(2)　社会参加活動の促進
　　　ア　多世代による社会参加活動の促進
　　　イ　市民やNPO等の担い手の活動環境の整備

4　生活環境
　(1)　豊かで安定した住生活の確保
　　　ア　次世代へ継承可能な良質な住宅の供給促進
　　　イ　高齢者の居住の安定確保
　(2)　高齢社会に適したまちづくりの総合的推進
　　　ア　多世代に配慮したまちづくり・地域づくりの総合的推進
　　　イ　公共交通機関等の移動空間のバリアフリー化
　　　ウ　建築物・公共施設等のバリアフリー化
　　　エ　活力ある農山漁村の再生
　(3)　交通安全の確保と犯罪，災害等からの保護
　　　ア　交通安全の確保
　　　イ　犯罪，人権侵害，悪質商法等からの保護
　(4)　成年後見制度の利用促進

5　研究開発・国際社会への貢献等
　(1)　先進技術の活用及び高齢者向け市場の活性化
　(2)　研究開発等の推進と基盤整備
　　　ア　高齢者に特有の疾病及び健康増進に関する調査研究等
　　　イ　医療・リハビリ・介護関連機器等に関する研究開発
　　　ウ　情報通信の活用等に関する研究開発
　　　エ　高齢社会対策の総合的な推進のための調査分析
　　　オ　データ等活用のための環境整備
　(3)　諸外国との知見や課題の共有
　　　ア　日本の知見の国際社会への展開
　　　イ　国際社会での課題の共有及び連携強化

6　全ての世代の活躍推進
　(1)　全ての世代の活躍推進

247

ロボットをはじめとする先端技術の応用を含めると，日本のエイジング研究の
水準はかなり高いレベルにある。本章では，20世紀末に企画され刊行が続けら
れ，2017年に完結した「講座・社会変動」の20年間で，日本の「少子化する高
齢社会」の動向を軸として研究の現在を概観してみたい。

2　エイジング研究の諸理論

バトラーのプロダクティブエイジング

　1968年に造語した 'ageism' により「年齢差別」問題を提起し，ピュリッツ
ァー賞受賞の名著 *Why Survive ? — Being Old in America, 1976*（=1991）
で，世界の「老人問題史観」に終止符を打ったバトラーが2010年に亡くなった。
医師なのに，社会科学への配慮が豊かであったバトラーの功績の１つに 'pro-
ductive ageing' 概念の提唱がある。

　その後，世界でも日本でも類似した内容をもつ 'positive ageing', 'active
ageing', 'successful ageing' などが次々に開発され，日本の実証的な高齢者研
究でも活用されるようになった。これら４概念をあえて区別すれば，意識面が
'positive ageing', 行動面が 'active ageing', 成果面が 'productive ageing', 評
価面が 'successful ageing' になる。高齢者全体の80％を占める自立高齢者はも
とより，まもなく20％に達しようとする要支援・要介護高齢者のどちらでも，
生きがいや満足感や幸福感が強まると評価される状態が 'successful ageing' で
ある。ここでの基本は，「サクセスフルエイジングは関係性の中で一番うまく
達成される」（Vaillant, 2002：308）という理解にある。すなわちこれらは社会学
的なテーマとしても位置づけやすい。

　もっとも，「サクセス」を誰が評価するのかに関する合意は学問的にも得ら
れていない。高齢期には年少期や中年期以上に多様化したライフスタイル，健
康状態，家族関係が認められるので，「サクセス」の社会的基準が合意できな
くても仕方がない。その判断主体は，医師でもないし，家族でもなく，もちろ
ん行政でもありえない。むしろ高齢者個人にそれをゆだねるしかない。そのた

248

めに，体調，気力，意欲，キャリア，家族関係などを総合化した「サクセス」判断を，高齢者本人に聞き取るしかない。

かりにこの判断問題を回避するのなら，例えばバトラーが提唱した「プロダクティブエイジング」を使うことになる。なぜならそれは，ある程度客観的な判断素材によって決定できるからである。ただし，ここでも「プロダクティブ」は狭い意味での「生産」従事活動を超えて，いわば高齢者により「生み出されたもの」の総体であり，たとえば「社会参加」による効果までも包摂するという理解が望ましい。「生み出されたもの」に「ソーシャルキャピタル」や「社会参加」が含まれ，その一部に「生産活動」があるという一連の過程として理解される。したがって，具体的には「定年帰農」など高齢者の「農」への関与もここに該当する（松宮，2011：139-141）。

加えて，優雅な年の取り方（graceful ageing）としては，

①社会的有用性（social utility）。
②過去からの継続性（sustenance from the past）。
③楽しみとユーモアの才（capacity for joy and humor）。
④自助（self-care）。
⑤関係性の維持（maintenance of relationships）。

などがあげられ，'successful ageing' はこれらの複合という認識が示されることがある（Vaillant, *op. cit,* : 313）。ここには社会学による高齢化研究の主要概念が出そろっている。

エイジング研究の留意点

私もまた，これらの諸概念に学び，時には互換的に使用しつつ，1986年から全国の都市高齢者を対象とした500人規模の訪問面接法による量的研究とインタビュー手法を重視した質的研究を並行させて，その構成要素を具体的指標として抽出してきた。そのいくつかの実証的研究で留意したことは，

①明確なテーマ設定を行う。

②設定されたテーマが社会学の概念で論じられている。

③学術的成果を目指す。

④主要な論点もしくは結論が明示されている。

などである。

　このような原則により，15の日本都市を対象とした20年に近い実証的研究から，'successful ageing' には，①家族との良好な関係，②仲間の存在，③働くこと，④外出すること，⑤得意をもつこと，⑥趣味をもつこと，⑦運動散歩などが有効であることを確認した（金子，1995；2006b；2007：2014b）。

　また 'positive ageing' では，

①できることは最初にやる。

②暮らしをシンプルにする。

③毎日を楽しむ（carpe-diem〔enjoy the day〕）。

④コミュニケーションを保つ。

が指摘されているので，こちらも参考にしてきた（Vaillant, *op. cit.*: 307）。

　どの概念にも社会参加の軸は置かれており，そこでは高齢者のライフスタイル面での積極性が強調される。もっとも高齢期は，病気やケガや介護などに直面する時期でもあるから，'successful ageing'，'graceful ageing'，'positive ageing' のすべてで，それらリスクからの回避などにも配慮しておきたい。

ストリングスとストレングス

　パットナムによりソーシャルキャピタルという用語が普及するまえに，「人とのつながりの糸」として高齢者の「ストリングス」の複合拡大があり，それが高齢者の身体面や精神面の「ストレングス」をもたらすと私は論じていた（金子，2006b: 80）。現在ではソーシャルキャピタル論の応用になるが，関係性

の働きにより本人の気分が好転したり，ストレスが緩和されることは自明なのだから，いわゆる「人は良薬」もそこでは証明されている。

　団塊世代全員が高齢者になった2015年の高齢化率が約27％，全員が後期高齢者になる2025年には33％程度の高齢化率予想がある。そのような高齢化社会変動に社会学はいかに取り組めるか。このような問題意識をもって私は，全国の'successful ageing' 事例を検討し理論化を試みて，社会学の生産性向上に微力を尽くしてきた（金子，2014b）。

　ただし，学術研究の焦点の移り変わりもあるようで，たとえば2015年に刊行された全3巻の *The Encyclopedia of Adulthood and Aging* (Wiley Blackwell) では，索引に掲げられた用語はそれらのうち 'successful aging' だけであり，'productive aging' と 'graceful aging' は消えていた。一方，'positive aging' は 'positive effect, age-related' の一部として，そして 'active aging' もまた 'active theory' で触れられたにすぎない。英語圏の aging でもいろいろな事情があるのであろう。

　社会変動の特性は，①方向性，②大きさ，③速さ，④長さによって精密化できる（Martel, 1986＝1987：432）。高齢化も例外ではないから，社会変動の視点で高齢化を取り上げると，2015年の日本人の平均寿命は，男性が80.98歳，女性が87.14歳であり，ほぼ頂点を極めたように思われるので，まもなく頭打ちになる。しかし，少子化については何の手も打てなければ，ますます子どもが少なくなり，社会システム全体への影響は計り知れなくなる。「少子化する高齢社会」の変動規模はもちろん社会システム全体に関わるために，その勢いは加速され，高齢化率でいえば毎年0.3～0.5％の上昇率が見込まれている。

　国立社会保障・人口問題研究所の2017年の「日本の将来人口推計」では，合計特殊出生率をやや低めの1.20と仮定すると，2015年の総人口1億2700万人が2050年には9719万人，2065年には8062万人，そして2115年のそれは3601万人と予想されている。100年後には現在の総人口が25％にまで減少するのである。そこでは50年おきに人口半減の法則が働くことになる。これをリスクといわず，何をリスクというのか。初代の地方創生大臣石破茂も同じような感想をのべて

いる（石破，2017）。

　このような問題意識で，『高齢化と少子社会』（2002）以降の人口動態と研究動向を，私の20年に近いささやかな研究成果も含めて整理しておきたい。

3　社会変動としての少子化と高齢化

　先進国の定義には幾通りかあるが，ここではＯＤＡを出す側に属する国としておこう。それらの大半は先進資本主義国であり，選挙を通して権力構造への関与が可能であるデモクラシーの政治システムを採っている（本書，序章）。ミルズのいうようなパワーエリートはどの国にもいて，社会変動にも関与しているはずだが，本章では社会変動要因としての人口動態に限定する。人口は男女関係のミクロな行為から生み出されるが，その集積は全体社会システムを左右するマクロな結果を引き起こす。[1]

国家先導資本主義の時代

　ここにも「個人と社会」あるいは「社会の中の個人」が如実にうかがえる。日本でも若い世代が個別的に自ら全体社会システムの将来像を描けて，その将来設計が見通せるならば，1960年代の高度成長期に象徴されるように，婚姻率は高まり，出生数も増加し，出生率も高まる。「北風と太陽の比喩」でいえば，若者に将来設計ができる「暖かさ」こそ，少子化克服の唯一の手段になる。[2]

　かつて私は日本における現代資本主義を「国家先導資本主義」（金子，2013：55-60）としたが，その特徴は2種類の2項対立軸で表現できる。1つはイノベーションを内包する「構築性」（construction）とその反対の「破壊性」（destruction）である。日本でいえば120年間にわたり，この双方を資本主義社会システムが弁証法的に使いこなして，生産力水準をあげてきたと総括できる。具体的には，資本主義社会システムではモノやサービスを単に「製造販売」する「構築」だけではなく，倒産に象徴されるような「破壊」をともに内在させていると見るのである。

もう1つは大企業の下請け，孫請けが典型となる企業間の「共生」(symbiosis) がある。その対極には，大企業や自治体そして政府から零細企業の制度面での支援，資金援助，人的支援などが該当する「寄生」(parasitism) がある。これらを組み合わせると，図7-1になる。すなわち，「構築と共生」の組み合わせもあれば，対偶の「破壊と寄生」の組み合わせもある。

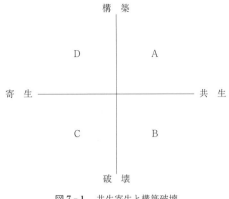

図7-1　共生寄生と構築破壊
（出典）　筆者作成。

(3)新規事業を始める際に，関連企業との協同性を確保して，効率的な事業遂行をすることは「A」に該当する。ただし，事業がうまくいかず「共倒れ」としての「B」もまた珍しくない。その一方では，官庁の規制を掻い潜って，うまく事業に参入するという「寄生」的な企業活動としての「D」も珍しくない。日本ではバブル時期の金融業界と一部企業と行政との関係で「寄生と破壊」も見られた。国家先導資本主義の宿命として，この2種類の軸の組み合わせは連綿と続くであろう。そして，人口動態でもそれは同じである。

　具体的に言えば，少子化が主因で人口減少社会が到来して，その結果として近未来に急速な高齢社会が到来するという予測の中で，「構築と共生」を強化するという方針と政策が依然として優先されていない。新しい「高齢社会対策大綱」でも明示的ではない。なぜなら個人の自由を前面に出して，「寄生と破壊」に加担するような言動がまだ散見されるからである。私は社会学本来の任務として，「秩序と進歩」や「構築と共生」を忘れないようにしたい。

世界人口統計から

　最新の *World Economic Outlook Databases*（2016）によれば，表7-2のよ

表7-2　2015年の世界人口上位10カ国

1位	中　国	13億7349万人
2位	インド	12億9271万人
3位	アメリカ	3億2160万人
4位	インドネシア	2億5546万人
5位	ブラジル	2億 446万人
6位	パキスタン	1億8987万人
7位	ナイジェリア	1億7872万人
8位	バングラデシュ	1億5986万人
9位	ロシア	1億4346万人
10位	日　本	1億2698万人

（出典）*World Economic Outlook Databases,* November 16, 2016.

表7-3　1950年の世界人口上位10カ国

1位	中　国	5億4400万人
2位	インド	3億7600万人
3位	アメリカ	1億5800万人
4位	ソ　連	1億 300万人
5位	日　本	8400万人
6位	ドイツ	7000万人
7位	インドネシア	7000万人
8位	ブラジル	5400万人
9位	イギリス	5100万人
10位	イタリア	4700万人

（出典）　総務省統計局「世界の統計　2016」。

うな総人口で上位の10カ国が登場する。アメリカとロシアを除けば，途上国が
ほとんどであり，日本は第10位である。経済産業分野だけではなく各分野で恒
常的に日本の比較対象となるイギリス（6511万人）をはじめとして，ドイツ
（8218万人），フランス（6428万人），イタリア（6080万人），カナダ（3583万人），
オーストラリア（2394万人），スウェーデン（985万人）などの実態を思えば，日
本において1947年から50年生まれの団塊世代の約1050万人が寄与した人口圧力
の意義は大きい。もちろん，高齢期ではその圧力が年金，医療費，介護保険な
どの領域で大きな課題も投げかけるのであるが。

　教育，音楽文化，スポーツ，労働，産業経済，東京都市圏の膨張などに果た
した団塊世代への評価は分かれるが，この世代によって膨大な人口量の威力を
感じさせるに十分な高度成長期以降の歴史が刻まれた。歴史的に見ると，2015
年で世界第10位の日本人口数もさかのぼること65年前の1950年では，総人口は
世界第5位の8400万人であった（表7-3）。

　いうなれば，太平洋戦争は8000万人の日本がアメリカ，ソ連，中国合計で8
億人の国々との戦いでもあった。あるいは当時の日独伊合計で2億人が，イギ
リス5100万人と4000万人のフランスを加えた5カ国合計で9億人と戦った歴史
を第二次世界大戦とよぶという人口論的な総括も可能になる。

　人口史観に依拠して，まず日本の総人口の推移について整理しておこう（表

254

第 7 章　「少子化する高齢社会」の構造と課題

表 7 - 4　日本の総人口と年齢三区分の推移

（単位：％）

	万人	0〜14	15〜64	65〜		万人	0〜14	15〜64	65〜
1920年	5596	36.5	58.3	5.3	1980年	1,1706	23.5	67.4	9.1
1930年	6445	36.6	58.2	5.1	1990年	1,2361	18.2	69.7	12.1
1950年	8412	35.4	59.6	4.9	2000年	1,2693	14.6	68.1	17.4
1960年	9430	30.2	64.1	5.7	2010年	1,2806	13.2	63.8	23.0
1970年	1,0467	24.0	68.9	7.1	2018年	1,2652	12.3	59.8	27.9

（出典）　総務省統計局「世界の統計　2016」および2018年 3 月「人口推計」。

7 - 4 ）。昭和に入ってから日本の人口は6000万人の大台に乗り，1950年には8400万人になった。高度成長期も順調に増加して，高齢化率が 7 ％を突破した1970年には 1 億人を超えた。その後も微増し続けて2010年が頂点の 1 億2800万人となり，以後は減少し始める。

日本の人口統計から

2017年10月の確定値では 1 億2670万人であり，2018年 3 月の概算値では 1 億2652万人まで低下した。この10年近くは合計特殊出生率が1.30〜1.40台で推移していて，人口数の転換点の基準である2.08に遠く及ばないので，もはや人口増加の見込みはない。反対に近未来には，高齢化率が30％を確実に突破する。

この推移に伴い，人口構成の三区分も激変した。同じく表 7 - 4 から，人口統計が完備した1920年の三区分の比率は 0 〜14歳（年少人口）率が36.5％，15〜64歳（生産年齢人口）が58.3％，65歳以上（高齢者人口）は5.3％であったことが分かる。この比率分布は発展途上国の人口構成そのものである。

明治から大正時代の半ばまでは国勢調査がなされなかった。それは国力が不十分だったからであるが，1868年から1920年までの52年間もおそらくは1920年と似たような比率であったであろう。

すなわち発展途上の社会では，明治大正期の日本と同様に，年少人口が35％を超えており，高齢化率は 5 ％程度にとどまり，残り60％がいわゆる生産年齢人口なのである。高校進学率も低いから，15歳以上は職をもち，文字通りそのまま生産年齢層になる。明治以降の統計を見ても，1960年までのほぼ100年間

255

の日本でもそうであった。

　ここからは全人口の6割が働いて社会全体が支えられるという法則性が読み取れる。しかし高校進学率が上がるにつれて，18歳までの多数派は生産に従事しなくなるから，実質的な生産年齢は上がってくる。そして大学進学率が半数を超えた時点で，22歳までの多数派が生産に直接関わらないのだから，その半数の20歳未満までは生産年齢としては完全に非該当になってしまう。

55％が全体を支える

　現代日本の大学進学率は都道府県別の差異が大きいが，平均すればこの10年間は55％程度であるから，2018年3月の概算値でみれば，年少人口というよりも「非生産若年人口」を0〜19歳とすると合計で2149万人（17.0％）になる。20〜64歳が生産年齢になり6966万人（55.1％），65歳以上が3534万人（27.9％）になった。したがって，2018年3月の概算値では，55％が生産に従事して，社会全体（生産従事者はもちろん非生産若年人口，高齢者，無職その他）を支える構造になる。

　これは高学歴化した国家先導資本主義国では，普遍的にみられる世代間の支え合いの姿である。すなわち，人口のうち55％が働き，全体人口を支える社会システム構造が完成した。この「55対100」の構造は，日本でも21世紀半ばまで持続可能性に富む。

　そのため，日本の「少子化する高齢社会」では政策論的には従来の人口年齢三区分の見直しが急務となるが，反面で世界195ヵ国では，生産に15歳から従事する若者が多いから，こちらの統計もまた比較素材としては有効になる。そのため日本では，二種類の人口区分統計Ａ（0〜14歳，15歳〜64歳，65歳以上）とＢ（0〜19歳，20歳〜64歳，65歳以上）が併存することになる。

乳児死亡率の激減

　このような日本人口構造の歴史的変化のうち，高齢化率を上げ，平均寿命を着実に伸ばした原動力に，「乳児死亡率」の劇的低下があることに触れる人は

第7章 「少子化する高齢社会」の構造と課題

少ない。日本における最古のデータは1899年の「乳幼児死亡率」153.8‰（千分率）であり，2015年の「乳児死亡率」は1.9‰であった。すなわち，赤ちゃんが1000人産まれて，1歳の誕生日を迎えられない子が2人弱ということになる。これは日本社会が世界に誇れる成果である（表7-5）。

表7-5　乳児死亡率の推移

（単位：‰）

1955年	39.8	2000年	3.2
1965年	18.5	2005年	2.8
1975年	10.0	2010年	2.3
1985年	5.5	2015年	1.9

（出典）厚生労働省「人口動態統計」各年版

19世紀末ではなく太平洋戦争後の1955年の「乳児死亡率」約40‰と比較しても，その値は劇的な減少といえる。この原因としては，医学の研究成果とともに，医療機器の水準向上，薬学の発展と薬剤の入手の容易さと適切な効果，国民の栄養の向上と知識の普及，公衆衛生学の成果に基づくごみ処理環境の好転，保健学などの研究成果と国民への健康知識の浸透，トイレや入浴施設それに冷暖房機器を含む住宅事情の改善，インフラのうち上下水道の完備など衛生面の充実などが指摘できる。いわばそれらの総合的成果であり，「乳児死亡率」の激減は日本の経済成長による代表的なプラス効果といってよい。

ちなみに，2013年段階では世界185カ国での中央値が15‰，平均値は34‰であった（WHO, *World Health Statistics,* 2015）。「乳児死亡率」の最高はシエラレオネの107‰であり，インドが41‰，ロシアが9‰，アメリカが6‰，フランスとイギリスは4‰，ドイツとイタリアが3‰，日本とスウェーデンが2‰になっていた。いずれにしても，日本における「乳児死亡率」の低さは世界に誇れる成果である。

これらの事例からすれば，経済成長と「乳児死亡率」との間には逆相関を想定することができる。これは経済成長と二酸化炭素の排出量増大の正相関とは真逆の関係であり，経済成長による国民生活水準の向上と「乳児死亡率」の低下との間には，正の相関がみられるのである。

在宅死と病院死

乳児死亡率を受けて，日本人はどこで死ぬのかをまとめておこう。図7-2

257

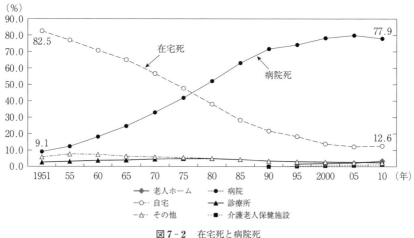

図7-2　在宅死と病院死
（出典）　内閣府『平成28年版　高齢社会白書』。

から1952年以降一貫して「病院死」は増え続けていたのに，2006年から減少に転じたことが分かる。統計が揃った1951年から一貫して伸びてきた「病院死」が頭打ちになり，2010年ではわずかではあるが，その比率が低下したのである。これには2000年4月の介護保険制度の発足で特別養護老人ホームやグループホーム，老健施設，有料老人ホームの整備が進み，そこに入所してそのまま亡くなる高齢者が多くなったことが要因として挙げられる。

　換言すれば，「病院死」の減少の代わりに「施設死」が増えてきた。実際に2005年から死亡場所のうち，診療所2.5％，老人ホームが1.5％，老健施設が1％程度占めていて，その合計が5％になり，「施設死」率が上昇している。それが「病院死」の減少分にほぼ相当する。反面で，かつては高率であった「在宅死」は，依然として低率のままで横ばいの状態にある。

　厚生労働省が推奨する「在宅死」は高齢者医療費削減を意図しており，その狙い通りの効果をもたらしている。なぜなら，「病院死」や「施設死」ではその直前の終末医療でも医療保険を使うため社会的に医療費が増加するが，「在宅死」であれば外来か往診か訪問看護になり，患者および家族の負担がかなり増えるからである。

第7章 「少子化する高齢社会」の構造と課題

　加えて，末期の患者の世話全般はヘルパーだけでは不十分だから，単身赴任や遠距離介護などで患者を日常的に支える条件が家族になければ，家政婦などの家族以外の支援者を雇用するしかない。年金支給年齢を70歳に上げることを審議会の会長や委員に時折発言させて世論動向を見ている厚生労働省の狙いは，医療保険でも患者や家族負担を増加させる方向にあると読める。[(5)]

4　少子化と少子社会

人口減少社会の到来

　ベンディックスは歴史変動の比較論的分析で，「社会システムは，体系だった必要諸条件や諸特性や諸結果の，相互関連的な機能的全体」(Bendix, R.& Roth, G., 1971＝1975：280) として，変動研究における社会システム論の可能性を論じた。本節では，社会システムにおける変動論の観点から人口動態論を経由して，合計特殊出生率や介護をめぐる働き方に焦点を置き，可能な限り「少子化する高齢社会」がもたらす効果についての科学的一般化をめざす。

　このような主題で，高田の人口史観に依拠していくつかの地方都市で少子高齢化に関する比較調査を行ってきたが，いずれもその成果を公表しているので，ここでは私自身の調査結果の概観は省略する (金子，2003；2006b；2007；2016b)。それらの研究目的は，人口変動のもつ多様な過程における下位システム間の関連性を示し，「人口減少社会」における地方消滅と地方創生とは何を意味するのかについてまとめることにあった。

　元来，2013年からの地方消滅論は，少子化による総人口の連続的減少が端緒となっていわれ始めた日本社会の危機論の1つである。危機に関連する人口動態は，①互に排他的，②相互に網羅的，③同じ抽象レベルにある指標，すなわち「年少人口数」「年少人口率」「合計特殊出生率」という具体的な操作概念で表わすことができる。

　まず「年少人口数」は一般的にも少子化を示す操作概念の筆頭であるが，2018年3月（概算値）ではこれは1982年からの37年連続の減少を記録しており，

259

実数も1553万人まで落ちた。第二の少子化指標である操作概念としての「年少人口率」は1975年から44年間一貫して下がってきて，その比率は2018年3月現在で12.3％まで低下した。

　両者ともに日本新記録を更新し続けていて，この情報を基に20歳から39歳までの女性の激減を引き金とする未曽有の人口転換が予想され，その結果として特定地方そして自治体が消滅すると予測されたのである（増田編，2014）。その驚愕からの反動が，名指しされた自治体，議会，地元新聞，地方テレビ局，大手雑誌等で多大の関心や反発を引き起こし，2016年までの地方創生論の隆盛をもたらしたことはいうまでもない。

少子化の3大指標

　通常はこの両者の前に置かれ，少子化の代表的操作概念に位置づけられてきた「合計特殊出生率」指標は，2005年に1.26という最低を記録した。太平洋戦争後の団塊世代の出生時点でいえば，1949年の合計特殊出生率4.32が一番高く，以後は漸減して，1966年の「ひのえうま」で1.58にいったんは急落した。これが1989年の1.57につながり，1966年の「ひのえうま」よりも合計特殊出生率が下がったために，平成の開始時点で「1.57ショック」という流行語まで生み出し，日本社会で少子化が改めて強く認識されることになった。

　その後の10年間は1.30から1.45程度で経過しており，2017年は1.43になった。この動向では，出生数が着実に減少してきた事実と合わせると，合計特殊出生率の単純な上昇とはいえない。

　厚生労働省の人口統計では，記録が残る1890年以降2015年までの出生数は毎年100万人を超えてきた。すなわち，125年間の日本社会は毎年100万人以上の新たな生命を迎え入れてきたのであるが，2014年が100.3万人，2015年が100.8万人，2016年では96.7万人となり，2017年では94.6万人になってしまった。これは1899年以来の日本新記録である（図7-3）。

　長い間この操作概念によってのみ少子化や少子化対策が論じられてきたが，年少人口数と比率の動向に鑑みて私は，「合計特殊出生率」を少子化の第3指

第7章 「少子化する高齢社会」の構造と課題

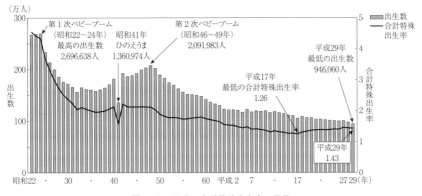

図7-3　日本の合計特殊出生率の推移
（出典）厚生労働省「人口動態月報」(2018年6月1日)

標とする。なぜなら，前二者は社会システムの高齢化を論じる際には不可欠の情報であり，なによりも高齢者数や高齢化率と組み合わせて「少子高齢化」論が成立するからである。

　もちろん人口転換のために必要な「合計特殊出生率」は2.08とされるから，この指標の重要性は理解できる。1.40程度の日本の現状からも少子化の動向が強く感じとれ，社会全体での少子化支援は急務であるが，残念ながら政策的にも価値理念としても，老若男女すべてが関与するオールジャパンとしての支援はなされていない。私が介護保険制度を念頭に「子育て基金」制度を提唱してから20年になるが，オールジャパンによる支援制度への関心は相変らず低いままである（金子，1998）。

　反面で，高齢者総数は2018年3月時点では3534万人に増加して，その比率も27.9％にまで上昇して，こちらもデータが揃っている1950年の4.9％から実に68年にわたり持続的な日本新記録が続いている。高齢者総数は，1884年の214.2万人から一貫して増加してきた（厚生省人口問題研究所編，1994：25）。

　アメリカやヨーロッパとは異なり，東アジアに位置する日本では少子化が未婚率の高さと正の相関を持つことは周知の通りであり，そのために少子化対策としても働き方の見直しの一環に「ワークライフバランス」が位置づけられて

261

きた。その趣旨は鮮明であり，とりわけ男性社員の長時間勤務は見直した方がいい。なぜなら，非正規雇用と長時間労働が男女ともに未婚化の主因だからである。

公務員の長時間労働は不変

しかし，「ワークライフバランス」推進には2つの困難がある。1つはその前史ともいうべき「両立ライフ」政策から数えると20年以上政策を推進してきた厚生労働省を始めとする中央官庁でも，その意向を忠実に体現する都道府県や市区町村でも，依然として職員の長時間労働が日常化しているという逆説的実態がある。私は厚生労働省，国土交通省，日本学術振興会，北海道開発庁，北海道庁，札幌市役所などいくつかの委員をしている時にこの点を担当者に問いかけてきたが，いずれも「忙しいから仕方がない」という回答が返ってきたという経験をもっている。

とりわけ議会が開催される直前には関連部局の部課長を中心として，質問文を全員で作成して，答弁書も用意することが，中央官庁や県庁や市役所の多忙さに拍車をかけている。この慣行は日本の政治文化の特徴であるが，衆参両議院，都道府県議会，市区町村議会すべてで当然とされてきた。

これも含めて政策機関が実行できない長時間勤務形態の廃止が，世界市場での競合を余儀なくされる大企業はもちろん地方の中堅企業，中小企業，零細企業で見直し可能であるとは思われない。政治家や「ワークライフバランス」の研究者はこの実態をどのように判断してきたか。この標語にこだわるのなら，「ワーク・ケア・ライフ・コミュニティ・バランス」としかいいようがない時代になっている。働きながらの「介護」，介護のための「退職」，地方創生における「しごと」が，国策としての「ワークライフバランス」のどこにも見当たらないという時代錯誤に早く気づきたい。

もう1つは，国際化の中では時差があり，取引相手である外国企業や機関は動いているのだから，日本では夕方定時に職場を去りがたいという実状にいかに配慮するかである。貿易相手のアメリカでもヨーロッパ諸国でも時差が12時

間以上あるために，その対応のために日本の会社員でも18時には帰宅できない。「今日の11時に会議をする」といわれて，「午前ですか深夜ですか」と聞き直すような企業も現存していた。

ワークライフバランスの非現実性を解消できるか

このような長時間労働はもちろん見直すことが正しいが，それは少子化対策のためなのではない。1日を3分割して，睡眠その他自宅での時間を確保するためにも，職場での10時間を超えるような労働時間が半永久化することは望ましくない。反面，国際化への対応や日常業務の増大と複合化への対処のために，1人当りの労働量が増える傾向にある。それには企業をはじめとする雇用側がもっと正規職員を増やすしかない。

ワークシェアの考え方はどこでもあるのだが，経営が苦しい企業や法人はもちろん大学や優良企業でもなかなか正規の増員に踏み出さない。厚生労働省もそのような正規雇用職員を増やすことには慎重であり，非正規雇用制度を温存しつつ，その待遇改善を主張するに止まっている。しかし，日本の将来にとってこれでいいのだろうか。

未婚率の上昇と非正規雇用は深い関連をもつ

しかも同じ厚生労働省で少子化対策事業が続けられているのである。これは一種のマッチポンプであり，少子化の原因である未婚率の上昇に非正規雇用制度の導入が深く関与しているのに，それを推進しながら，少子化を止めようとして「ワークライフバランス」も厚生労働省が主管する。その結果，政策効果がないままに，政令指定都市を先頭に少子化対策事業だけが消化されることになる。そこでも保育園の「待機児童」ゼロへの掛け声が大きいだけであり，平成の30年間に限っても抜本的な少子化対策はなされてこなかった。

非正規雇用と並行して「生涯未婚率」が高くなり，その結果として出生数が減少する。2015年の国勢調査データからの国立社会保障・人口問題研究所による集計でも，男性が23.73％，女性が14.06％となり，いずれも過去最高を記録

表 7 - 6　生涯未婚率の推移
（単位：％）

年次	男	女
1970	1.7	3.3
1995	9.0	5.1
2000	12.6	5.8
2005	16.0	7.3
2010	20.1	10.6
2015	23.4	14.1

（出典）内閣府『平成29年版　少子
化社会対策白書』（2017：10）。

した。この「生涯未婚率」は「45～49歳」と「50～54歳」未婚率の平均値から，「50歳時」の未婚率（結婚したことがない人の割合）を算出したものであり，生涯を通して未婚である人の割合を示すものではないことに注意しておきたい（表 7 - 6 ）。

都道府県別でみると，男性の「生涯未婚率」では高い方から沖縄の26.20％，岩手26.16％，東京26.06％があげられる。女性は東京の19.20％が最も高く，次いで北海道17.22％，大阪16.50％だった。生涯未婚率では，女性の高さが合計特殊出生率を左右することが分かる。生涯未婚率が低い都道府県は，男性では奈良18.24％，滋賀18.25％，福井の19.19％で，女性は福井の8.66％，滋賀の9.21％，岐阜の10.00％だった。

国立社会保障・人口問題研究所が2016年 9 月に公表した「出生動向基本調査」によると，「いずれは結婚したい」と考える18～34歳の未婚者の割合は男性85.7％，女性89.3％だった。この「希望比率」は高いのだが，「結婚資金」や「結婚のための住居」の確保が結婚の障害と考えている人も多く，非正規労働者の増加が生涯未婚率の上昇に影響していることは確実である。

政令指定都市の合計特殊出生率

2015年の日本の合計特殊出生率は1.45であったから，政令指定都市の低さが鮮明である（図 7 - 4 ）。とりわけ札幌市の1.18は1.0を割り込む中野区や新宿区なども含んだ東京都23区に次いで低かった。196万人の人口をもつ札幌市では 1 年間の出生数が 1 万4589人であったが，総人口ではその次の153万人の福岡市の年間出生数が 1 万4787人であり，200人ほど多く産まれているという事実からも，札幌市での少子化の勢いが感じられる。

なぜなら，福岡市の合計特殊出生率は1.33であったからである。総人口数で43万人も多い札幌市の1.18はそれほどに強い衝撃を与えるものである。また神

264

第7章 「少子化する高齢社会」の構造と課題

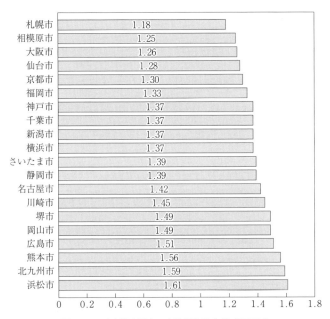

図7-4 政令指定都市の合計特殊出生率（2015年）
（出典）札幌市子ども未来局『新・さっぽろ子ども未来プラン 平成28年度実施状況報告書』（2017：7）より。元データは『大都市比較統計年報（2017年版）』に依拠。

戸市人口は福岡市とほぼ同数の153万人であるが，合計特殊出生率は1.37にとどまっており，年間の出生数は1万1922人であった。これは福岡市よりも3000人程度少ない。福岡市と神戸市間の合計特殊出生率の差異は0.04しかないが，同じ総人口でも出生数にこのような違いが出た。同じく京都市のそれは1.30であり，総人口は147万人程度であったが，年間出生数が1万1101人であった。京都と神戸間の総人口の差が6万人で，合計特殊出生率には0.07の違いがあり，ここでは年間出生数も200人くらいの差異が出た。

　すなわち，政令指定都市でも，総人口，合計特殊出生率，人口構造の3点で見ると，年間出生数の相違が歴然としている。その典型として北九州市を取り上げると，96万人の総人口のために，政令指定都市では2番目に高い合計特殊出生率1.59を記録したにもかかわらず，高齢化も進んでいるから，年間出生数

265

は7880人にとどまった。

　日本全体の2015年の平均合計特殊出生率が1.45であるから，これを超える政令指定都市は北九州市の他には浜松市1.61，熊本市1.56，広島市1.51，岡山市1.49，堺市1.49しかなく，川崎市は日本全体と同じであった。残り13の政令指定都市では，合計特殊出生率1.10台が札幌市，1.20台が3都市，8都市が1.30台，そして名古屋市が1.42であった。毎年の出生数が1万人を超えるのは半数の10都市でしかない。

　合計特殊出生率が1.30台の都市では，単身者が多く，中年までの未婚率が高く，過疎地域や中山間地域に比べて住宅事情も価格でも面積の点でも恵まれていない。しかも，政令指定都市でもまもなく高齢化率30％を超える社会の到来が予想され，現実には親の介護問題にも直面する世代が多い。

介護を理由に退職する動向

　実際のところ，内閣府男女共同参画局のホームページによれば，介護を理由にした退職は日本全体で年間10万人を超えていた。しかも介護しながら働く男性が130万人，女性は160万人いて，合計すると働く人の5％がこれに該当して，男女ともに漸増の傾向にある。これらに的確な対処がなければ，行政主導の「ワークライフバランス」は文字通り画餅に帰すはずである[6]。

　2018年現在，日本における過疎指定の自治体数は過半数を超えているが，人口数では1割程度であるから，大都市に集住する人口構造は変っていない。そこが急速に「少子化する高齢社会」に変貌しているという根本的事実に，まずは政治が次いで行政が，どこまで正対できるかに日本の将来はかかっている。社会学では観察された事実の集約と分析が課題であるが，その成果を含めて総合的に判断して，予算化するのは政治と行政の任務だからである。

5 アクティブエイジングの実証的研究と少子化研究

高齢化研究水準の高さ

私たちの『講座・社会変動8 高齢化と少子社会』(2002) の刊行から16年過ぎた現在，前節までに示したように日本の人口構造にも大きな変動が生まれてきた。それとともに，高齢化の研究面でも水準の高い単行本が出され続けている。

まずは編著刊行直後に，小田 (2004) が出た。これはサクセスフルエイジングをテーマにしていて，①高齢者個人の生活適応能力の維持・向上，②それを支え，高齢者の適応力を促進する社会的条件の整備，③これらに関する世代間の合意形成，に関する研究であった (同上：はしがき)。なかでも特に①に重点が置かれていた。

内外の文献から多彩なサクセスフルエイジング概念を検討して，その定義を試みたうえに，調査票で実際に使用する操作的な定義まで用意したという周到さが，この本の1つの特色となっている。小田は「定義それ自体に関して議論しようとすれば際限がない。その是非を判定する客観的基準がない」(同上：11) という立場で諸定義を拾い上げて，最大公約数的に常識的な「病気がない」「諸機能が維持されている」「日常生活に積極的に関与して，活動的な人生を送っている」(同上：14) に到達した。加えて，「健康」と「主観的幸福感」の分析を経由して，サクセスフルエイジングをバルツらの「喪失の最小化と獲得の最大化」として把握する観点に着目した (同上：27)。

社会学的な表現をすると高齢者が「役割縮小過程」にあることは，私も早い時期に気が付いていた (金子，1984：1995)。そして，高齢者支援のかなめには「地域社会役割」を軸とする自立性を想定した。この提唱はその後社会システム論の文脈でも支持された (富永，1996：486)。

役割喪失とサクセスフルエイジング

小田のいう「喪失」には役割とともに，ＡＤＬとしての日常生活行動も含まれている。したがって，これは「残存能力や所有資源を活用することであり，選択された目標達成の領域における機能と適応性を促進する」（同上：28）としてまとめられた。家族役割を失い，定年により職場から離脱する高齢者に残された役割は，地域社会とインフォーマルなネッワークの中での関係性にのみ由来する。そして，そこでの役割を維持するには「残存能力と所有資源」に依存するしかない。現代日本社会はそのような高齢期の人々が増加する時代なのであるから，高齢期の特徴に合わせて自治体を軸にその支援のための条件整備を進め，社会的な制度化を図るという課題も引き出されてくる。

ここまでの検討により小田は，サクセスフルエイジングは「複合的，多次元的概念」（同上：32）であるとした。さらにその中核をなす「主観的幸福感」もまた「多次元的にとらえる」（同上：33）ので，後半で紹介した複数の調査でもその多次元性が登場することになった。

それら以外でも小田の調査テーマは多方面にわたり，高齢者の「日常生活活動能力」「退職形態」「日常生活行動」「テレビ視聴行動」「老年規範意識」「日常的コンピテンス」（自立生活のために，日常生活を調整し，それに必要な諸活動ができる能力）などを調べて，その結果を因子分析や重回帰分析などの手法により解明している。

ライフスキル概念は不発

本書全篇を通して，小田は「ライフスキル」の重要性を主張して，その活用を提唱したが，14年後の現在までこの賛同者はあまりいないようである。日本のエイジング研究では，「ライフスキルは主要な概念になっておらず」（同上：はしがき）という小田の危惧は図らずも当たった。ただしそれは「スキル」の宿命でもあり，その理解の仕方にも原因がある。なぜなら，元来「スキル」は実践，経験，訓練により発達する能力だからである。

たとえば青少年の教育で使われる「ライフスキル」ならば，教育現場での実

践と訓練がとりわけ有効になることは周知の通りである（同上：129）。しかし，70歳代から80歳代の高齢者では，実践も訓練も困難である。むしろそれらができにくい年齢層を高齢者とみるほうが現実的であろう。したがって，高齢者がその人生をかけて行ってきた職業上の能力である「得意」（金子，2014b：193）ならいざ知らず，新たに教育を受けて実践的に訓練しなければ身につかない「スキル」ならば，身につかずとも構わないという高齢者が多いことは想定される。そのような事情のために，エイジング研究で「スキル」は主要な概念になりえなかったのではないか。

アクティブエイジングの実証的研究

次に，前田（2006）を取り上げよう。日本における「アクティブエイジング」研究において，本書は早い時期の専門研究書といえる。そこでは，増大する高齢者を福祉の対象としてだけではなく，就業継続や社会的ネットワークを通じて積極的な社会参加を行う高齢者生活のスタイルが具体的に描き出された。本書前半では，職業に関する高齢者の考え方やイメージ志向などが，シニアプラン開発機構，日本労働研究機構，連合総合生活開発研究所，厚生労働省などの「全国調査データ」の再分析により，細かく描きだされた。重要な知見も得られており，たとえば「職業的自立性をもつ者ほど，定年後はボランティア活動型を選択する傾向が強い」（同上：74）が発見されている。これは定年後の高齢者の社会参加を考える際にも貴重な発見である。

後半は高齢者の社会的ネットワーク分析である。ここでも国際長寿社会リーダーシップセンターが行った「全国調査データ」の二次分析がなされ，「高齢者は孤立していない」（同上：153），「パーソナル・コミュニティは，今後の高齢者の生活の場を考える上で，きわめて重要である」（同上：155）と結論された。さらに自らの調査データからも，世代間ネットワークにおける「情緒的交流」の強さが得られた（同上：237）。

手堅い実証性のなかで，「世代間関係」そのものが高齢者のネットワークになることを見出したところなど，12年後の現時点でも学ぶところが豊富な専門

書である。

フォーマルケアとインフォーマルケアの長期にわたる研究

　少し間をおいて，冷水編（2009）が出た。主要概念としてフォーマルケア（ＦＣ）とインフォーマルケア（ＩＣ）を同時に用いて，長野県茅野市で５年かけて行った高齢者保健福祉調査の記録である。単一自治体で５年をかける調査は困難なことが多いので，その意味でも有益な研究書である。研究面のキーワードはこの両者に加えて「地域生活の質」であり，調査票を用いた量的研究方法の成果が随所に提示されている。もちろん質的調査としてのインタビューや事例分析も豊富にある。

　本書におけるフォーマルケアは，「介護保険などの社会保険および税を公的資源として制度化されたケアである」（同上：13）。同じくインフォーマルケアは，「家族・親族，地域住民，ボランティアあるいはＮＰＯなどによる非営利の制度化されないケアである」（同上：13）。そして，「地域生活の質」は，「要介護・虚弱高齢者が地域で介護や支援を受けながら生活していくうえで重要となる質的内容で，地域レベルで確保されるべきもの」（同上：13）とされた。

「地域生活」の質か地域の「生活の質」か

　ＦＣとＩＣは通説を踏まえた定義であるが，惜しむらくは「地域生活の質」にはいくつかの疑問が生じる。なぜなら本書のテーマが，「地域生活」の質（Quality of Community Life）を明らかにするのか，地域の「生活の質」（Quality of Life in Community）を調べたのかが判然としないからである。学説史的には「生活の質」研究は社会指標との近接性を持ってきたから，概念の総合性が優先され，通常は後者の文脈に位置づけられる。したがって，社会指標を駆使して「生活の質」領域は10〜15分野ほどの包括性を持たざるを得ない。

　そこでの作業はたとえば，世帯，家族，就業，階層と移動，インフラ，交通，行財政，医療，福祉，介護，安全，災害，犯罪，教育，生涯教育，余暇活動などに「生活の質」領域を分けて，現状値を記述して，50年から100年前にさか

のぼり，その間の推移を調べることになる。

　加えて，通常の「生活の質」研究の対象者は社会構成員全体であるから，子どもだけ，若者だけ，中年世代，高齢世代を超えた社会システム全体像が模索されがちである。しかしもちろん対象者世代限定の「生活の質」研究も成り立ち，実際に本書では，高齢者限定の「生活の質」について理論化が行われ，調査票が作成され，繰り返し実査がなされた。

　実際の調査でも用意周到であり，要介護要支援，保健活動，在宅支援，入所サービスなど各方面の知見が整理された高齢者調査課題が検討され，実証的にその解明がなされた。デルファイ法まで駆使した新しさも寄与していて，方法論的にも高く評価される。

交通を取りこんだ生活の質調査

　総括と課題もまとまっているが，その１つである「高齢者に必要な外出ができるための交通手段」（同上：360）はどのような方法で確保できるか。全国の地方都市における限界集落では，交通手段に依存できない高齢者が「買い物難民」になってしまう実情が報告されていることから，「交通手段」のより実践的な課題達成が期待される。それは同時に茅野市「生活の質」調査における定義で省略された「経済条件」や「消費生活」などについて，それらを指標化する方向性の意義を教えてくれることになる。もちろん「交通」は限界集落でも地域生活にとって基幹のインフラであり，高齢者がますます増加する時代でも，「地域生活の質」に不可欠な指標である。

　そのためこれは「新しい公共」（同上：366）というだけではすまなくなり，「公共」概念の見直しとその指標化の必然性が新たな課題になってくる（金子編，2017b）。

　大都市の高齢者の「孤独死」「孤立死」「独居死」が大きな社会問題になったのは，阪神淡路大震災あとに作られた仮設住宅での事件を契機とする。それまでも「孤独死」は高齢者だけではなく，世代とは無関係に起きてはいたが，社会問題となったのは震災後の仮設住宅での未知の隣人が多かったからだとされ

る。なぜなら，仮設住宅の入居が，該当する高齢者が暮らしてきたそれまでの地域社会での関係性とは無関係に，そして世代内と世代間の交流までの配慮がないままに行政で決められたからである。

1人暮らし高齢者の研究

河合（2009）は，大都市，1人暮らし高齢者，社会的孤立を周到に概念化して，一方では外国の研究成果に学びつつ，他方で独自の大都市調査を行い，課題解明に全力を投入した研究書である。被災者の独居をテーマにした研究ではなく，河合が調べた大都市とは東京都港区，横浜市鶴見区であり，それぞれで1人暮らしの高齢者を対象にした質的な事例調査と調査票による計量的調査がなされている。

私の経験でも自治体がもつ住民基本台帳閲覧によるサンプリングはもちろん可能であるが，そこから「1人暮らし高齢者」を確定する作業は，市・区役所の協力なしでは非常に困難である。その点，港区では区社会福祉協議会が調査主体になり，鶴見区では河合への委託調査だったという点で，「1人暮らし高齢者」のサンプリングが可能になったと思われる。そのような事情がなければ，まずは「1人暮らし高齢者」サンプリングで躓いてしまう。

孤独と孤立の区別

本書の特徴の1つは，孤独（loneliness）と孤立（isolation）をしっかり区別して研究に用いた点にある。孤独は主観性に富むが，孤立は関係性の中で判断できる。この方面の先行研究者でもあるタウンゼントが出した，社会的孤立を「家族やコミュニティとほとんど接触がない」という視点を超える地平を，河合の研究はめざした。その結果，階層性に注目すること，家族・親族ネットワークとの関係状況，地域ネットワークとの関連の3点を「孤立問題」の視点に据えることになった。港区と鶴見区の事例分析でもこの3点が活用され，いくつかの知見が得られた。

1つは，介護保険の理念にいわれる「サービスの選択化・契約化」とは無縁

の「1人暮らし高齢者」が，大都市には少なからず暮らしていたという発見である。ただし，体調がすぐれない「1人暮らし高齢者」でも要介護認定されるまでには手続きなどで数カ月かかるから，介護保険サービスを受けるまでのタイムラグを考慮に入れておくことも必要であろう。

2つには，いわゆる「住民福祉活動」だけではカバーできない「1人暮らし高齢者」支援サービスの存在である。そこには都市的生活様式としての専門機関が介在する領域として，「生命にかかわる問題」が指摘されている。確かに素人では「生命にかかわる問題」の他者支援は難しい。専門機関による的確な支援もまた必要になってくる。

第3として，「多問題困難ケース」の発掘である（同上：313）。ここでは1つの専門機関だけでも対処が困難であり，いわば問題ごとにたとえば生活保護，在宅支援，医療機関，訪問看護，緊急通報などにおいて，自治体と民間事業者がもつ全能力を使っての支援活動をするしかない。そこで河合は，そのための新しい職種を創ろうという。「各制度領域の連携を組織化できる立場にあり，常勤で自由に動くことができる職種を行政内部に設置する」（同上：313）という提唱がそれである。

これは画期的な提言であるが，政府，与野党政治家，知事，市町村長，マスコミ，国民の大半が，長年にわたり「公務員減らし」を「行政改革」と誤解してきた現状からは絶望的に困難である。同じことは「児童虐待」問題でもいえるが，新しい職種の創造を阻む岩盤は限りなく堅い。

農村の高齢者の複合的比較研究

高齢者の研究は大都市だけではなく，もちろん農村でも継続されてきた。玉里（2009）はその代表的な専門研究書である。本書の特徴は，「若い県」としての滋賀県から「平地農村」を，「老いた県」としての高知県から「過疎山村」をそれぞれ選び出して，計量的な調査と参与観察やインタビュー調査法などの「複合的比較研究」を行ったところにある（同上：106）。選び出す際にも主成分分析や因子分析などを駆使して，しかも歴史的事実などにも遡及しながら，対

象農村を選定した。総じて丁寧な比較研究が本書の特徴になっている。

大きな主題は，家族，村落，相互扶助間の関連分析にあった。「平地農村」での結果は，家族周期がまだ健在なので，「安定維持家族」が析出され，同じく村落調査により「村落組織維持」が確認された。相互扶助は「イットウ」という同族組織が受け持ち，広い意味で「生活の安全装置」として機能していた（同上：381-383）。

しかし，「過疎山村」では「向消滅家族」が増えており，村落組織の機能が低下して，消滅に向かいつつあった。そのうえ相互扶助行為も「形骸化」していた（同上：392）。玉里はこの比較研究から，「過疎山村」における「イエ・ムラに代わる」「新しい安全装置」の重要性を指摘するが，具体的な提言は行われていない（同上：393-394）。

共助，公助，自助，互助，商助

「過疎化」が進み「高齢化」する地域では，おそらく「地域力」「住民力」に期待するだけでは，「自立的な地域社会」は構築されないであろう。そこでは相互扶助が介護に直結しない現状も指摘されているので，「共助」「公助」「自助」（同上：361）だけではなく，「互助」と「商助」までも取り込んだ「地域創生」の試みに向かえるかどうかが試金石になる（金子，1997；2016a）。

一方の少子化研究は，「待機児童ゼロ」問題と「ワークライフバランス」にその対策を特化する傾向が払拭されていない。しかし，少子化論も30年近くになると，調査をすることもなくその言説のみに関心を持つ人も出てくる。堀井（2011）がそれである。「少子化を語る言説空間は，とても空虚である」（同上：225）といいながら，自由自在にその空間を語っている。取り上げた言説空間の話者は，私をはじめ，赤川学，山田昌弘，本田由紀，阿藤誠，さらには鬼頭宏，森永卓郎，酒井順子，山下悦子，本田和子その他が縦横無尽に取り上げられている。

首相経験者である橋本龍太郎と小泉純一郎も登場する。『白書』としては，『国民生活白書』『厚生白書』『厚生労働白書』『少子化白書』『少子化社会白書』

第7章 「少子化する高齢社会」の構造と課題

『男女共同参画白書』などからも自由に引用がなされている。

　結論としては，「少子化問題言説の考察から，……社会の現状と未来に対する『思い込み』の構造を浮き彫りにする」（同上：25）を狙い，「少子化を前提とした社会づくりを考えたほうがよさそう」（同上：100）とのべる。しかし，この30年間の私も含めた少子化論者もまた，自己の計量的調査，インタビュー調査，文献研究，ヒアリングなどの経験から，現状の「少子化を前提とした社会づくり」を提言してきたのではなかったか。

　結論の「イデオロギー分析では，女性の就業率が高いほど出生率が高い」（同上：212）は阿藤誠の恣意的なデータセットによる誤りだという赤川の指摘（赤川，2004）を受け入れて，山下悦子の「男女共同参画」批判を用いながら，「女性が社会参加する＝働く＝出生率が高い＝少子化改善＝良い」（同上：213）の誤りを浮き彫りにした。そして，それが男女共同参画化の「陰の部分」であると断定した。すなわち，「少子化対策という仮面をかぶりながら，人を安く雇いたい事業者側の思惑」（同上：215）を指摘したのである。ただし総括としては振出しに戻り，「少子化到来という現実を受け入れ，どう対処していくか考えるべき」（同上：217）というスタート地点に戻ってしまったのが残念である。

子育て基金と子ども保険

　堀井は赤川とのセットで3回も私を引用した。確かに，私の「子育て基金」と赤川の「こども保険」は発想が同じであり，その内容も類似している。同時に少子化の原因として，私は「未婚率の上昇」を重視するのに対して，赤川もまた「少子化の要因の殆どは，結婚した夫婦が子どもを産まなくなっているのではなく，結婚しない人の割合が増加したことにある」（赤川，2017：61-62）とのべ，「男女共同参画は少子化を防がない」（同上：146）という指摘もあるので，よく似ている論旨といえる。

　さらに2000年に少子化の理論的研究を高田保馬の人口史観に依拠してまとめ，さらに2003年に『高田保馬リカバリー』と代表作3冊の復刻版を高田生誕120

周年記念として刊行したように，私には高田人口理論への思いが強い作品もいくつかある。赤川はそれから15年ほど遅れて，自らの少子化論に「進撃の高田保馬」とまで命名するほどに「心酔する」（同上：150）ほどになった。そのきっかけの１つに「2002年の日本社会学会大会で金子勇氏が『高田保馬リカバリー』という記念碑的なテーマセッション」（同上：149）が少しは役に立ったかもしれないという。

高田保馬リカバリー

なぜなら，そのテーマセッションで登壇したのは，『高田保馬リカバリー』の分担執筆者と代表作３冊の復刻版の解説者であったからである。すなわち，富永健一，盛山和夫，小林甫などが高田の核心理論を語ったからである。

多数の高田作品から，赤川はその理論が持つ現代性をいくつかにまとめた。１つは，①豊かな国の出生率の低さ，②農山村に比べて都市の出生率の低さ，③貧乏人の子だくさん，④金持ちの子だくさん，を同時に説明できる高田理論がもつ包括性である。

２つには，「生活標準（＝生活期待水準）の高まりこそが少子化につながるという社会学的ロジック」の復権である（同上：164-165）。そして何を学ぶかといえば「少子化を受け入れ，それでも社会が回っていくようなしくみを考えなければならない」（同上：169）と結ぶ。

それはフランスをはじめとした少子化を克服した社会の模倣では日本の解にはなりえないから，（α）結婚・出産・育児に対する期待水準の上昇を上回る程度・速度で生活水準を高める，（β）生活期待水準を高めずに生活水準を高めていく，の２点が提案されている（同上：185）。もちろんこの結論を具体化するに際しては，「経済学的人間像の限界」をどこまで「社会学的人間像」がわきまえているかが成否の試金石になる。

その困難性は赤川自身がよく理解している。むしろその一里塚としての「少子化や人口減少を不必要に煽らない」「少子化対策を政治家や官僚の手柄や政争の具にしない」（同上：188）はともに重要である。ただし，現状では「誰に

第7章 「少子化する高齢社会」の構造と課題

対しても公平な制度を準備し，だれもが等しく幸せに生きられる社会を作り上げる」（同上：191）は絶望的に困難であろう。特に「具体策を示すことができない」といわれては，人口史観による「人口方程式」の立場からも困ってしまう。なぜなら，高齢者の「年金」や「医療費」だけを取り上げても，「常識の非常識的基礎」（同上：13）とは何かが明示されないと，その解決の見通しが得られないからである。

たとえば肺がんの3割完治という月額250万円（現在は半額）の特効薬「オプジーボ」は，どのような基準で処方されたらよいか。常識的な「座して待つ」だけでは，この単一問題の解決すらまったく不可能である。

6　地方創生論における高田人口方程式の応用

高田人口方程式の構造

さて，高田人口方程式は昭和の初め頃に繰り返し発表されたが，たとえば，その当時（1926年）の出生総数は210万人を超えていた。死亡者数は116万人であったから，自然増加数は94万人になり，2017年の自然減少の約40万人とは全く異なる時代にその人口方程式は提唱されたことになる。

高田人口方程式は

$$SB = dP \cdots\cdots\cdots\cdots\cdots\cdots\cdots\cdots\cdots\cdots\cdots\cdots\cdots\cdots\cdots\cdots（1）$$

である。S は特定社会の「生活標準」であり，B はそこでの「人口」とされた。この人口方程式の発表前に，高田は「生活標準（standard of living）」をすでに使っていた。そこでは「人口の増加は一方分母たる生活標準により他方分子たる一般的生産力によりて規定せらる」（高田，1919：1128）とされ，人口，生活標準，生産力の関連から創られた高田人口方程式の源流は，1919年段階ですでに存在していたことになる。

具体的にいえば，P は社会の「生産力」であり，生産物のうちから，特定社会層への配分割合を示す「分配係数」d が用意された（高田，1934：122）。80年も前に，このように簡明な四則演算による人口方程式を編み出した高田の社会

277

学と経済学には脱帽するしかない。

20年後の新しい人口方程式

　高田は（1）を提唱してから20年後に，かなり詳しい人口方程式を再度示した。それはさらに新しい資本係数を活用した式になり，「貯蓄，消費，投資」という連関を勢力経済論に依拠して考察した。

　ケインズモデル（ケインズ，1936＝2012：118）では，国民総所得＝国民総生産＝消費＋投資，すなわち

$$Y = P = C + I \quad\cdots\cdots\cdots\cdots\cdots\cdots\cdots\cdots\cdots\cdots\cdots\cdots\cdots\cdots\cdots\cdots\cdots\cdots\cdots（2）$$

となるが，「投資が貯蓄のすべてを吸収し得なくなる」（高田，1955：14）とみたうえで，投資は「産業投資と公共投資の両者を含む」（同上：15）とした。したがって，ここでの投資（I）は，産業投資（I_I）と公共投資（I_p）とに分割できる。

$$I = I_I + I_p \quad\cdots\cdots\cdots\cdots\cdots\cdots\cdots\cdots\cdots\cdots\cdots\cdots\cdots\cdots\cdots\cdots\cdots\cdots\cdots（3）$$

　この基本的な立場は「人口の増加は需要の増加を意味し，資本の増加は供給の増加を意味する」（高田，1932：110）なかで，供給が需要を創り出すという古典派経済学，需要に合わせて供給がなされるとしたケインズ学派の対立を論じつつも，後者の流れに合致する。

　地方創生を論じるうえで，私も実感的には「需要が供給を左右する」を支持する。人口減少社会により高齢者を除く全世代の国民ないしは住民が減ってきており，それに並行して社会的な需要（消費）もまた減少し，合わせて国内向けの企業側の供給（生産）が低迷しつつある。1つの突破口は輸出であるが，文化の差異が大きい食品や薬品などは簡単ではなく，家電や自動車やパソコン関連でも順調とはいえない。

　ケインズから60年後の1993年に初版をだし，2006年に4版となったスティッグリッツとウォルシュ（2006）では，P（生産力）がGDPに読み替えられて，CとIはケインズと同じであるが，3点が追加された恒等式が作られている。

$$GDP = C + I + G + X - M \quad\cdots\cdots\cdots\cdots\cdots\cdots\cdots\cdots\cdots\cdots\cdots\cdots\cdots\cdots\cdots（4）$$

278

ただし，C＝消費，I＝投資，G＝政府購入，X＝輸出，M＝輸入である（スティッグリッツ＆ウォルシュ，2006＝2012：279）。政府購入は政府支出であり，輸出と輸入を加えた最終財・サービスの総価値がＧＤＰと等しくなる。

実際のところは，輸出用の商品生産にも産業投資（I_l）はあるし，輸入のための公共投資（I_p）もまたありえる。たとえば，輸入担当業務を行う人を増員する，倉庫を増築する，配送の人員を増やす，空港や港湾を整備するなどがあるので，（4）はあくまでも参考程度にしかならない。

その後に高田は，投資は「多義的」であり，ケインズの乗数理論は公共投資のみに当てはまり，産業投資には期待しがたいとした（高田，1955：145）。戦後10年が経過した1955年頃から，そろそろ高度成長が胎動して，全国的に首都圏をめざした人口移動が始まっていた。1962年の池田内閣による総合開発計画が開始されて，道路，高速道路，鉄道，飛行場，港湾などへの公共投資が活発になっていた時代のことである。

30年を経て，高度成長初期に再度発表された人口方程式の定義と公式は以下の通りである。なお，1930年代の発表当初は（1）の表記であったが，20年後には，「生活標準」Sが「生活水準」Nにかわり，「人口」BはHと表記が変えられた。

分配係数dは発表当初そのままだが，「生産力」Pは「総所得」Yと等しいとされ，$P＝Y$を前提にして，人口方程式

$$HN = dY \cdots\cdots\cdots\cdots\cdots\cdots\cdots\cdots\cdots\cdots\cdots\cdots\cdots\cdots\cdots\cdots\cdots\cdots\cdots (5)$$

に表現が変えられた（高田，1954：45）。「個人の所得と同義である生活水準をNとし，人口をHとしよう。一面から国民所得YとHNとの間に次の関係がある」（高田，1954：8）。

$$HN = Y \cdots\cdots\cdots\cdots\cdots\cdots\cdots\cdots\cdots\cdots\cdots\cdots\cdots\cdots\cdots\cdots\cdots\cdots\cdots\cdots (6)$$

（6）はdが1の場合の公式である。しかし，1930年代の高田はむしろdの重要性を論じていたので，これについて少し補っておきたい。

分配係数を工夫する

発表当時の高田は，勢力説に基づき d を政治的分配係数 d_p と経済的分配係数 d_e とに二分した（高田，1934：136）。「分配係数 d は社会的勢力関係によって決定せらるる」（高田，1934：128）。この場合の勢力とは，権力，富力，威力の総称である。私は政策決定に影響力が強い思想的分配係数 d_t を付加して，d を三元化して再構成したことがある（金子，2003：171）。かりに社会的勢力関係によって政治的分配 (x)，経済的分配 (y)，思想的分配 (z) が発生するのであれば，

$$d = \frac{x}{a} + \frac{y}{b} + \frac{z}{c} = d_p + d_e + d_t \cdots\cdots\cdots\cdots\cdots\cdots\cdots\cdots\cdots\cdots (7)$$

ただし，abc は定数である

が成立する。

「社会の量質的組立」は「社会関係」を作り上げ，それらが結局は「政治法律制度」，「経済」，「精神」を規定するが，この三者が分配係数 d に影響を及ぼすことは，理論的な内在性からみても当然であり，ジェンダーイデオロギーなどの影響や新しい時代の国民性の分析を中心にした思想的分配係数 d_t の考察を含ませることは，理論志向からの現状分析力を増すはずである（金子，2003：171）。また，少子化対策の重視や児童虐待への対応を主張する際にも，この思想的分配係数 d_t は威力を発揮する。

地方創生にも有効な人口方程式

この理解を少し推し進めると，高田の人口方程式 $'HN = dY'$ は，

（4）$H = \dfrac{dY}{N}$ として，分配係数を

（5）$d = d_p + d_e + d_t$ とするので，

（6）$H = \dfrac{(d_p + d_e + d_t)\,Y}{N}$ となる。なお，$Y = N + I$ を仮定すると，

（7）$H = \dfrac{(d_p + d_e + d_t)\,(N+I)}{N} = (d_p + d_e + d_t)\left(1 + \dfrac{I}{N}\right)$ $\cdots\cdots\cdots$（8）

第7章 「少子化する高齢社会」の構造と課題

が得られる。

実際に地方日本で10年後の近未来の人口（H）を導くには，生活水準（N）を向上させるための現実的な（$d_p + d_e + d_t$）への配慮と I/N の具体化が課題となる。

したがって（8）から

$$H = (d_p + d_e + d_t)\left(1 + \frac{I_I + I_p}{N}\right) \cdots\cdots\cdots\cdots\cdots\cdots\cdots\cdots\cdots\cdots\cdots\cdots\cdots\cdots\cdots（9）$$

が得られる。すなわち，現実的な地方創生事業では，治山治水に象徴される政治的分配が強い予算費目もあれば，経済的分配に特化する予算もあり，思想的に優先順位を高くできる予算費目も生じる。

たとえば，子どもの貧困は親の貧困に左右され，生活水準を脅かすので，それに対処するには，経済的分配 d_e を強化することになる。あるいは児童虐待が増えているので，その予防を最優先するための生活標準ならば，思想的分配 d_t を最優先する。

一般的に経済的分配係数では，N に対しては「生命の存続維持のための絶対的必要額」およびその上に位置する「力の欲望の満足のために要求せられたる額」に分けられる。資本主義勃興期では前者の「生存」に力点があったが，国家先導資本主義時代（金子，2013）の高度な消費を求める国民間には後者の「誇示的消費」（認知，充足，達成感，豊かさなど）に関連が深くなる。公共投資と総人口，産業投資と総人口のそれぞれの関連も追究する必然性が（9）からも得られる。

ただし，生活水準は消費水準ではなく「要求水準」として，家計消費，貯蓄，租税の三部分を含む（高田，1954：15）。さらに現在までに連なる不安定な資本主義のすがたは，「貯蓄率，資本係数，人口及び生活水準等の変動すべてを考慮に入れたるところの失業を持つ成長率」（高田，同上：16）であるから，この観点は今日の地方創生にそのままでは応用しにくい。

281

貯蓄と投資が乏しくなる人口減少社会

　加えて，「貯蓄が過不足なく投資に向けらるる如き所得成長率」（高田，同上：19）は今日では難しい。なぜなら，人口減少により貯蓄そのものが減少するとともに，地方での投資先が少なくなってきたからである。製造企業はもとよりデパートなどの販売企業に加えて，地元の農協漁協や寺院それに鉄道やバスもまたじり貧に直面する時代であり，地方日本における地方銀行や信用金庫は投資先を探すのに苦労している。その上，地方日本のほとんどが人口増加ではなく，人口減少に直面している[7]。

　現今の人口減少社会では，需要増加も生産拡張も所得増加も期待薄である。2013年に政府により地方創生が提唱された背景も，人口減少社会としての「少子化する高齢社会」の到来による。高田による「消費不足」論はここにも関連が深い。

　高田は，ケインズ消費函数に触れて，①所得の不平等ないし階級的へだたりに重点を置かない，②国民所得の増加に伴う消費率の減少に重点を置く，③投資の増加によって消費の不足からくる需要の補完ができる，とまとめた（高田，1955：135）。加えて，ケインズは総消費函数＝貯蓄函数に注意を集中し，総消費＝総貯蓄に着眼することで，資本主義前進すなわち生産拡張の障碍の問題に立ち向かい，政策に関する予測と計画とを企画した（同上：136）。

　所得と消費の関連は，「ひとたび上がった消費は所得がへっても自らを維持しようとする」（同上：139）ので，相対所得の原則が構築されたのである。人口増加の時代に論じられた消費函数問題は，それから60年後の人口減少社会でももちろん有効である。いったん消費水準が上がると，その維持を心がけ，総体としての生活水準を下げようとしない。これが人間の本性にあるからである。「人口の増加と技術進歩によって可能となる進歩の率」（高田，1954：19）は正しいが，それとは真逆の人口減少下にある地方日本で，地域創生の「まち，ひと，しごと」で求められている。

第7章 「少子化する高齢社会」の構造と課題

地方創生にみる高齢者の役割活動

その意味で地方創生運動が新たに高齢者の役割活動と結びつきはじめた。本格的な人口減少社会が到来して，毎年総人口の40万人以上が減少する時代では，地方の過疎地域だけではなく，大都市の中心部でさえも限界集落が生まれる。そのなかで，「消滅」を防止しつつ，地方を新しく「創生」しようとする国策が2013年から始まった。2014年は地方創生論が一番盛り上がったが，そこでは日本版ＣＣＲＣなどの議論もある。

このＣＣＲＣ（Continuing Care Retirement Community）は定年後の高齢者を対象とする米国の医療・介護制度である。地方創生では日本版ＣＣＲＣが謳われており，「東京圏をはじめとする高齢者が，自らの希望に応じて地方に移り住み，地域社会において健康でアクティブな生活を送るとともに，医療・介護が必要な時には継続的なケアを受けることができるような地域づくり」とされている。この考え方を活かして，高齢者を単に地方に移住させるのではなく，高齢者という社会資源も取り込みながら「地方創生」や「地域創生」を進めたい（濱田・金子，2017a；濱田・金子，2017b；金子，2018b）。

たとえば，2015年から文化庁が始めた「日本遺産」認定制度はその一部になるであろう。これは地域の風土的，産業的，歴史的な魅力や特色を通じて，日本の文化や伝統を見直す試みである。この事業は，地域のアイデンティティを再認識するという意味で，地方創生にも効果が期待されている。兵庫県では2015年に篠山市の「デカンショ節」が第1号に認定された。「デカンショ節」は7・7・7・5の節回しで歌われる民謡で，盆踊りや学生歌としても親しまれてきた。

ただ，これまでは本家がどこかははっきりしていなくて，文化庁が認定するに際しては全国10カ所ほどからの候補地が名乗りを上げたが，歴史をたどっていくと篠山市がルーツだと決定されたのである。2016年までに40件近く認定された現在の日本遺産の中で，歌そのものの認定は「デカンショ節」だけである。

篠山市は神戸市からＪＲ電車で1時間半ほどのところにあり，高齢化率が32％を超えている。認定前からたくさんの市民とボランティアが「デカンショ

283

節」を伝承してきたが，その担い手の多くが高齢者である。旧城下町の伝統と歴史が歌詞に詠みこまれているので，その伝承に若い世代や中年世代とともに高齢者も活躍してきた。「デカンショ節」が地域資源として日本遺産に認定されたのは，高齢者の集合的記憶や経験があったからであろう。グレースフルエイジングのためには，そういう文化面での世代間交流も重要になる。

ソーシャルキャピタルの多接と多彩効果

ソーシャルキャピタルを筆頭に，関係面での「多接」には多数の人に会い，質的には世代的にも多彩な人に会うことが含まれる。高齢者は同世代とだけでなく，若い世代や中年世代と交流することで，ライフスタイルの広がりが活動面でも出てくる。高齢者からすると，アクティブエイジングの実践にもなり，社会的には地方創生の一端を高齢者も担えることが実感できる。「高齢者の役割活動と地方創生」は，特に過疎地域では主題の1つにならざるを得ない現実がある。

社会福祉学とは異なり社会学の観点からすると，高齢社会研究では要介護者にのみ目を向けた調査やその政策だけには止まれない。むしろ多数を占める8割の健常高齢者にも研究の視線を伸ばすことを考えたい。その事例研究に，長らく長野県が「1人当たり老人医療費」で47都道府県のうちで最下位であったという原因の追究がある（金子，2014b；2017：13-24）。

老人医療費の社会的要因

少し古いデータであるが，2006年の「1人当たり老人医療費」は北海道で100万円を超えていて，福岡県に次いで高く，最下位の長野県とは約30万円の差があった。「老人医療費」の高い福岡県と北海道に共通しているのは「1人暮らし高齢者」が多いことであった。1人暮らしだと体調が悪くなると病院か施設に頼るしかないので，結局入院や入所により「1人当たり老人医療費」が高くなってしまう。

しかし，当時の長野県のようにまだ家族による高齢者支援があれば，入院や

284

第 7 章 「少子化する高齢社会」の構造と課題

入所ではなく，在宅での治療や介護もある程度可能になる。週に 2 回の外来通院で済ませられることも多いから，「1 人当たり老人医療費」（現在では「1 人当たり後期高齢者医療費」）が高くならない。「1 人当たりの後期高齢者医療費」が地域社会と家族によって大きく左右されるのが発見されたのは，医学というよりも社会学的な方法と知見による。[8] すなわち人口方程式の「生活水準」（N）に左右される。

北海道の高額な高齢者医療費の要因

この観点で北海道の関連データを見ると，単身世帯が多く，平均世帯人数が少なく，両親と子供夫婦が同居しないという伝統があることに気が付く。とりわけ札幌市では，単身世帯率が40.7％（2015年国勢調査），平均世帯人員も1.86人（住民基本台帳2017年 7 月 1 日現在），三世代同居率も政令指定都市では最下位の2.2％（2015年国勢調査）であった。それらが合わさって，体調が悪くなると高齢者を病院や施設に押し出す力として働いてきたという歴史に気が付く（金子，2000；2014b；2016a）。

北海道では福祉施設が未充足の1980年代まで，都心の大病院が福祉施設の機能までを果たしていたという伝統があり，社会学ではこれを「機能的等価性」として理解する。その典型として，札幌市では病院が福祉施設の肩代わりをしていた事例が豊富にあった。

長い間「1 人当たり老人医療費」が第 1 位である福岡県（2014年度で116.4万円）は，県内に 2 大炭鉱の歴史があり，特に筑豊炭鉱で働いていた人が北九州市に，三池炭鉱で働いていた人は大牟田市に住み続け，いずれの都市も高齢化が進み生活保護率も高い。これらが重なり合って，高齢者の入院期間を長くする。北海道とは別の理由であるが，それぞれの地域の歴史を探っていくと「1 人当たり高齢者医療費」の高さの理由も複合しており，都市や地域社会の違いを痛感する。

反対に現在の「1 人当たり後期高齢者医療費」が低かったのは，新潟県（2014年度で73.7万円）や岩手県（同75.2万円）であり，長野県も低い方から第 5

285

位であり，79.3万円であった。いずれもまだ第一次産業の農業の力が残っている県である。小規模農業は家族の無償労働が軸になっているから，農家では子どもの数も多く，親と一緒に暮らすことが普通である。親が病気をしても家族の中で面倒を見て，家族の誰かが週に何度か病院に連れていくという暮らし方が地域社会全体に根付いているように思われる。

長野県が発祥の「ピンピンコロリ」という言葉がある。「ピンピンで元気に長生きし，病気をせずにコロリと死ぬ」ことは，高齢に伴う体力や気力の下りの角度をどれだけ緩やかにできるのかにかかっている。

実証研究と理論研究の融合

過去20年ほど高齢者生活の実証研究と高齢化の理論研究の融合を目指してきた経験からいえば，グレースフルエイジングには自立志向を押し上げる7つの要素があることが分かっている（金子，2007）。それは，①家族との良好な関係，②仲間の存在，③働くこと，④外出すること，⑤得意を持つこと，⑥趣味を持つこと，⑦運動散歩が有効という7項目になる。これらが『高齢化と少子社会』（2002）以降に，高齢社会の研究を通して『日本のアクティブエイジング』（2014b）までに，私が実証的な比較研究で発見したことである。

まとめれば，21世紀日本における「少子化する高齢社会」を受け入れつつ，少子化の背景にある非正規雇用の廃止に向かう政治の努力，若い人の将来展望ができる企業環境と労働環境づくり，ゆとりある教育の失敗を受けて，20年近く学力低下してきた日本人の学習態度面での再建が緊急になるであろう。

政治と経済と文化の社会システム全体に関わる課題が山積しているが，そこにはこれからの社会学的研究の素材もまた豊富にある。そして理論化するにあたっては，高田人口方程式が一番の手掛かりとなるであろう。

高齢化の研究では，人口史観を前提にして，自立高齢者と要介護高齢者を問わず，「生活の質」的な支え合いの社会的条件の水準を上げていくことに尽きる。それは「積極的な高齢期の生き方」に関連する「公助」「商助」「共助」「互助」「自助」の組み合わせを，高齢者それぞれが置かれた立場で使いこなせ

第7章 「少子化する高齢社会」の構造と課題

ることと並行する。社会の側の制度変更と国民性の推移を受けて,「年金」「医療」「介護」などの諸問題に正対しながら,社会学の研究スタイルの見直しが求められる。それらが「少子化する高齢社会」に生きる国民的な課題になる。

注

(1) 社会学的な研究であれば,力点の強弱はあってもミクロとマクロの観点はともに保有しておきたい。

(2) ただし,その若者を育むのは親家族だけではなく,社会システム全体である。したがって,自分に子どもがいてもいなくても,全世代の一員として,次世代育成を行うしか道はない。

(3) このモデルで念頭にあるのは国家先導資本主義国であるが,そのような資本主義国の企業をはじめとする集合体でも該当する。

(4) これは国家先導資本主義国における1つの法則である。

(5) この場合,マスコミが形成する世論は,予想される政策のいわば「リトマス試験紙」としての機能が期待されている。

(6) ここからも「ワーク・ケア・ライフ・コミュニティバランス」の必然性が理解できるであろう。

(7) JR北海道は沿線自治体の人口減少が激しいため,赤字路線が多い。加えて,冬季の保線費用などが他のJR各社とは比較すると格段にかさむため,深刻な経営難に陥っている。そのため,全路線の営業距離の1割強にあたる赤字の5路線5区間(311・5キロ)を廃止する方針を固めた。すでに1列車あたりの平均乗車人数が10人前後と少ない路線も出ており,国鉄時代に決まっていた路線の整理以来,最大規模の廃線に踏み切り,国の財政支援を受けながら経営再建を進める。

　国と北海道はこの廃止を容認している。明治期からの北海道開拓時代には,囚人労働まで使って鉄道路線を延長したが,その歴史が終わりかけている。

　人口減少社会の到来とともに経営悪化が続くJR北海道に対し,国が検討している財政支援の規模が2019,20年度の2年間で総額約400億円に上ると見られている。この財政支援は,青函トンネルの維持管理費や貨物列車の運行で生じる費用負担の軽減,廃止までは行わないが,今後「単独維持困難」とされる7路線8区間の維持に充てられる。

(8) 2015年の平均寿命の調査では,男性の第1位は滋賀県の81.78歳,第2位が長野県の81.75歳であった。しかし女性の第1位は長野県87.675歳であり,第2位の岡

287

山県が87.673歳となっている。ちなみに滋賀県の女性は第4位であり，87.57歳であった。なお，数十年づいている最下位は男女とも青森県であり，男性のそれは78.67歳，女性は85.93歳となっていた。

参照文献

赤川学，2004，『子どもが減って何が悪いか』筑摩書房．

赤川学，2017，『これが答えだ！少子化問題』筑摩書房．

Bendix, R., 1971,「歴史変動の比較論的分析」Bendix, R. & Roth, G., 1971, *Scholarship and Partisanship-Essays on Max Weber*, University of California Press.（＝1975　柳父圀近訳『学問と党派性──マックス・ウェーバー論考』みすず書房：280-303）．

Butler, R. 1976, *Why Survive ? - Being Old in America.*（＝1991，内薗耕二監訳『老後はなぜ悲劇なのか？』メヂカルフレンド社）．

濱田康行・金子勇，2017a，「人口減少社会のまち，ひと，しごと──地方創生の新たな方向と中小企業」『商工金融』第68巻第6号：3-40．

濱田康行・金子勇，2017b，「地方創生論に見る『まち，ひと，しごと』」北海道大学『經濟學研究』第67巻第2号：29-97．

堀井光俊，2011，『「少子化」はリスクか』秀明出版会．

石破茂，2017，『日本列島創生論』新潮社．

金子勇，1984，『高齢化の社会設計』アカデミア出版会．

金子勇，1993，『都市高齢社会と地域福祉』ミネルヴァ書房．

金子勇，1995，『高齢社会・何がどう変わるか』講談社．

金子勇，1997，『地域福祉社会学』ミネルヴァ書房．

金子勇，1998，『高齢社会とあなた──福祉資源をどうつくるか』日本放送出版協会．

金子勇，2000，『社会学的創造力』ミネルヴァ書房．

金子勇，2003，『都市の少子社会──世代共生をめざして』東京大学出版会．

金子勇，2006a，『少子化する高齢社会』日本放送出版協会．

金子勇，2006b，『社会調査から見た少子高齢社会』ミネルヴァ書房．

金子勇，2007，『格差不安社会のコミュニティ社会学』ミネルヴァ書房．

金子勇，2011，『コミュニティの創造的探求』新曜社．

金子勇，2013，『「時代診断」の社会学』ミネルヴァ書房．

金子勇，2014a，『「成熟社会」を診断する』ミネルヴァ書房．

金子勇，2014b，『日本のアクティブエイジング』北海道大学出版会．

第7章 「少子化する高齢社会」の構造と課題

金子勇，2016a『「地方創生と消滅」の社会学』ミネルヴァ書房.

金子勇，2016b『日本の子育て共同参画社会』ミネルヴァ書房.

金子勇，2017a,「高齢社会の健康長寿研究」鳥越皓之・金子勇編『現場から創る社会学理論』ミネルヴァ書房：13-22.

金子勇，2018a,『社会学の問題解決力』ミネルヴァ書房.

金子勇，2018b,「地方日本――まち，ひと，しごとの融合を求めて」北九州市立大学『地域創生学』創刊号：1-22.

金子勇編著，2003,『高田保馬リカバリー』ミネルヴァ書房.

金子勇編著，2017b,『計画化と公共性』ミネルヴァ書房.

河合克義，2009,『大都市のひとり暮らし高齢者と社会的孤立』法律文化社.

Keynes, J. M., 1936＝1973, *The General Theory of Employment, Interest, and Money,* Palgrave Macmillan.（＝2012，山形浩生訳『雇用，利子，お金の一般理論』講談社）.

国際長寿センター，2010,『長寿社会グローバル・インフォメーションジャーナル』vol. 15（ロバート・バトラー博士特集号）.

国際長寿センター，2018,『プロダクティブ・エイジングを求めて』.同センター.

国際長寿センター，2018,『平成29年度　先進各国における高齢者介護予防に資する自助又は互助も含めたサービスの仕組みに関する調査研究報告書』同センター.

厚生省人口問題研究所編，1994,『人口の動向　日本と世界　1994』厚生統計協会.

厚生労働省編，2016,『平成28年版　厚生労働白書』日経印刷.

厚生労働省編，2017,『平成29年版　厚生労働白書』日経印刷.

前田信彦，2006,『アクティブエイジングの社会学』ミネルヴァ書房.

Martel, L., 1986＝1987，平野勇夫訳『変化をいかに読みとるか』日本実業出版社.

増田寛也編，2014,『地方消滅』中央公論新社.

松宮朝，2011,「『農』の活動による社会参加」金子勇編『高齢者の生活保障』放送大学教育振興会：129-142.

内閣府編，2016,『平成28年版　高齢社会白書』日経印刷.

内閣府編，2017,『平成29年版　高齢社会白書』日経印刷.

内閣府編，2016,『平成28年版　少子化社会対策白書』日経印刷.

内閣府編，2017,『平成29年版　少子化社会対策白書』日経印刷.

小田利勝，2004,『サクセスフルエイジングの研究』学文社.

Putnam, R. D., 2000, *Bowling Alone : The Collapse and Revival of American Community,* Simon & Shuster.（＝2006　柴内康文訳『孤独なボウリング』柏書

房).

札幌市市長政策室, 2015, 『札幌市まちづくり戦略ビジョン』同市長政策室.

札幌市子ども未来局子ども企画課, 2015, 『新・さっぽろ子ども未来プラン』同企画課.

札幌市子ども未来局子ども企画課, 2017, 『新・さっぽろ子ども未来プラン　平成28年度実施状況報告書』同企画課.

冷水豊編, 2009, 『「地域生活の質」に基づく高齢者ケアの推進』有斐閣.

Simone de Beauvoir, 1970, *La Vieillesse,* Gallimard, (＝1972　朝吹三吉訳『老い』上・下, 人文書院).

Stiglitz, J. E. & Walsh, C. E., 2006, *Introductory Economics^{4th},* W. W. Norton & Company, Inc. (＝2012　薮下史郎ほか訳『入門経済学』東洋経済新報社).

高田保馬, 1919, 『社会学原理』岩波書店.

高田保馬, 1927, 『人口と貧乏』日本評論社.

高田保馬, 1932, 『経済学新講　第5巻』岩波書店.

高田保馬, 1934, 『マルクス経済学論評』改造社.

高田保馬, 1948＝2003, 『階級及第三史観』関書院 (新版ミネルヴァ書房).

高田保馬, 1954, 「成長率の考察」高田保馬編『大阪大学経済学部社会経済研究室研究叢書　第一冊　経済成長の研究　第一巻』有斐閣：1-50.

高田保馬, 1955, 『ケインズ論難』大阪大学経済学部社会経済研究室.

高田保馬, 1957, 「自然成長率の再考察」高田保馬編『大阪大学経済学部社会経済研究室研究叢書第六冊　経済成長の研究　第二巻』有斐閣：1-68.

高田保馬, 1959＝2003, 『勢力論』岩波書店 (新版ミネルヴァ書房).

高田保馬, 1971＝2003, 『社会学概論』岩波書店 (新版ミネルヴァ書房).

竹本昌史, 2016, 『地方創生まちづくり大辞典』国書刊行会.

玉里恵美子, 2009, 『高齢社会と農村構造』昭和堂.

富永健一, 1996, 『近代化の理論』講談社.

Vaillant, G., 2002, *Ageing Well,* Scribe Publications.

Whitbourne, S. K., (ed.), 2015, *The Encyclopedia of Adulthood and Aging, 3 volume,* Wiley Blackwell.

第 8 章

無縁と貧困の時代診断
──21世紀初頭日本の社会問題──

藤 村 正 之

1 「明るい不安社会」という認識

　Z. バウマンのインタビュー集『社会学の使い方』において，その聞き手であった M. ヤコブセンと K. テスターは，バウマンの仕事を C. W. ミルズの社会学的想像力と関連づけながら，社会学の実践においては，「時代」についての記述から始め，人々の「生活」に目をこらす必要があると述べている（Bauman, Jacobsen, Tester, 2014＝2016：12-13）。時代は人々の生活のコンテキストを定めるものであるが，同時に個人の生きられた経験を歴史の中の産物として組み込んでいく物語，正確には複数の物語としても構成されるという。社会学的想像力を働かせながら，時代と個人の経験の双方をからめて織り成していくことに社会学の役割の1つはある。本稿もそのような志向の下に，時代の記述から始めてみよう。

　21世紀もすでに00年代，10年代と過ぎ，もはや時の経過は20年代への突入を迎えようとしている。この20年間ほどは，日本にとっていったいどのような時代だったのか。新聞の世論調査によれば，平成の時代は「明るい不安社会」という形容矛盾のような状態と人々にとらえられているという。[1]時代の特徴を3分の2の人が「明るい」ととらえながら，経済的格差の広がりや個人情報の漏洩，地震などの大災害の発生への不安が色濃く訴えられているからということになる。そのような時代を，社会問題という観点で考えた場合，この20年ほどの時間幅の間に起こってきた社会問題の特徴を集約的にしめす言葉として，

291

「無縁」と「貧困」をあげることができるのではないだろうか。

「無縁」は関係がないという意味の一般名詞であったり，中世時代の歴史事象を称する言葉として使われたりしてきたわけだが，メディアによって「無縁社会」という社会の性質としてのとらえ方に置き直されて，2010年前後から使われるようになった。「貧困」も近代の成立とならぶほどの社会科学的に長い研究の歴史を有し，さまざまな計量手法が試されてきた事象でもある。21世紀に突入する前後から格差や不平等の議論が本格化し，「格差社会」という指摘とともに，00年代半ばくらいから，生活を維持できない状態としての貧困の問題が急浮上してきた。

無縁と貧困。生活構造論の理論的枠組に照らすと，生活の構造を構成する4つの契機として，生活水準・生活関係・生活時間・生活空間をあげることができる（副田，1971）。これら4つのうち，生活空間として資源・情報・人が活発に行き来するグローバル化が進行する中，前2者，生活水準においては貧困が，生活関係においては無縁が，各々人々が不全な状態に追い込まれている状況として21世紀初頭に注目が高まっていることになる。高度経済成長期からバブル経済期にかけて，生活水準は一億総中流と評されてきたし，生活関係においてはマイホーム主義の思潮が浸透していた。しかし，その後の30年間ほどの時間の流れは日本社会の様相を変動に満ちたものに変えてきた。その行きつく先が無縁と貧困であったわけである。もちろん，時代が常に前に向けて不可逆的に進んでいく以上，それが最終地点というわけではない。今，私たちは21世紀初頭の日本の社会問題の一様相といえる無縁と貧困をどのような途中経過として理解すればよいのか。そのような認識課題を意識しながら，本稿を進めていくことにしよう。

以下，2節においては無縁と称される生活関係をめぐる問題をその過小と過剰において，3節においては貧困ととらえられた生活水準の問題を新たな階層・階級認識の変化とともに，高齢期における格差の問題と子ども期の生活困難の問題という世代性にも着目し，4節においてその社会学含意について考察していくことにしたい。

2 関係をめぐる困難——関係の過小と過剰

「無縁社会」の実情

　まずは関係の過小として，「無縁」から検討していくこととしたい。「無縁社会」という言葉が広まったのは，NHKが2010年に同名の番組を放送してからといってよいであろう。同取材班はその取材内容を書籍としてまとめており，それによりながら，とらえられている事態の一端をみていこう。

　NHKの取材においては，ひとり孤独に亡くなり，引き取り手もない死を「無縁死」と呼び，全国の市町村への調査の結果，無縁死が年に3万2000人ほどにおよぶと試算している。それは当時の自殺者数にも匹敵する数字であった。無縁死と呼ばれる死に方をした人たちは，「行旅死亡人」として取り扱われていくことが多い。行旅死亡人とは，「行旅病人および行旅死亡人取扱法」に定められたもので，住所，居所，もしくは氏名が知れず，遺体の引き取りなき者のことである。

　こうして亡くなった人々の情報は自治体が火葬や埋葬をした上で公的書類において公告されるように定められている。具体的には，遺体の引取りを親族に呼びかけるため，国が毎日発行している官報にその死亡の状況が掲載される。しかし，官報への掲載には料金がかかるため，記事はコンパクトに数行に短くまとめられ，書き方は最小限の情報をつたえる淡白なものとなる。書籍には次のような例が掲載されている。

　「本籍・住所・氏名不詳の男性，身長162cmくらい，体格中肉，年齢60〜80歳（推定），所持金は現金10万983円，預金通帳2通，キャッシュカード2枚，財布等2個，住民基本台帳カード1枚，腕時計1個，青色パンツ着用。上記の者は平成20年11月5日午後3時15分頃，東京都大田区東六郷（以下，番地省略）居間であぐらを組み，前に倒れ込む様に腐乱状態で死亡しているのが発見された。死亡年月日は平成20年10月26日頃。御遺体は火葬に付し，遺骨を保管しています。お心当たりの方は当区まで申し出てください。平成21年3月23日　東

京都大田区長」（NHK「無縁社会プロジェクト」取材班編，2010：26）。

　人生の末後がこのような数行にまとめられることにはかなさを覚えるとともに，これらの情報だけでは，親族がたとえ探そうとしている人であっても探しあてるには難しく，ましてや親族が探していないのであれば，身元不明はつづくばかりであると予想される。

　そのような身元不明のままの死がある一方，NHK調査による3万2000人の無縁死に関し，その多くが身元は判明して親族はいるものの，遺骨が引き取られない例だと指摘されている。親族だが冠婚葬祭の場でしか顔を合わせたことがないような場合，あるいは数十年にわたって会っていないような場合，またきょうだいがいても，遺族が女性だったとしたら嫁ぎ先の墓に入れることが難しい場合など，遺骨の引き取りに消極的にならざるをえない。

　そうした場合，担当の行政区や，家族に代わって遺品の整理をおこなう特殊清掃業者などの人たちが，その遺骨を受け入れてくれる寺院へ宅配便で送る例があるという。届け先に遺骨を受け取る寺の名前が記載され，依頼主には業者の名前が記され，品名の欄は「陶器1個」とされる。人間の最期の姿である遺骨が「遺骨」としてではなく，「陶器」として配送される事態が起こっている。

　無縁死となり，親族など引き取り手のない遺骨を引き取る富山の寺院の住職がこう語る。「私たちだって，ひとつ人生を間違えば，ひとつ歯車が狂えば，独居老人になって，孤独死をせんといかんのかもしれない。（中略）みんな，それぞれの一生があるのに，ただ人生の終盤地点で孤立をしたというだけでね，そんな価値のない一生になってしまっていいんだろうか。まったくどこに埋葬されているのか，その人の痕跡が何も残らないという，不条理とでも言うんですかね」（NHK「無縁社会プロジェクト」取材班編，2010：84-85）。

　人間関係の薄まりと称せる事態につづけてふれると，「直葬（じきそう）」をあげることができる。これは告別式がなく，遺体を火葬するだけで弔う葬儀方法である。自宅や入院先の病院から直接遺体を葬場に運んで茶毘に付す弔いということである。費用が10万円台から20万円台ですむという経済性もあるが，長寿化により寿命が長くなったとしても，人はひとりずつ亡くなっていく結果，

本人が90歳をこえる年齢であった場合，周囲の家族や親族，友人たちがすでに死亡しており，その人を知っている人が世を去っている以上，葬儀に人が集まらないのである。家族はこのように言う。「母が亡くなった時，連絡しなければいけないような相手はもういませんでした。形だけの葬儀をあげるより，身内だけで静かに送ってあげたかった」（NHK「無縁社会プロジェクト」取材班編，2010：66）。そのような時，取材班の記者たちが「遺族」というふれこみで立会いを許されたりしている。そのため，今回の取材班のNHKの記者たちはどこでも手を合わせられるように数珠をカバンに入れ，念珠を手首に巻いて現場を歩いたとされる。

NHKの取材班は「無縁社会」という言葉を，関係のないという意味を重視して使っているわけだが，歴史学者の網野善彦が主唱する日本中世史学上の学術用語としては，無縁とは人間や場所について，それらが主従関係，親族関係をはじめとする世俗の私的な支配に拘束されない状態にあることを意味する言葉として使われている。無縁の性格を有する場所としての道路，市場，海浜，野山，無縁の人間や集団として，遍歴漂泊の職人・芸能民などの非農業的職種の人々などがあげられ，日本の鎌倉時代から戦国時代にかけての自由の思想の中核をなす根本概念の1つとされる。彼らは自らが無縁であることを根拠に世俗の私的権力の支配を拒否しうる権利を有しており，実際，世俗権力の支配に対抗するためにしばしば無縁という言葉が援用されたとされる（網野，1987）。

中世史学において無縁の概念が自由を象徴するものとして使われたとすると，21世紀初頭の現在，それは自由へ向けて逃走した人々の到達点が，何かにすがることさえできない，関係の軋轢から解放された自由のよるべなさをしめすものとなっているといえるのだろう。NHKの取材班が提起した無縁社会という言葉は，2010年の第27回ユーキャン新語・流行語大賞のトップテンに選出された[(2)]。

孤立する状況とその背景要因

無縁社会とシンボリックに語られ，それが人口に膾炙して話題にもなる現代

表8-1　さまざまな人間関係において望まれるつきあいの程度（平均得点）

	1973年	1978年	1983年	1988年	1993年	1998年	2003年	2008年	2013年
親　戚	2.41	2.40	2.33	2.27	2.19	2.17	2.10	2.12	2.06
近　隣	2.18	2.16	2.12	2.06	2.03	1.96	1.92	1.91	1.90
職　場	2.42	2.39	2.35	2.24	2.17	2.13	2.10	2.09	2.06
合　計	7.01	6.95	6.80	6.57	6.39	6.26	6.12	6.12	6.02
友　人	—	—	—	—	—	—	—	2.23	2.17

（注）　下記調査での親戚・近隣・職場の各々のつきあいごとの望ましさについて，形式的つきあい＝1点，部分的つきあい＝2点，全体的つきあい＝3点として，年次ごとの平均得点を筆者が算出し，合計した。参考として最下部に掲載した，友人に関する調査項目は2008年調査から採用されており，経年比較のため，合計得点には含めていない。

（出典）　NHK放送文化研究所「第9回・日本人の意識調査（2013）・結果の概要」（https://www.nhk.or.jp/bunken/summary/yoron/social/pdf/140520.pdf）。

社会。それは農村共同体の時代から産業化・高度産業化を通じて指摘されてきた社会関係の希薄化の現代的表現形態でもある。すると，社会関係の希薄化という状況は日本全体ではどのような動向にあるのか，データの数値に基づいて検討してみよう。そのようなデータとして検討できるのが，1973年以来，40年にわたって5年ごとに9回おこなわれてきたNHKの「日本人の意識」調査における，つきあい方の望ましさに関する数値である。この調査では，親戚・近隣・職場でのつきあい方の望ましい濃淡について，「形式的つきあい」「部分的つきあい」「全体的つきあい」の3つに分けて，その希望の程度をたずねている。それを各々1〜3点に得点化し平均点に置き直してみたものが表8-1である（表8-1）。

　これを見ると，各項目とも1973年から2013年の現在に近づくほど淡いつきあいを望む傾向が強くなっており，三項目の合計得点も着々と低下してきている。1973年では，親戚2.41，近隣2.18，職場2.42の合計得点7.01であったところ，2013年では，親戚2.06，近隣1.90，職場2.06の合計得点6.02となっている。各項目とも40年間で共通に0.3程度の減少がみられる。また，9回の調査の全ての時期で近隣とのつきあいが親戚・職場より低い得点となっている。もちろん，NHK調査で問われているつきあい一般と課題解決に向けた強い結びつきとは質的な違いを充分に配慮しておく必要があるのだが，この40年間を通じて，日

第8章　無縁と貧困の時代診断

本人が全体的で濃密なつきあいを求める傾向が各領域で弱まっていることは確認できよう。

　この調査の2008年調査から，親戚・近隣・職場につづく4番目の調査項目として友人とのつきあい方の望ましさがたずねられており，2008年は2.23と先の3つの関係より高くなっている。この点は，私たちが自分での選択の要素の強い友人という人間関係に相対的に好感をもっていることが理解できる。しかし，その数値2.23も1980年代までの親戚や職場の数値より低いものであり，さらに2013年調査の友人の数値は2.17と2008年より低くなっている。友人関係への期待さえも実はゆるやかに弱い方向に向かっているのである。

　時代の大きな流れを通じて，各側面で弱まってきている社会関係。地域関係ではその度合いは大きく進み，親戚・職場においてもその流れを止める方向にはない。友人がかろうじて相対的に強いつきあいとして意識されるが，それも数十年前の親戚や職場のレベルにはなく，かつ友人関係も徐々に薄まりの動きをしめしている。そういう大枠の社会関係の希薄化の中に無縁社会の議論が登場してきたのである。

　無縁社会の議論は孤立死をめぐる実態からスタートしていた。それでは，死に直接いたるものとは別に，現代における孤立の問題はどのような状況や背景にあるものなのか，検討してみよう。

　孤立をめぐり，石田光規に整理のゆきとどいた研究がある（石田，2011）。そこでは，まず孤立と孤独の概念整理がなされる。孤立は客観的状態，孤独は主観的状態と判断され，孤立状態により生じる寂しさややるせなさなどの意識の総体が孤独と位置づけられる。それらをふまえ，「孤立」は「行為者にとって頼りにする人がいない状態」と定義される。孤立を「人間関係を結んでいない状態」とすることもできるが，人が取り結ぶ人間関係はプラスに働く関係もあれば，マイナスに働く関係もある。すると，マイナスに働く関係に取り囲まれた人を孤立していない人というには無理がある。それゆえ，頼りにする人がいないという点を重視して定義が組み立てられるわけである（石田，2011：73）。

　そのような位置づけのもと，石田の研究においては，日本版JGSS2003のデ

297

ータに基づき，悩みを相談できる人が誰もいない人を，情緒的関係を喪失した孤立者として操作的に定義し，順次分析がほどこされていく。まず，日本社会においてどういった人たちが孤立しているかが問われ，数値的には8.9％の人が孤立者と識別され，彼らは家庭生活・配偶者関係満足において，相談可能な人が1人以上いるものより相当に低い数値をしめしている（石田，2011：84）。そのような孤立に関連する属性として，家族関係に問題のある人，男性，高齢者，地方生活者に孤立の傾向がみられることが指摘される。情緒的サポート関係を確保するには婚姻関係を中心として家族・親族関係が重要であり，それは他の社会活動を通じて得られた関係では代用できないものと考えられる。他方，孤立者の大多数は家族と同居しており，家族といても孤独という状態も進行しつつあるととらえられる（石田，2011：88-92）。

　では，つづいて家族に頼れない人とはどういう人なのか。情緒的サポートの源泉として，一般的には配偶者，親子，友人，他の親族の順番にあげることができる。このうち，年齢の若い人は親に頼り，高齢者は子どもに頼るという年齢の順番を主な理由とする順送り的な互助的関係が指摘できる。それに対して，配偶者に頼れるかどうかは，本人が有する経済力などの経済的資源や学歴・健康などの人的資源の保有状況の影響を受けていることが指摘される。すると，やはり配偶者の存在が孤立の回避にもっとも重要な役割を果たしていることに鑑みると，例え結婚しているとしても，経済的資源や人的資源などの資源保有の格差が配偶者との関係の良し悪しを通じて孤立に間接的に影響をしていることが理解される（石田，2011：122-123）。

　さらに，性別にみると男性が孤立しやすい傾向があり，その理由について検討される。そこでは，男性は女性に比べ，家族以外の関係基盤が弱いことがその理由として明らかにされた。男性が他者からのケアを受けるには女性との関係を取り結ぶ必要があり，その女性との関係を経由してケアを受けることが多い。人間は本来的に同性同士で関係を結ぶ傾向があり，そのような中だと異性との関係を確保する仕組みとして婚姻関係が位置づけられる。言うまでもないことだが，特に男性にとって婚姻関係はケアや情緒的サポートの安定的供給源

として作用していると考えられる。しかし、家族・結婚の規範が緩んできた結果、男性は情緒的関係から孤立するリスクが増加してきている。女性は配偶者に頼れなくても孤立するリスクが少なく、配偶者以外にも数多くのサポート源を有していた。他方、男性は配偶者に頼れないと孤立するリスクが高くなり、また配偶者を頼りにできる場合にも、そこが唯一の回路となってしまい、その他のサポート源をもっていないことが多いのである（石田、2011：142-144）。孤立の計量的研究から描かれる日本社会の断面は以上のようなものとなる。

つながりへの煽動

　無縁とよばれる関係の過小があり、場合によりそれは諸条件により当事者にとって関係の剝奪された状況と考えられ、今われわれはそれを嘆いているともいえるのだが、他方、近代化を通じた歴史の大きな流れの中で、私たちは関係からの解放を望んできていたのではなかったのだろうか。「都市の空気は人を自由にする」という言い方にあるように、農村共同体に求められた水利や労役の必要性が人々を結びつけていた時代が過ぎ、産業化の進行により職につくための地域移動が当然ともなる工業中心の時代において、親族共同体・大家族から核家族へと家族構成が変化していった。そのような家族の変容を是とする考え方もあれば、否とする考え方もあったわけだが、いまや、その核家族にさえとどまることなく、人々の世帯構成は単身化・シングル化に向かう様相が色濃くなってきている。核家族でさえ、近代の大きな流れの中では親族や家族の衰退の中継ぎとしての踊り場にすぎなかったのかもしれない。

　そのように、関係の過小が嘆かれる一方、世代や状況が異なれば、同じ現代の日本社会において関係の過剰が議論される場合もある。それは、子どもたち・若者たちの世代にとってモバイル通信が一般化したことにともなって、そこでは、「つながりを煽られる」と評される事態がおこってきていることである（土井、2014）。

　子どもたち・若者たちの中において、ケータイやスマートフォンが一般的に普及することにより、本来であれば連絡手段のひとつにすぎなかったはずのも

のが，それらのインターネット接続機器を使わずして，人間関係を維持することが難しくなってきている。スマホのＬＩＮＥなどのアプリを使うことで，簡単に自分のメッセージを相手に届けられ，また相手がそれを読んだかどうかの既読も即座に確認できる。そこに求められる時間の同期性によって，子どもたち・若者たちはいつでもネットでつながれる，他方でつなげさせられるという形で，目の前にいない遠く離れている相手であっても人間関係の常時接続化が急速に進んできている。スマホにしめされる相手の反応にいちいち対応しようとすると，常にスマホが気になってしまい，他者との交流にしばられていくネット依存の状態にいたる。それは，「つながり過剰症候群」とでもいうことができる（土井，2014：5）。同様な状況は世界の各国の若者たちにおいてもあり，「つながりっぱなしの日常」という評価もある（boyd, 2014＝2014）。

　そのような状態の背景には，価値観の多様化が進行することにより，どのような人とつきあうべきか，つきあいたいかという人間関係が理論上はフラットに営めるものとなってきていることがある。他方で，つきあうべき義務はないから，多くの人間関係を持つものは持ち，それを持てないものは持てないという人間関係の自由化が進行する（辻，2006）。不本意な相手との関係に無理やりにしばられないことから，人間関係の満足度が上昇するということが帰結される。男子高校生は次のようにいう。「友だちとは上手に付きあいたい。共感するならシェアするけど，気が合わないなら付きあわなければいい。ケンカはしたくない」。女子高校生はこう指摘する。「友だちを使い分けています。一緒に勉強する友だち，将来の話をする友だち，校外活動をする友だち。局面に応じて最適な友だちを選んでいる。嫌な人は切ってしまう」（土井，2014：66）[4]。

　一方で，自分が選べるということは相手も選べるということだから，自分が相手から選ばれるかどうかはリスクのあることでもある。したがって，1人でいると見られることも周囲の評価として誰からも選ばれていないとしてリスクを帯びたこととなってくる。1人でいることは，「ひとりぼっち」の後半部をとって「ぼっち」と称されることがあるが，それはしがらみから解放された「関係の自由さ」をしめすというよりは，輪の中に入れない「関係からの疎外」

300

第 8 章　無縁と貧困の時代診断

をしめすものと見なされる（土井，2014：37）。

　制度的な枠組みが人間関係の継続を保障してくれる基盤ではなくなり，関係は相手との間で手探りで築かれていかなければならないものとなる。そこには常に不安定さがともない，そのことを子どもたち・若者たちは気づいている。一時的に均衡状態のように見え，軽やかで楽しく見える関係も，流動的でこわれやすい関係という側面をもっており，親密なのかどうか，より正確にいえば，親密なようにふるまってくれるかどうか常なる確認が求められる。

　かつて，私たちは「みんなぼっち」という考え方を提起したことがある（富田・藤村編，1999）。「みんな」でいて群れるような状況は作られるのだが，その内実は個々別々の行動がおこなわれ，心性的には不安な寂しさも有する状態である。翻れば，子どもたち・若者たちの多くは，その学校という居場所から基本的には逃げも隠れもできず，人間関係の実態が日々の活動の中で如実にさらされる状況にある。学校を終えた大人になれば，その人間関係の濃淡の実態は多少見えにくいものとなっていく。子どもたち・若者たちの「つながり過剰症候群」もその場の強制によってもたらされるものともいえるだろう。ある子どもは，学校生活が楽しさの源泉であるとともに，不安の源泉でもあることを象徴的にしめす言葉を五七五にのせて次のようにいう。「教室は例えていえば地雷源」（土井，2008：9）。

　関係衰退の状況と関係忌避の心性ともいうべきもの，それらは日本社会を覆うものとして存在しており，その表現形態がここまで取り上げた世代ごとに異なる様相として表れているにすぎないと考えられる。中高年にしめされる無縁社会は，移動と職業が混在する地域社会での人間関係の弱まりはもはや前提であり，家族形成やその維持に不具合が生じ，就労にともなう人間関係の絆が切れる，あるいは定年で終えることにより，陰に隠れていた関係衰退の状況が如実に表れたものとみなすことができよう。他方，子どもたち・若者たちにしめされるつながり依存は，社会制度が関係維持を保障しない中，空間のみは一緒の場にいることを強制される学校社会において，関係のなさを示さないための彼らなりのサバイバル戦略と考えられるだろう。私たちは，人間関係があれば

あるで、なければないで悩んでいるのである。

3　貨幣をめぐる困難——貧困の再発見と世代での現出

格差と貧困が露わにしたこと

　21世紀初頭の社会問題の一形態として、関係をめぐる困難とならび、貨幣獲得をめぐる困難をあげることができる。その困難は貧困や格差として議論される。貧困の問題は、飢餓・飢饉があたり前の時代を経て、近代化・産業化の隆盛により、資本主義社会の現実的におこりうる問題として、いつの時代にも議論されてきたものである。しかし、日本社会においては高度経済成長期を通じて、中流階層化が指摘され、その話題が一時しりぞいた感があった。それが、21世紀への突入を境として、格差・不平等が語られるようになり、それがさらに貧困への着目として再浮上するようになってきた。それらの関係は、あらゆる現象には格差や差異がつきものだとして、その差異が量的な意味で許容できる範囲のものか、一方、質的な意味でその差異を生み出す要因が正当・公正なものなのかということが議論となるであろう。「一億総中流」と言われた時代は人々が同じ状態にあるということに関心を持たれたのに対し、格差の時代は人々が同じ状態にないということにより強い関心が持たれ、ものごとに差異がないということがない以上、視点の置きどころにより、格差はあらゆるところに発見されようとしている。

　研究者の問題提起や格差・不平等を人々が意識するという背景が用意されていたところに、「無縁社会」と同様にNHKの番組で提起された「格差社会」というキーワードが登場し、この問題は一気に人口に膾炙していった。ほぼ時を同じくして、2005年に発表されたOECDの所得分配と貧困の報告書において、日本の相対的貧困率が15.3%、世界で第5位、先進国では第3位として紹介されるようになった。いわば貧困が再び自覚的に着目されるようになった段階であったのだが、それが目に見えるような形になったのが、2008年のアメリカ発のリーマン・ショックである。世界経済に影響をあたえたこの事象は、日

本において増加していた派遣労働者の派遣打ち切りあるいは期間満了による終了などをもたらしていった。労働者は職を失うとともに，宿舎からの退去をよぎなくされ，住居を失う結果にもつながっていった。生活基盤をなくした労働者に対する支援活動も起こり，東京の日比谷公園において「年越し派遣村」が設置され，食事や支援物資を求める人たちが列をなしたことで，現代の貧困がより可視化されることになっていったのである（橋本，2016：32-35）。そのような経緯もあってか，長らく貧困率に関する見解を公表してこなかった厚生労働省が2009年10月に相対的貧困率を発表した。その数値は15.7％であった。[6]

リーマン・ショックをひとつの象徴とする，このような格差の拡大にあたっては，次のような諸点の構造的な連鎖の中で生起した事態といえるであろう。経済現象としては経済のグローバル化，雇用の流動化と非正規雇用者の増加が，社会的対応としては労働組合の交渉力・抵抗力の低下や組織率の低下，政府の政策の不適切性が，加えて人口構造の変化として同一世代間において格差の大きい高齢者世帯の増加が統計に繁栄されやすいということなどが指摘されている（橋本，2016：127）。

これら格差の拡大や貧困状態が現れ，それを従来とは違う要素をはらむ現象としてどうとらえるかということで，大きく2つの議論をあげることができよう。それらは，社会にある生活保障の機能が不全化してきた「すべり台化」という点と，新たな階層・階級の層としての「アンダークラス」の表出という点である。

最初のひとつは，産業化以降，日本においても従来まがりなりにも用意されてきた福祉国家としての生活保障の仕組みの機能不全が目につくようになってきたことである。具体的には，本来各層ごとに機能すべき3層のセーフティネット，すなわち雇用のセーフティネット，社会保険のセーフティネット，生活保護のセーフティネットの各々でのほころびを指摘することができる（湯浅，2008：19）。ひとつひとつの層が生活を守るために歯止めになるべきところ，増加してきた非正規労働者にとっては3層はワンセットとして機能しており，雇用のセーフティネットをすべり落ちると，そのすべり始めた動きを止める方法

がなく，2段目，3段目のセーフティネットも素通りしてしまう。勤労収入で稼いではいるのに安定した生活水準にいたらないという「ワーキングプア」（working poor）が着目されるが，そこでは雇用の基盤や勤務条件が盤石でないため，それを失うことがあり，その雇用に基づいて保護されている社会保険の領域でのカバーが充分でなく，さらにワーキングプアといわれるワーキングしている稼動可能層であるがゆえに生活保護の対象になりにくい。湯浅誠は雇用の崩壊から一端動き出し，そのような貧困にいたる流れを止める歯止めが途中にない日本社会の現状を「すべり台社会」とよんだ（湯浅，2008：33）。グローバル化にともなう雇用の不安定化・流動化に対し，日本の社会政策が機能しない層が作り出されているということになる。

　3層のセーフティネットが充分に機能しないため，いまや第4のセーフティネットとして，刑務所がその刑務所内での生活は保障されるという意味で貧困対策として機能してしまっているとの指摘もある。金品目当てというより刑務所に入ることが目的になってしまったと考えられる窃盗事件の例として，自転車1台を盗み，そのまま警察に自首してきた所持金70円の54歳の男性，168円のケーキ1個を万引きして，逃げることもなく，そのまま逮捕された47歳の男性などが紹介される（湯浅，2008：41）。

　格差や貧困によるもうひとつの局面は，それらの現象がもたらされてきた結果，社会的な階層・階級の構造において，新たなひとつの層化がまとまっておこってきつつあるという変化の認識である。90年代以降のグローバル経済の進展によっておこってきたことは，雇用の流動化の下での非正規雇用者の増加である。そのことがもたらす意味は，従来労働者階級ととらえられてきた層が2つに分かれはじめているということである。社会の一般的な階級構造の仕組みとして，経営に携わる資本家階級，その下で働き対峙する形の労働者階級，資本家階級と労働者階級のちょうど間にある存在で，官僚制の進展によっておこってきた新中間階級，また，農業や自営業など自ら生産手段を有する旧中間階級の4つの区分がなされてきた。これら4つの階級は，資本主義体制の系列としての資本家階級——新中間階級——労働者階級の系列と，その系列の横に独

自におかれる旧中間階級という形で配置されると考えられてきた。

　そのような系列の中，労働者階級が分解し，正規雇用で安定的な雇用と生活を維持できる労働者階級と，非正規雇用で不安定な生活を強いられる「アンダークラス」の人々に分かれてきつつあるという認識がある。アンダークラスという言い方は，労働者階級が資本主義社会の最下層の存在だったとすると，非正規労働者はさらにそれらの「階級以下」の存在というニュアンスが含まれている。非正規雇用者は雇用が不安定で，賃金も正規労働者に遠くおよばず，それらの生活の不安定さから結婚しての家族形成に困難さがともなうなどの状況の中にある。橋本の研究によれば，アンダークラスに該当する人々は929万人，就業人口の14.9％，平均個人年収は186万円，男性で有配偶者が少なく，女性で離死別者が多いことが指摘されている（橋本，2018：89-91）。その結果，労働者階級が分解することによって，資本主義の体制は資本家階級—新中間階級—労働者階級の系列の下にアンダークラスを存在させるという4層構造になり，一方の旧中間階級とあわせ，5つの階級によって構成される時代となってきつつあるとみなされる（橋本，2018：77-78）。格差や貧困の問題は，そのような状態の存在やその適・不適をあらそう問題としてだけではなく，社会政策の機能不全とアンダークラスの存在を訴えかける問題として提起されてきているのである。

高齢期の貧困

　2000年代に入っての貧困は，非正規雇用など雇用の流動化を一因とするワーキングプアの存在を柱としつつ，同時に世代各々がかかえる貧困への関心を高めている。ひとつは高齢期であり，もうひとつは子ども期である。貧困の問題について，20世紀初頭のS. B. ローントリーの研究にさかのぼれば，ひとりの人の一生において，子ども時代の貧困，子育て時代の貧困，高齢期の貧困が起りうるものとして当時から指摘され，その後の家族のライフサイクル研究に影響をあたえていった。そのような世代と貧困が関連する問題の大まかな構造はローントリーの研究から100年経った現在も変わっていないといってよいかも

しれない。しかし，そこに同一世代内の格差がより明瞭に意識されるようになってきたのである。このうち，高齢期にかかわる問題を本節で，子どもにかかわる問題を次節で検討することにしよう。

　高齢者の相対的貧困率について，ある試算によるとその比率は22.0％となり，同世代のほぼ4分の1の人々となる。特に男性18.4％，女性が24.8％と，性別では高齢女性の貧困率のほうが高い。世帯類型別では単身者が，配偶関係別では未婚者の貧困率が高くなっている。未婚者は配偶者や子どもがいないことから，親を亡くした自らの高齢期には単身世帯である可能性が高く，単身者と未婚者は互いに関係しあっている。未婚ではなく非婚という言い方が出てきているように，若年層・中年層で増加している非婚者が今後高齢期に入っていくと，単身世帯であることもあり，高齢者の貧困率が高まっていく可能性が高いとされる（藤森，2012：23-25）。

　高齢期になぜ貧困に陥るかを検討すると，まず，その前提として高齢期に所得格差が大きく開くということがあげられる。それは，他の世代と異なる特徴でもある，高齢期には稼働を継続するものと非稼働になるものがあるということである。したがって，勤労による収入が大きく開くとともに，下記にしめすように勤労以外の年金などの収入にも格差があるため，同世代同士を比較した場合，所得格差が相対的に大きいライフステージ段階にあたることになる（白波瀬，2010：163）。そのことは，人口高齢化の進展によって高齢者の人口比率が増加すれば，高齢者間の内部の格差の影響により，社会全体の所得格差も拡大に向かう方向性をしめすということが指摘できる（大竹・小原，2010：1741）。

　その上で，非稼働のものたちの多くの中では，公的年金のみが主要な所得源となっていることがあげられる。このことは公的年金の仕組みとの関係で低所得世帯が生じる次のような理由を考えさせる。まず第1に，公的年金を受給できていない無年金者がいることがあげられる。年金の受給には保険料納付済期間と保険料免除期間を合算して受給資格を満たす必要があるわけだが，これがかなわない人たちがいる。第2に，老齢基礎年金を受給できてはいるものの，厚生年金や共済年金など「公的年金の2階部分」を受給できない高齢者がいる。

その背景には，現役時代に無職期間が多く存在した，パート・アルバイトなどの非正規労働の期間が中心だった，自営業が中心であった，20年未満の職種経験をわたりあるいたなどの理由が存在する。加えて第3に，老齢基礎年金のみの受給者の中には，そもそも基礎年金を満額受給できていない人も多く存在する。これも必要な保険料納付済期間が足りないという理由が該当する（藤森，2012：25-27）。年金受給が中心のものにおいても，制度との過去の関わりの程度により，無年金者，老齢基礎年金満額未受給者，老齢厚生年金未受給者，老齢厚生年金の受給程度での大きな差異が生じるようになっているのである。

　高齢期の貧困はそこまでの就労や家族関係を経ての人生段階のある意味での到達点ともいえるし，他方，社会的に不利な立場で人生を過ごしてきた人たちの状況を類推すると，若者・中年期の格差が累積的に蓄積される結果として大きな所得格差さらには資産格差がついてきたと考えられる。まず，賃金所得が大企業か中小企業か非正規労働者かで差異があり，数十年にわたりそれが続けば，生涯賃金所得で大きな差となる。次に，就労の安定度も関係する，その期間中の年金保険料の拠出額の大小や保険料納付期間の長短があり，それが年金給付額の大小にも影響してくる。加えて，高所得者のほうが貯蓄に回す貯蓄額・貯蓄率が高いので，勤労期間中にわたってそれが続く結果，高所得者の貯蓄額がより大きくなっていく。さらに，相続資産の授受においても，高資産保有者のほうが相続資産が多くなる傾向があり，拡大再生産の状況が指摘される（橘木，2016：186-189）。

　上記のような高齢期に貧困に陥るマクロな制度状況とともに，個別にかかえるミクロな個人や家族の要因への視野も必要だろう。病気や事故による高額の医療費の支払い，高齢者介護施設への入居，子どもがワーキングプアやひきこもりで親に寄りかかる，熟年離婚の増加，認知症などでの犯罪や不適切な消費への巻き込まれなどが指摘される（藤田，2015）。

　平岡公一はA. M. O'Randの議論を参考に，高齢期の貧困や格差を考えるにあたり，ライフコース・キャピタル，ライフコース・リスクという観点の有効性を指摘する（平岡，2010：60-61）。人の一生の中で生活機会を拡大したり，そ

の阻害要因を回避したりなど，高齢期のみに起因する現象としてではなく，人生の期間全体を通して，貧しさとの近さ・遠さとその浮き沈みを見ていく必要があり，その際，それに対処する文化資本・社会関係資本，属性により異なるリスク要因の把握が有効であるということになる。高齢期は退職や再雇用による給与の減少で勤労所得の比重が急激に低くなる時期であるが，どのような勤労につけるのかという点や，資産や年金という時間的経過を経た事象の比重の増加という点など，過去からの累積的不利・有利の概念が有効性をもってくるわけである（平岡編，2001）。高齢期の貧困の問題の背景に社会的排除の累積をとらえて議論されるようになってきている。[8]

子どもの貧困

　高齢期の貧困にその問題の時系列的累積性をとらえる認識が成立するならば，人生の時間を中年期・青年期・子ども期とさかのぼって，より早期にその原因に対処しようとする視点の成立につながっていく。そのような視点の転換もあって，貧困の問題をめぐっては，高齢期と対極の世代である子どもの貧困が着目されてきている。従来，貧困とは家計維持の責任を担う大人の問題であるという認識が強かったといえる。しかし，そのような大人たちが形成する世帯には子どもたちがおり，その世帯が貧困であるなら，その家庭で育つ子どもたちも必然的に貧困状態にあるということになる。貧困をめぐっては家庭をそのようにいたらしめた大人の自己責任論が語られる中，子どもたちにその議論は適用されにくい。子どもは生まれてくる親を選べないから，親が貧困状態にあることで子どもが貧困におちいることに子どもの責任を論じることは難しいといえる。

　日本でも，先の厚生労働省の2009年相対的貧困率発表の際に，日本の子ども（17歳以下）の相対的貧困率も14.2％としめされた。[9]さらに，それはユニセフの整理によれば先進35カ国の中で下から9番目に位置するものであり，特にひとり親家庭に育つ子どもの貧困率は58.7％と最低であると指摘された（阿部，2014：10-11）。このような状況の認識が広く普及したこともあり，子どもの貧

困に対しては，「子どもの貧困対策法」が2013年に成立し，社会的にも子ども食堂や無料学習塾など地域での子ども支援の活動が活発化している。

　このような子どもの貧困について，その実態が問題であるとともに，2つの論点が提起されている。そのひとつは社会保障政策の総合的効果の問題であり，もうひとつは子ども時代の貧困の長期的影響の問題である。

　まず，第1に，社会保障政策の総合的効果の問題である。阿部彩は，そのような子どもの貧困が社会保障政策によってむしろ悪化させられていた時期があることを指摘している。それは，就労や金融資産によって得られる所得のみの「再分配前」所得と税金や社会保険を引き，児童手当や年金などの社会保障給付を足した「再分配後」所得との比較によって明らかとされた。日本は，ＯＥＣＤ諸国の中で唯一，再分配後の貧困率が再分配前の貧困率を上回る国であったのである。本来，格差を是正すべき社会保障政策がむしろ格差を拡大してしまっていたわけである。その理由は，日本の社会保障の給付と負担の世代間構造にある。日本の社会保障の給付の大部分が高齢者が対象となっており，他方，負担のほうは現役世代が担うため，現役世代にかかる負担が結果として子どもたちに回る資金を減少させる構造がある。その結果，再分配後において子どもたちの貧困率が上昇してしまったのである（阿部，2012）。近年は多少是正されてきているが，日本の社会保障全体の配分構造の問題が潜んでいるのである。

　第2に，子どもの貧困が特に着目されるのは，そのことがもたらす長期的影響があるからでもある。貧困世帯にいる子どもたちの学力は伸び悩むことが指摘されており，それには学習機会の不足という点と，親や家庭内のストレスがもたらす身体的・心理的影響という点があげられたりする。そのような比較的早い段階の貧困がその後の学業の未達成や就業能力の未形成にいたり，そのことを通じて，大人世代になってからの貧困につながる可能性が高くなっていく。［子ども期の貧困→低学歴→非正規労働→現在の低所得→現在（成人後）の生活困窮］という経路（阿部，2014：69）として語られる「貧困の世代間再生産」「貧困の世代間連鎖」の問題である。

　そのような貧困の再生産という問題に対して，若い時代に学業支援や就業能

309

力形成支援をおこなうことが必要ということが指摘されている。大人になって就労し，その所得から納税がおこなわれること，また就労の継続により生活保護受給の状態にいたらないということ，子ども期・若年期に社会的な投資をおこなうことで，将来の社会保障政策などでの費用負担をおさえることができるという議論などもなされ，子どもへの投資は長期的には社会的費用負担の軽減につながる社会的投資であると主張されるようになってきている（三浦編，2018）。経済学者によって，そのような子ども期・若年期への投資として，効果的な投資の時期が就学前がよいか，小学校高学年以降がよいか，投資の内容として認知・非認知の児童発達に焦点をあてるか，職業訓練を意識した学び直しがよいかといった論点が議論されてもいる（阿部，2012：68-69）。

　以上，格差と貧困の問題をめぐって，社会全般としては，社会にある生活保障の機能が不全化してきた「すべり台化」と，新たな階層・階級の層としての「アンダークラス」の表出が議論されており，年齢階層に着目した場合，高齢期の貧困については就労期の格差の累積的不利が，子ども期の貧困については本人に責なく，その後の貧困の再生産の起点となっていくことに焦点をあてた議論がなされている。貧困を各自の人生の時間軸にのせてみることで，貧困の背景にある要因が構造的に連鎖して，螺旋的に累積していくことが推測されるのである。翻れば，ロールトリーも人生における3回の貧困への浮沈を議論していたのであった。世代への着目は，貧困を人生における複数回の浮沈の問題ともし，同時に子ども期から起因する不利益の慢性的累積に対して早期に対応することの必要性を提起しているのでもある。

4　社会問題への社会学的まなざし

社会関係資本と社会的排除のからまり

　ここまで，21世紀初頭の社会問題として，「無縁」と「貧困」の実情の一端を論じてきた。それらを再び近年の社会学の議論の土俵におきなおすとするとどうなるだろうか。無縁は「社会関係資本」の，貧困は「社会的排除」の問題

第 8 章　無縁と貧困の時代診断

と関連づけていくことができるだろう。

　まず，無縁のほうからである。現代社会を生きる人々の孤立や孤独をめぐっ
て，「社会関係資本」（social capital）への着目を提起したのは，R. パットナム
の一連の研究であった。パットナムは，信頼・互酬的な規範意識・ネットワー
クなどによって構成される社会関係資本が，市民活動を通じて政治や経済を成
熟させていくと考えており，具体的にはイタリア国内の地域格差を事例に，自
発的アソシエーションが盛んな地域のほうが政治的意思決定がスムーズであり，
経済発展の潜在力も高いと論じている（Putnam, 1993＝2001）。それは，自発的
な市民的アソシエーションの形成が人々の間の信頼や互酬の感覚を促進し，政
治や経済などにも良い影響をあたえるという視点に結びついている。

　そのような活動が可能となるためには，互酬的な規範が機能する必要がある。
パットナムは次のように言う。「誰かの葬式に行かないのなら，自分の葬式に
誰も来てくれないだろう」（Putnam, 2000＝2006：17）。それが拡大していくなら
ば，いまここで特定の人あるいは誰かへの資源提供することがめぐりめぐって
わが身に利益になるという信念をもつことで担保される長期的な合理性がそこ
にはある。「あなたからの何か特定の見返りを期待せずに，これをしてあげる，
きっと，誰か他の人が途中で私に何かしてくれると確信があるから」（Putnam,
2000＝2006：17）。日本風に言えば，「情けは人のためならず」である。これに
は誰かに支援したことで回りまわっていくネットワークの糸が途中で断ち切れ
ないという世界観の共有が前提としてあり，そこでは信頼感情が重要な働きを
する（三隅，2017：62-63）。

　私たちは，社会関係資本の概念にある種の期待をもってながめている。それ
を形成できさえすれば，解決できる問題があると。しかし，その保有や使用に
差異があるからこそ，資本と称されるのであり，近代から現代にかけて進行し
てきた社会変動の趨勢を考慮すれば，社会関係の薄まりの流れをとめることは
容易ではない。もちろん，限定された範囲の人たちの中で社会関係資本を充実
させていく人間関係・集団関係はありえるだろう。しかし，その全面展開の期
待は難しい。無縁社会の議論に登場した人たちの多くは，社会関係の薄まって

311

いく時代背景のなか，その薄まりに気づかないまま人生を過ごし，家族の離死別や仕事の退職などのある局面で一気に生活の支えに関する社会関係の不在に直面していたことに気づかされた人々でもある。私たちは社会関係資本の問題提起をおこなったパットナムが『孤独なボウリング』として，ひとりでボウリングをするようなアメリカで現実に進行しつつある教会や社会団体の衰退を描かざるをえなかった事実を視野におく必要があるであろう（Putnam, 2000 = 2006）。

次に，貧困のほうである。社会的排除とは，何らかの意味で，それぞれの社会の構成員が享受・参加しうる社会的機会を奪われている状態と考えられる。近年，貧困の問題もこの社会的排除の一形態と理解する議論がでてきている。貧困は生活の客観的状態であり，社会的排除は社会関係の状態であるから，それはイコールでは重ならないことになる。しかし，貧困の状態にいたるのは勤労の途が閉ざされる，家族内に経費がかさむ状態があるなどの問題があるからであり，その原因として社会関係のあり方が関係していると考えることで，社会的排除概念の下での貧困の把握に着目があつまっているといえよう（志賀，2016）。

貧困に社会関係を見る見方として，古くはG. ジンメルの「貧者論」をあげることができる（Simmel, 1908 = 1994）。彼によれば，貧困とは貧者と措定されたものたちのおかれている状態であること，貧者は社会からそのように措定されるものたちのことであるが，彼らは社会の内部にいるから保護されるのにもかかわらず，保護されることを通じて社会の外部に置かれるという形で社会の二重性をしめす存在であるとされる（藤村，1997：26-27）。ジンメルは貧困を生活の状態というより，貧者という社会関係の問題，すなわち社会的排除と社会的包摂のせめぎあいとしてとらえようとしていたといえるのである。

貧困研究の蓄積の多い英国において，A. ギデンズは社会的排除を貧困を含む4つの次元でとらえる例をあげる（Giddens, 2008 = 2009：380-381）。①貧困ないし適切な収入や資源からの排除，②労働市場からの排除，③公的・私的なサービスからの排除，④社会関係からの排除（(1)日常的活動への不参加，(2)友人や家

族からの孤立，(3)困ったときの行動面・情緒面での支援の欠如，(4)市民参加の欠如）。

　このように，貧困を社会的排除の概念に包括されるものととらえると，貧困研究の視点も所得だけに着目することから自由になり，失業や技能の不足による就職難など雇用関係の確保・維持，住居や生活環境の未整備，不健康など多元的な要因に着目して，また，個人をとりまく社会関係への着目，状態や結果だけでなく，排除の過程に着目するといったことが求められる（岩田，2008）。また，ギデンズの例示にしたがえば，社会的排除が社会的機会の剝奪全体を包括する概念となることで，社会的排除は先にふれた社会関係資本の有無・有効性を内包しうる概念設定となってくる。それは，貧困を経済上の，無縁を社会関係上の1時点の問題としてだけではなく，その状態にいたるまでの本人におこっていた時系列的な社会的排除の結果なのだということへの理解とつなげられ，さらには，そこにいたる複数の要因による動的動きの累積性という視野を私たちは獲得することができる（武川，2017）。

　ギデンズは社会的排除をめぐって興味深い点を2つつけくわえる。ひとつは，社会的排除とは誰かが誰かを排除するという行為的側面を有する概念であるが，学校の中退や投票の棄権などを例に，排除された人々が社会の主流から自分自身を排除する場合があることである。もうひとつは，最下層における社会的排除をみるだけでなく，社会の上層にいる少数の人たちが自分たちの富や影響力，人脈をいかして社会の主要な仕組みに加わらない選択をして，封鎖された私的な領域に逃避するような事象を，最上層における社会的排除としてとらえることである。私立学校やお金をかけての医療行為，ゲーティドコミュニティの形成などが該当する（Giddens, 2008＝2009：379-380, 386）。前者は自己で排除する自己責任の問題に，後者は社会的分断の問題につながるといえるだろう。その議論の歩を次節へと進めていこう。

「自己責任」という対抗言説

　無縁と貧困を社会的排除という文脈において把握する見方に対する対抗言説として，近年私たちがよく耳にするのが「自己責任」であるといえる。そこに

は，それは自分も関わる問題だということではなく，彼らの問題だという分離・分断の認識が存在する。

　興味深いことに，パットナムは『孤独なボウリング』の後につづいて，『われらの子ども』として最近の研究を出しており，アメリカで進みつつある社会的分断とその中での子どもたちへの社会的関心と支援の弱まりを指摘している（Putnam, R. D, 2015＝2017）。従来，「われらの子ども」として社会的な支援の対象と考えられてきた子どもたちへの配慮が失われ，「私の子ども」と「他人の子ども」へと分断されつつあるアメリカ社会。アメリカでは結果の均等よりも機会の均等が重視されてきたため，経済格差を問題視する関心は低かったが，現在その機会の均等が失われつつあるという。子どもに向けて自己責任論を語ることは難しい。ゆえに，パットナムは現代への警鐘を鳴らすために子どもに関心を向けて，子どもの間の機会不平等を指摘するのだとのことである。富裕層が貧困層の子どもたちの問題を「彼らの問題だから」といって無視することは許されない。だから「われらの子ども」なのであると。パットナムは政治学者としての視点により，社会的に孤立した人々に経済的困難の圧力がかかると，寛大さや平等を希求する意識を失い，反民主的な煽動にのりやすいことを危惧している。パットナムの問題関心が社会関係資本から子どもたちの生活と行く末に移っていったこと，そこに分断の芽への気づきがあることを着目する必要があるであろう。

　「彼らの問題だから」という分離・分断。自己責任は，自分にとって選択肢がある状態が自覚的に存在し，そこでの判断・行動と結果に明確な因果関係がある場合に適用するのが適切な言説である。代表的なのは市場における投資であり，投資をするだけの金銭的資源があり，投資対象・金額が選択され，その投資による利益・損失が明瞭に判断される。しかし，投資のような原因と結果の明瞭な行動を人々の生活と人生の中にあてはめていくことは難しい。ロビンソン・クルーソーのように孤島にひとりでいるなら責任もはっきりするであろうが，さまざまな人々・さまざまな集団・組織によって構成されている社会で生きている限り，100％の自己責任というものを想定するのは難しい。ハンカ

チ落としゲームみたいなもので，機敏性や判断力が足りず鬼になる子がいるとして，その子どもが鬼になってしまうのは確かに本人の能力や判断力によるところもあるであろうが，そもそも鬼を生み出しているのはゲームそのものである（藤村，2014）。ゲームという構造の問題に着目し，その上で個々の力量の向上へと視点を進めていく必要があるのであろう。

　現在の自己責任論は，結果において社会的に排除された状態にある人たちの過去のどこかの行為・判断に原因を遡及し（あるいはそれらの行為・判断がなくても），それを問題視し，そこに何らかの自己決定があったとして，社会としての責任への視点を見えなくさせてしまう効果がある。人口減少・低成長に象徴されるように社会全体が縮小に向かい，その中での社会の分極化が主張される時代において，私たちはそれを社会に原因のあることととらえ，人々を包摂していこうとする余裕をなくし，誰かの責任探しにやっきになっているのである。人々に生起する結果に対して社会的に責任を取りえないため，自己責任論はむしろ責任の社会関係を切断する言説として機能している。

　自己責任の言説が浸透すると，社会的に不利な立場にある人たちの「人の世話になってはいけない」「なんとか自分でがんばらなければならない」という思いが周囲への助力の要請を遅れさせ，事態の深刻化を招いていく。自己責任論は当事者への内面化を通じて，本人を心理的に呪縛し，問題解決への接近そのものを遠ざける弊害さえおこしうる。自助努力が足りないのではなく，むしろ自助努力の発想にしがみつきすぎてしまうのである（湯浅，2008：132）。先にギデンズが指摘したような自己自身による排除がそこにはある。

　翻れば，C. W. ミルズは社会学的想像力の働きとして，個人史と歴史を重ねあわせ，そこに個人が経験するトラブルの背景に潜む社会的問題としてのイシューを関連づけていく力を主唱していたのであった（Mills, 1959 = 2017）。社会状況との関連を切断し，当事者の行動のみを注視する自己責任という言説は社会学的想像力の欠如，あるいは反社会学的想像力といってもよいのかもしれない。

5 その先の社会のゆくえ──分断と自壊

　本稿の要点を確認しておこう。無縁は21世紀初頭の日本社会における関係の過小の問題をとらえていた。それは，近代化の大きな流れを通じて，地域共同体・親族共同体から核家族へと変化し，さらにそれが単身世帯，シングル化への動きをしめしてきていることの一断面であった。貧困はその当該時点の問題にとどまらず，雇用や社会保障において社会的に不利益な状態にあることが累積され，社会的排除の機能がもたらされていることであった。私たちが高度経済成長を経験し，一億総中流の物語にひたっていた時代，将来への夢にあこがれ，吸引されるかのように前のめりに生きていたとするならば，低成長を経てグローバル経済にゆれうごき，貧困・格差の物語にさいなまれる現在，落層しないようあるいは不遇をかこいつつ，前方に目標がしめされない分，さえぎるものがなく見通しはよく，でも後ろから不安に急き立てられることだけで前に進むように生きている。だからこそ，冒頭の世論調査にあったように，人々の感性は，それを「明るい不安社会」と時代診断するのであろう。

　社会的排除という認識と自己責任という言説が拮抗する現在，社会の向かう方向を悲観的な展望としてみるならば，今，私たちは，社会の状態として「共生社会」をめざしていたはずが実態は「分断社会」の様相を呈し（井出・松沢編，2016），社会のメカニズムとして「持続可能な社会」をめざしていたはずがいまや「自壊社会」と称される瀬戸際に立たされている（神野・宮本編，2011）。

　日本の貧困研究において著名な著作である『貧乏物語』を河上肇が著したのはちょうど100年前の1916年である。その著作に登場する人口に膾炙した言葉が，「人はパンのみにて生くものにあらず，されどまたパンなくして人は生くものにあらず」である（河上，1947：4）。それから100年が経過した現代の日本社会において，私たちがかかえている2つの社会問題をそのうえにのせることができるのであろう。ひとつは，パンのみにて生きるのではない人間にとって社会関係を保ちえない無縁社会の問題，そして，もうひとつがやはりパンなく

しては生きていけない貧困や格差の問題である。2度の世界大戦，高度成長と
低成長の浮沈を間にはさみ，現在グローバル化に翻弄される私たちは，まるで
100年をかけて社会というグラウンドを1周してきて，何も変わらず同じ場所
にいるかのように河上の言葉を分断と自壊の通奏低音の下で再び聞くばかりで
ある。

注

(1) 『朝日新聞』2017年7月21日朝刊。世論調査は全国の有権者を対象とした電話に
　　よる RDD 方式で，固定電話での有効回答1007人，回答率50％，携帯電話での有効
　　回答1002人，回答率47％である。

(2) 自由国民社・ユーキャン新語・流行語大賞ホームページより（http://singo.
　　jiyu.co.jp/）。

(3) JGSS とは，大阪商業大学比較地域研究所が日本版 General Social Surveys とし
　　て，社会調査データの経年比較・相互利用を意図し，東京大学社会科学研究所と共
　　同で実施している調査である。2003年調査は，選挙人名簿により層化二段無作為抽
　　出法により選ばれた日本全国に居住する20～89歳の男女に対しておこなわれた。回
　　収票は3279票，回収率は51.5％である。

(4) 初出は共に『朝日新聞』2013年5月2日朝刊。

(5) 橘木俊詔・佐藤俊樹らによる格差・不平等に関する著作（橘木，1998；佐藤，
　　2000），苅谷剛彦の「意欲格差社会」（苅谷，2001），山田昌弘の「希望格差社会」
　　（山田，2004）などが話題となってきた。

(6) 2007年実施の厚生労働省の「国民生活基礎調査」に基づく数値。2015年に内閣
　　府・総務省・厚生労働省の連名で発表された相対的貧困率は，総務省の「全国消費
　　実態調査」（2009年）で10.1％，厚生労働省の「国民生活基礎調査」（2012年）で
　　16.1％とされている。後者のほうで，高齢者世帯や郡部・町村居住者，収入の低い
　　サンプルが多いことが両者の数値の相違としてあげられている（内閣府・総務省・
　　厚生労働省「相対的貧困率等に関する調査分析結果」平成27年12月）。
　　http://www.mhlw.go.jp/seisakunitsuite/soshiki/toukei/dl/tp151218-01_1.pdf）。

(7) 高齢期はさらに資産格差も大きいことから，所得水準が低くても，一定程度の消
　　費水準を維持することが可能でもある。そのため，高齢者の貧困の測定には消費水
　　準の分析の必要性が指摘される場合もある（大竹・小原，2010：1742）。

⑻　本稿では本格的にはふれないが，高齢者1人暮らし世帯において，男性の未婚者の貧困率は離死別者より高く，女性は未既婚・離死別状況にかかわらず貧困の度合いが高い。ここではライフコースとジェンダーを関連させた分析が必要とされる（白波瀬，2010：185-187）。

⑼　その後，その数値は2012年の「国民生活基礎調査」の分析で16.3％と上昇し，2015年の分析では13.9％と動いている。

参照文献

阿部彩，2012，「子どもの格差」橘木俊詔編『格差社会』（福祉＋α）ミネルヴァ書房.

阿部彩，2014，『子どもの貧困Ⅱ』岩波新書.

網野善彦，1987，『無縁・公界・楽』平凡社ライブラリー.

Bauman, Z., M. Jacobsen, K. Tester, 2014, *What Use is Sociology*, Polity Press.（＝2016，伊藤茂訳『社会学の使い方』青土社）.

boyd, danah, 2014, Its complicated, Creative Commons Lisences.（＝2014，野中モモ訳『つながりっぱなしの日常を生きる』草思社）.

土井隆義，2008，『友だち地獄』ちくま新書.

土井隆義，2014，『つながりを煽られる子どもたち』岩波ブックレット.

藤森克彦，2012，「低所得高齢者の実態と求められる所得保障制度」『年金と経済』30-4，年金シニアプラン総合研究機構，23-32.

藤村正之，1997，「貧困・剝奪・不平等の論理構造」庄司洋子・杉村宏・藤村正之編『貧困・不平等と社会福祉』有斐閣，19-37.

藤村正之，2014，『考えるヒント』弘文堂.

藤田孝典，2015，『下流老人』朝日新聞出版.

Giddens, A., 2008, *Sociology*, Polity Press.（＝2009，松尾精文・小幡正敏・西岡八郎・立松隆介・藤井達也・内田健訳『社会学（第5版）』而立書房）.

橋本健二，2016，『現代貧乏物語』弘文堂.

橋本健二，2018，『新・日本の階級社会』講談社現代新書.

平岡公一，2010，「高齢期の貧困・格差問題にかかわる老年社会科学研究の展望」『老年社会科学』32-1，56-63.

平岡公一編，2001，『高齢期と社会的不平等』東京大学出版会.

井出英策・松沢裕作編，2016，『分断社会・日本』岩波ブックレット.

石田光規，2011，『孤立の社会学』勁草書房.

岩田正美，2008，『社会的排除』有斐閣.

神野道彦・宮本太郎編, 2011, 『自壊社会からの脱却』岩波書店.

苅谷剛彦, 2001, 『階層化日本と教育危機』有信堂.

河上肇, 1947, 『貧乏物語』岩波文庫.

Mills, C. W., 1959, *The Sociological Imagination*, Oxford University Press.（＝2017, 伊奈正人・中村好孝訳『社会学的想像力』ちくま文庫).

三隅一人, 2017, 「社会関係資本」日本社会学会理論応用事典刊行委員会編『社会学理論応用事典』丸善, 60-65.

三浦まり編, 2018, 『社会への投資』岩波書店.

NHK「無縁社会プロジェクト」取材班編, 2010, 『無縁社会』文藝春秋.

大竹文雄・小原美紀, 2010, 「貧困・消費」大内尉義・秋山弘子編集代表『新老年学（第3版）』1740-1751.

Putnam, R. D., 1993, *Making Democracy Work*, Princeton University Press.（＝2001, 河田潤一訳『哲学する民主主義』NTT 出版).

Putnam, R. D., 2000 *Bowling Alone*, Simon and Schuster.（＝2006, 柴内康文訳『孤独なボウリング』柏書房).

Putnam, R. D., 2015, *Our Kids*, Simon and Schuster.（＝2017, 柴内康文訳『われらの子ども』創元社).

佐藤俊樹, 2000, 『不平等社会日本』中公新書.

志賀信夫, 2016, 『貧困理論の再検討』法律文化社.

Simmel, G., 1908, *Soziologie*, Duncker & Humblot.（＝1994, 居安正訳『社会学（下）』白水社).

白波瀬佐和子, 2010, 『生き方の不平等』岩波新書.

副田義也, 1971, 「生活構造の基礎理論」青井和夫・松原治郎・副田義也編『生活構造の理論』有斐閣, 47-94.

橘木俊詔, 1998, 『日本の経済格差』岩波新書.

橘木俊詔, 2016, 『21世紀日本の格差』岩波書店.

武川正吾, 2017, 「社会的包摂と社会的排除」日本社会学会理論応用事典刊行委員会編『社会学理論応用事典』丸善, 50-55.

富田英典・藤村正之編, 1999, 『みんなぼっちの世界』恒星社厚生閣.

辻泉, 2006, 「『自由市場化』する友人関係」岩田考・羽渕一代・菊池裕生・苫米地伸編『若者たちのコミュニケーション・サバイバル』恒星社厚生閣, 17-29.

山田昌弘, 2004, 『希望格差社会』筑摩書房.

湯浅誠, 2008, 『反貧困』岩波新書.

人名索引

あ 行

アーリ，J. 211
赤川学 59, 65, 275, 276
アシュトン，T. S. 8
阿藤誠 275
網野善彦 295
石田浩 26, 27
稲葉昭英 34
今田高俊 13, 14
ウェーバー，M. 9, 36, 46, 66
ウェルマン，B. 106
ウォルシュ，C. E. 278, 279
エンゲルス，F. 8
オグバーン，W. F. 44
小田利勝 267, 268

か 行

梶田孝道 219
鹿又伸夫 32, 33
ガルブレイス，J. K. 23, 28
河合克義 272, 273
河上肇 316
ギデンス，A. 44, 58, 89, 312
クーリー，C. H. 103
倉沢進 112
グラノヴェター，M. S. 123
ケインズ，J. M. 278, 279, 282
小林甫 276
コモナー，B. 82

さ 行

佐藤嘉倫 16, 28
塩原勉 63
冷水豊 270
シュネイバーグ，A. 90
シュレーダー＝フレチェット，K. 95
シュロスバーグ，D. 95

ジンメル，G. 57, 112, 312
鈴木栄太郎 18, 111
鈴木広 23
スティッグリッツ，J. E. 278, 279
数土直紀 31
スピヴァク，G. C. 239
スメルサー，N. J. 4, 5, 61, 62, 67
盛山和夫 276
ゾンバルト，W. 46

た 行

ダール，R. A. 37, 40
タウンゼント，P. 272
高田保馬 18, 20, 50, 51, 57, 59, 61, 66, 259, 275
　-280, 282
竹本昌史 56
玉里恵美子 273, 274
ダンラップ，R. 81
チューミン，M. M. 21
デュルケム，E. 4
テンニエス，F. 103
トゥレーヌ，A. 76
富永健一 4, 6, 10, 13-16, 24, 26, 31, 59, 61, 65,
　67, 267, 276
トルストイ，L. 25

な 行

中村淳彦 62
西平重喜 31
ニスベット，R. A. 9, 52

は 行

パーソンズ，T. 4, 11, 18, 21, 39, 40, 49, 59, 63,
　66
ハーバマス，J. 145, 146, 159
バウマン，Z. 291
長谷川公一 3, 11, 16
パットナム，R. 250, 311, 314

バトラー，R. 248, 249
ハニガン，J. 96
馬場伸也 220
濱田康行 283
林雄亮 28
パレート，V. 36
ハンター，F. 36, 40
ヒックス，J. R. 8, 63
フィッシャー，C. S. 105
ブラード，R. D. 94
ブルデュー，P. 165
ベック，U. 77
ベル，D. 10
ベンディックス，R. 58, 259
ボアセフェイン，J. 123
堀井光俊 274
ホロウィッツ，I. L. 22, 39, 66

ま　行

マートン，R. 6
前田信彦 269
マクルーハン，M. 135, 137, 193
増田寛也 260

松宮朝 249
マルクス，K. 4, 63
丸山眞男 1-3, 30, 37
マンハイム，K. 46
ミルズ，C. W. 22, 23, 37-40, 42, 43, 66, 252,
　　315
三輪哲 26, 27
モル，A. P. J. 88

や・ら・わ　行

山下悦子 275
吉田民人 12, 15
ラーセン，J. 211
ラーマン，E. O. 127
ラトゥール，B. 193
リースマン，D. 39, 40
リップマン，W. 142
ルーマン，N. 13, 15, 59, 134, 137, 138, 145, 146,
　　151, 154, 157-159, 209
ルフェーブル，G. 17
ロートリー，S. B. 305, 310
ワース，L. 102

事 項 索 引

あ 行

アーバニズム　108, 115
　——（生活様式）の高度化・深化と拡大
　119
新しいエコロジカル・パラダイム　81
新しい公共　271
新しい社会運動　77
アパシー　37
アンダークラス　305
生きがい　248
意見生産能力　176
移住者（migrant）　221
　——と連帯する全国ネットワーク（移住連）
　235
移住労働者（migrant workers）　221
一億総活躍社会　67
一億総中流　26, 292, 302, 316
一次的制度・二次的制度　183
1.57ショック　260
一般化された他者　145
一般社会変動　18
　——理論　12, 59, 62
遺伝子組換え作物　92
移動の女性化（feminization of migration）
　230
意図的社会変動　16, 18
イノベーション　9, 42, 252
意味システム　134, 139, 143
印刷技術　135-137, 158
印刷物　200
インターネット　191
インダストリアリズム　79
インフォーマルケア（IC）　270
「受け手」像　138, 142, 144, 145, 148, 149, 156
永住　232
エイジレス社会　245
エイジング　268, 269

　——研究　248
アクティブ——（active ageing）　269, 284
グレースフル——（graceful ageing）　249
　-251, 284, 286
サクセスフル——（successful ageing）　248
　-251, 267, 268
プロダクティブ——（productive ageing）
　248, 249, 251
ポジティブ——（positive ageing）　250
エコロジー運動　85
エコロジー派　81
エコロジカルな近代化　88
NHK の「日本人の意識」調査　296
エネルギー革命　8
エリートの周流　36
オールドカマー　234
オブジーボ　277

か 行

階級及第三史観　20
階級形成　164
介護　232
　——業界　62
　——保険　261, 270, 273
　——保険制度　258
　——問題　266
外国人研修・技能実習制度　225
外国人登録者数　225
外国人労働者（foreign labor）　220, 221
　——の受け入れ拡大　232
外国籍市民代表者会議　234
外国につながる子ども　226, 236, 237
階層
　——移動研究　23
　——帰属意識　176
　——研究　30
　——構造　5, 9, 11, 15
　——変動　43

323

外部不経済　91
開放性係数　173
顔の見えない定住化　227
格差拡大　22
格差社会　19, 27, 302
拡大親族　117
革命的心性　17
家事支援人材　231
過剰教育　180
家族機能　53
家族滞在　233
過疎山村　274
過疎地域　284
学校化社会　180
寡頭制　37
神の見えざる手　16
環境
　——イデオロギー　86
　——運動の制度化　84
　——管理　86
　——合理性　75
　——史観　7, 61
　——社会　75
　——人種差別　94
　——正義　93
　——派　81
　——ホルモン　95
　——リスク論　93
観光産業　211
観光文化　211
監視社会　196
官僚制　38
疑似現実　142
技術　193
　——的特異点（シンギュラリティ）　197
寄生（parasitism）　253
帰属性　36, 43
基礎社会衰耗　51, 53
基礎社会の利益社会化　52
機能システム　147, 148, 157
技能実習生制度　229
機能主義理論　182
機能的等価性　285

機能分化　147-151, 154, 157, 158, 209
教育格差　162
教育還元主義　184
教育投資の収益率　181
共助　274, 286
共生（symbiosis）　253
行政改革　273
業績性　36, 43
業績達成能力　49
拒否権集団　39
許容・均衡　12
許容・不均衡　12
許容均衡・不均衡　18
均質空間　201
近代芸術　210
近代国家　189
近代社会　201, 206, 209
近代的世界観　193, 206
「緊張」モデル　5
近隣コミュニティの衰退　117
グローバル・レジーム　190
グローバル化　58, 190, 203, 219
軍事型社会　10
経済　211
　——学的人間像　276
　——資本　165
　——的分配係数　280, 281
計量信仰　3-5, 10, 11, 14, 15, 19-21, 31, 33, 35,
　51, 64
ケインズ学派　278
ケインズモデル　278
ゲーティドコミュニティ　313
ゲゼルシャフト的集合体　10
結節機関説　111
ゲマインシャフト的な集合体　10
ゲマインシャフトのゲゼルシャフト化　52
権威者（authority）　37
限界集落　14, 62, 271
言語　205
健康寿命　246
　——優位のリアリティ観　204
現実世界の仮想空間化　213
現場から創る社会学理論　15

324

原発　87
権力（power）の定義　36
権力構造　5, 9, 11, 15, 36, 44, 252
　　——システムのモデル　40
権力多元論　40
権力の「正統性」　39
後期高齢者の医療費　53
公共性，公共的　145, 146, 153, 155, 156
公共投資（I_p）　278, 279, 281
合計特殊出生率　255, 259, 260, 261, 264-266
公助　274, 286
構造機能変動公準　4
構造 - 機能 - 変動論　18, 59, 62
構造的緊張　4, 7
構造的な連結　144, 147
公的年金　306
高等学歴（大卒以上）　31-34
恒等式　278
高度成長期　4, 26, 254, 255
高度成長前期　27
行旅死亡人　293
高齢化率　245, 251, 255, 256, 261, 266, 283
高齢社会対策大綱　245, 246, 253
高齢者の相対的貧困率　306
国際婚外子（Japanese Filipino Children:
　　JFC）　228
国際社会学　219
国民皆中流　19
国民総中流　22, 24, 25
誇示的消費　281
「55対100」の構造　256
互助　274, 286
子育て基金　65, 261, 275
国会審議ゲーム　43
国家先導資本主義　252, 253, 256, 281
　　——時代　10
　　——社会　38
国家戦略特区　225, 231
古典派経済学　278
孤独（loneliness）　272
　　——死　271
子どもの相対的貧困率　308
子どもの貧困　34

　　——対策法　309
こども保険　65, 275
コミュニティ DLR 理論　56
コミュニティの喪失　52
コミュニティ論　13, 27
孤立（isolation）　272, 297
　　——死（孤独史，独居死）　54
コンピュータ・アーキテクチャ　207

さ 行

再生産労働の国際分業　230
在宅死　258
サイド・ドア　228
在日コリアン　234
在留カード　228
在留管理制度　225
在留資格「興行」　225
錯綜　57
サステナビリティ（持続可能性）　60, 64
作動的な閉じ　142, 147, 154, 156, 158
産業化　8
産業革命　8, 9, 63
産業型社会　10
産業社会　79
産業投資（I_I）　278, 279
三世代同居率　285
ジェンダー研究　235
ジェンダーとジェネレーション　47, 50
自壊社会　316
時間地平　154, 156
時間的距離の克服　200
自己
　　——産出　158
　　——産出系　144, 159
　　——準拠　144, 147, 155, 156, 158
　　——責任　314
　　——組織化　14, 17
　　——組織系　59, 62
　　——組織性　15, 16, 19, 65
　　——組織性の理論　13, 18
　　——組織理論　15
支持政党　176, 178
自助　274, 286

325

自省作用 64
紙上の階級 166
システム - 環境モデル 64
システム論 137, 138, 142, 144, 154, 156, 158
施設死 258
思想的分配係数 280
思想の物神崇拝 2
持続可能な開発 83
時代精神 44-48
実感信仰 1-5, 10, 11, 14, 15, 19, 20, 25, 28, 30
　　-33, 35, 51, 62, 64, 65
質的研究 249
質的調査 270
児童虐待 30, 273, 281
　　——問題 11, 17
ジニ係数 161
資本
　　——係数 278, 281
　　——構成 165
　　——主義 190
　　——総量 165
　　——の本源的蓄積過程 8
指紋押捺拒否 227
社会
　　——移動 21, 163
　　——運動 7
　　——階層 21
　　——学的想像力 315
　　——学的人間像 276
　　——関係資本 311
　　——空間 165
　　——経済分類 168
　　——構築主義 96
　　——参加 249, 250, 269
　　——資源 6, 7, 21
　　——システム 13, 14, 22, 58, 59, 209, 267, 271,
　　286
　　——システム全体の全自動性 16
　　——システム論 4, 5, 7, 8, 11, 259
　　——指標 270
　　——資本 165
　　——主義 91
　　——成層 21

　　——的孤立 245, 272
　　——的勢力関係 280
　　——的ネットワーク 191, 269
　　——的排除 312, 313
　　——的平準化 57
　　——の量質的組立 280
　　——分散 55-57
　　——変動 58, 251, 252
　　——変動の一般理論 60
　　——変動の理論 2
自由からの逃走 57
宗教 212
就業構造基本調査 27, 29, 33
集団構造 5, 9, 11, 15
集団主義 47
主観的幸福感 267, 268
主体（主観）と客体（客観） 193, 206
手段的特徴（instrumental） 6
出入国管理および難民認定法 226
生涯未婚率 263, 264
小家族化 47, 52, 53
少子化 19
　　——克服戦略 49
　　——する高齢社会 44, 48, 61, 62, 245, 248,
　　251, 256, 259, 266, 282, 287
　　——対策 17, 261, 263, 276, 280
商助 274, 286
乗数理論 279
情報
　　——化 191
　　——技術 192, 194
　　——空間 204
　　——史観 61
　　——社会 191
　　——社会論 192
消滅集落 62
職業としての政治 66
女性移住 235
諸世代連関 47
自立高齢者 248
進化的変化（evolutionary change） 63
シングルマザー 34, 35
人口

事項索引

——減少社会　19, 253, 259, 278, 282, 283, 287
——史観　50, 57, 59, 61, 64, 254, 259, 275, 286
——動態論　259
——半減の法則　251
人工知能　197, 208, 214
新自由主義　190
人身売買　229
——報告書　227
身体　194
人的資本理論　182
親密圏のグローバル化　235
ストリングス　250
ストレス　251
ストレングス　250
すべり台社会　304
スマートシティ　198
生活
——拡充集団　55
——構造論　292
——水準　281
——の質　270, 271, 286
——標準（standard of living）　276, 277,
　　279
——保護　285
——様式　109, 110
正規雇用と非正規雇用　170
生産の踏み車　90
生産力　277-279
政治　211
——的分配係数　280
——文化　262
精神史観　61
精神と物質　206
聖地　212
——巡礼　212
成長の限界　82
制度的リーダー　40
聖なる時代　10
正の都市化　119
セーフティネット　303
世界社会化　57
世襲率と同職率　172
世俗化（secularization）　9, 36

世代間移動　24
世代間関係　269
世代内移動　24
先住民　94
全世代型の社会保障　245
選択性　116
専門処理　112
——システム　112
——システムの限界　121
専門知　63
総消費函数　282
総所得　279
相対所得　282
相対的貧困率　161, 302, 303
相同性仮説　173
ソーシャルキャピタル　246, 249, 250, 284
組織システム　149, 154
ソフト・エネルギー・パス　85
村落的生活様式　111

た　行

第1次的関係　103
第1次的接触　102
——の衰退　102
待機児童ゼロ　29, 274
第三の道　89
第2次的接触の優位　102
平均（たいら・ひとし）　46
高田人口方程式　277, 286
多国籍企業　95
脱産業社会　76
多頭政治　37
ダブル　233
多文化共生　226
多様性　116
団塊の世代　139, 141, 254
男女共同参画　275
地域
——移動　23
——コミュニティ　245
——社会構造　5, 9, 11, 15
——社会変動　12, 20, 56
——社会変動の類型　63

327

──社会役割　267
　　──生活の質　270, 271
　　──創生　282, 283
　　──ネットワーク　272
　　──のアイデンティティ　283
地位達成　164
地位の非一貫性（status inconsistency）　5,
　　180
チェルノブイリ原発事故　88
知覚優位のリアリティ観　204
地球温暖化　7, 11, 12
地球寒冷化　7
地方消滅　259
　　──論　14
地方創生　15, 18, 55, 64, 246, 259, 260, 262, 278,
　　281-284
　　──論　2, 13, 14, 50
地方日本　281
「中」意識　163
中間社会消失　57
中範囲理論　224
町内会加入率の低下　54
直線時間　201, 205
直葬　294
貯蓄函数　282
『沈黙の春』　82
追加処理　185
つながり過剰症候群　300
定住者　226
『ディスタンクシオン』　165
定年帰農　249
データ監視　196
デカンショ節　283, 284
デルファイ法　271
電子的な情報空間　199
同時性・同所性の論理　202, 212
得意　269
匿名　155, 156
都市　107
　　──化　101
　　──的生活様式　108, 112
　　──度　105
トマスの定理（公理）　139

な　行

二項対立図式　10
二重規範　48
二値コード　144, 158
日系ブラジル人　226
日本遺産　283
日本株式会社　47
日本語指導が必要な子ども　233
日本社会の階層的構造　20
「日本人の意識」調査　139
日本版 US-VISIT　227
ニューカマー　234
乳児死亡率　256, 257
ニュース価値（ヴァリュー）　142, 144, 147-149, 158
ニュース枠　150, 151
人間関係の自由化　300
人間特例主義的パラダイム　81
ネット社会　136, 137, 154, 156
ネットワーク　191
　　インフォーマルな──　268
　　家族・親族──　272
　　近隣──　116
　　コンピュータ・──　191
　　親族──　117
　　親密な──　122
　　パーソナル・──　104
　　弱い友人──　126
年少人口　256
　　──数　259
　　──率　260

は　行

パーソナル・コミュニティ　269
バーチャル　204
ハーフ　233
ハイ・カルチャー　210
超（ハイパー）マスメディア社会　137, 152
バック・ドア　228
ハビトゥス　166
パワーエリート　37-40, 42, 43, 66, 252
反社会学的想像力　315
非正規雇用　28-30, 32, 48, 49, 262, 263, 286

事項索引

──者 304
──率 35
非正規滞在者（超過滞在者） 226
非正規労働 264
非生産若年人口 256
ビッグデータ 195, 208, 214
必要性からの距離 175
人の移動 225
人は良薬 251
1人当たりの後期高齢者医療費 285
1人当たり老人医療費 284, 285
1人暮らし高齢者 272, 273, 284
病院死 258
表出的特徴（expressive） 6
費用対効果 60
貧困の世代間再生産 309
ピンピンコロリ 286
フォーマルケア（FC） 270
複雑性 138
──の縮減 59
福祉国家 189
複数の差別・社会構造の交差（intersectional-
　ity） 237
複製と保存 135, 138, 139, 143, 152, 159
負の選抜 181
負の都市化 119
不平等社会 27
プロテスタンティズム 9
フロント・ドア 228
文化 210, 211
──産業 211
──資本 165
──遅滞説 44, 67
分断社会 316
分配係数 277
分配の「不平等」 22
粉末化 47
──現象 20
平均寿命 251
平均世帯人員 285
米国国務省 227
平地農村 274
ヘイトスピーチ 226, 234

変革主体 16
放射能汚染 95
法人 147, 153-156
方法論的ナショナリズム 221
ポジショナリティ 239
ポスト真実（トゥルース） 156
ポピュラー・カルチャー 210
ボランティア活動 269

ま　行

マイホーム主義 292
大衆（マス） 133, 135, 136, 138, 151
マス・メディア 137, 200
──・システム 141, 143, 144, 147, 150, 151,
　153-155, 157, 158
まちづくり 246
未婚率 263
──の上昇 275
ミックス 233
未来予測 195
民衆知 63
みんなぼっち 301
無縁 295
──死 293
──社会 293
メディア 193, 199
──接触 140, 151
──不信 133, 157
──論 135, 137, 139
電子── 136, 158, 200
ネット── 134, 152, 153, 155, 159
メリトクラシー 180

や　行

役割縮小過程 267
夜警国家 10
唯物史観 61
優先順位 60
ユートピア 85
要介護 271, 284
──高齢者 248
要求水準 281
予言の自己成就（self-fulfilling prophecy） 6,

329

208
予測力　12

ら 行

ライフコース・キャピタル　307
ライフコース・リスク　307
ライフサイクル研究　305
ライフスキル　268
ライフスタイル　248, 284
ライフステージ　245
ライフストーリー　239
リアリティ　204
リスク管理　196
リスク社会　196
　──論　77
理想的発話状況　145, 159
理知化　57
自省的な社会（リフレクティブ・ソサイエティ）　134
留学生　229
領域的支配　202
量的研究　249
理論信仰　1-3
累積的不利・有利　308
老人問題史観　248
労働組合加入率の低下　54
老若男女共生社会　50

ローカル化　203
ローマクラブ　82
ロボット介護機器　246

わ 行

ワーキングプア　304
ワーク・ケア・ライフ・コミュニティ・バラン
　ス　262, 287
ワークライフバランス　29, 261-263, 266, 274

欧 文

ＡＤＬとしての日常生活行動　268
ＡＧＩＬ　10
　──図式　59
ＣＣＲＣ（Continuing Care Retirement
　Community）　283
ＣＭＭ調査　23
ＥＰＡ（経済連携協定）　225
ＧＤＰ（国内総生産）　278, 279
IoT（モノのインターネット）　197, 208, 214
ＭＣＡ（多重対応分析）　166
　特殊的──　185
ＯＤＡ（政府開発援助）　252
ＳＮＳ（social networking service）　134, 143,
　152, 155
ＳＳＭ調査　20, 21, 24, 25, 28, 30, 31, 34, 35, 163

執筆者紹介（執筆順）

金子　勇（かねこ・いさむ）　編著者，はじめに，序章，第7章

1949年　生まれ。
1977年　九州大学大学院文学研究科社会学専攻博士課程単位取得満期退学。博士（文学，九州大学，1993年）。
現　在　神戸学院大学教授，北海道大学名誉教授。
主　著　『都市高齢社会と地域福祉』ミネルヴァ書房，1993年。
　　　　『都市の少子社会』東京大学出版会，2003年。
　　　　『社会学の問題解決力』ミネルヴァ書房，2018年。

寺田　良一（てらだ・りょういち）　第1章

1952年　生まれ。
1982年　東京都立大学大学院社会科学研究科博士課程単位取得退学。
現　在　明治大学文学部心理社会学科教授。
主　著　『講座・社会変動第2巻　産業化と環境共生』（共著）ミネルヴァ書房，2003年。
　　　　『アジアの経済発展と環境問題』（共著）明石書店，2009年。
　　　　『環境リスク社会の到来と環境運動』晃洋書房，2016年。

森岡　清志（もりおか・きよし）　第2章

1950年　生まれ。
1979年　東京都立大学大学院社会科学研究科社会学専攻博士課程単位取得退学。
現　在　放送大学特任教授，東京都立大学名誉教授。
主　著　『ガイドブック社会調査　第2版』日本評論社，2007年。
　　　　『地域の社会学』（編著）有斐閣，2008年。
　　　　『講座・社会変動第3巻　都市化とパートナーシップ』（編著）ミネルヴァ書房，2008年。

佐藤　俊樹（さとう・としき）　第3章

1963年　生まれ。
1989年　東京大学大学院社会学研究科博士課程退学，社会学博士（東京大学）。
現　在　東京大学大学院総合文化研究科教授。
主　著　『近代・組織・資本主義』ミネルヴァ書房，1993年。
　　　　『社会学の方法──その歴史と構造』ミネルヴァ書房，2011年。
　　　　『社会が現れるとき』（共編著）東京大学出版会，2018年。

近藤　博之（こんどう・ひろゆき）　第4章

1954年　生まれ。
1980年　東京大学教育学研究科教育学専門課程中退。
現　在　大阪大学大学院人間科学研究科教授。
主　著　『日本の階層システム3　戦後日本の教育社会』（編著）東京大学出版会，2000年。
　　　　『現代の階層社会2　階層と移動の構造』（共編著）東京大学出版会，2011年。
　　　　「社会空間と学力の階層差」『教育社会学研究』第90集，日本教育社会学会，2012年。

正村　俊之（まさむら・としゆき）第 5 章

1953年　生まれ。
1983年　東京大学大学院社会学研究科博士課程単位取得満期退学。
現　在　大妻女子大学社会情報学部教授，東北大学名誉教授。
主　著　『情報空間論』勁草書房，2000年。
　　　　『変貌する資本主義と現代社会──貨幣・神・情報』有斐閣，2014年。
　　　　『主権の二千年史』講談社，2018年。

小ヶ谷　千穂（おがや・ちほ）第 6 章

1974年　生まれ。
2003年　一橋大学大学院社会学研究科博士後期課程単位取得満期退学。
現　在　フェリス女学院大学文学部コミュニケーション学科教授。
主　著　『移動を生きる──フィリピン移住女性と複数のモビリティ』有信堂高文社，2016年。
　　　　『国際社会学』（共編著）有斐閣，2015年。
　　　　「〈移住家事労働者〉という存在を考える──『個人的なことはグローバルである』時代において」『理論と動態』第 9 号，社会理論・動態研究所，2016年。

藤村　正之（ふじむら・まさゆき）第 8 章

1957年　生まれ。
1986年　筑波大学大学院社会科学研究科社会学専攻博士課程単位取得退学。博士（社会学，筑波大学，1998年）。
現　在　上智大学総合人間科学部社会学科教授。
主　著　『福祉国家の再編成』東京大学出版会，1999年。
　　　　『〈生〉の社会学』東京大学出版会，2008年。
　　　　『考えるヒント』弘文堂，2014年。

変動のマクロ社会学
──グローバリゼーション理論の到達点──

2019年1月20日　初版第1刷発行　　　　　　　　〈検印省略〉

定価はカバーに
表示しています

編著者　　金　子　　　勇

発行者　　杉　田　啓　三

印刷者　　江　戸　孝　典

発行所　株式会社　ミネルヴァ書房

607-8494 京都市山科区日ノ岡堤谷町1
電話代表 075-581-5191
振替口座 01020-0-8076

© 金子勇ほか, 2019　　　　　共同印刷工業・新生製本

ISBN978-4-623-08450-0

Printed in Japan

講座・社会変動（全10巻）

企画・監修　金子　勇・長谷川公一

A 5 判・上製・各巻3500円

現代の社会変動の動態をとらえる

第 1 巻　社会変動と社会学　　　　　　　金子　勇・長谷川公一編著

第 2 巻　産業化と環境共生　　　　　　　今田高俊編著

第 3 巻　都市化とパートナーシップ　　　森岡清志編著

第 4 巻　官僚制化とネットワーク社会　　舩橋晴俊編著

第 5 巻　流動化と社会格差　　　　　　　原　純輔編著

第 6 巻　情報化と文化変容　　　　　　　正村俊之編著

第 7 巻　国際化とアイデンティティ　　　梶田孝道編著

第 8 巻　高齢化と少子社会　　　　　　　金子　勇編著

第 9 巻　福祉化と成熟社会　　　　　　　藤村正之編著

第10巻　計画化と公共性　　　　　　　　金子　勇編著

ミネルヴァ書房

http://www.minervashobo.co.jp/